AF402461

PARIS ANCIEN,

PARIS MODERNE:

RELIGIONS, MŒURS, CARACTÈRES,

USAGES DES HABITANS DE CETTE VILLE;

ANECDOTES CURIEUSES ET FAITS INTÉRESSANS.

TOME PREMIER.

A PARIS,

Chez { BARROIS l'aîné, Libraire, rue de Savoie, N° 13;
{ MERLIN, Libraire, quai des Augustins, N° 29.

1814.

AU ROI.

Sire ,

Rechercher *dans les monumens qui subsistent et dans les vestiges de ceux que le temps a détruits , quel fut l'état d'une ville , dès son origine, s'il est possible , et dans toutes les époques successives , me parut être le vrai moyen d'en pénétrer l'histoire. J'ai cru cette idée neuve , mais sûrement elle fut heureuse , puisque Votre Majesté daigne encourager mes efforts par la permission de lui en offrir l'hommage. Il sembleroit qu'un pareil travail dût se borner à des descriptions et peu de faits ; cependant si la ville qui en est l'objet est la capitale d'un puissant État, son histoire particulière viendra nécessairement se lier à l'histoire générale de son pays , car les capitales sont toujours le théâtre des grands événemens.*

En effet, Sire , j'arrête mes regards sur la France en 1814. Que de villes heureuses en un moment ! mais Paris est le centre de toutes les félicités. Les cris de ses habitans proclament le 31 mars une volonté que la veille encore ils n'osoient qualifier que de vœu.

Sans doute il n'est pas besoin d'édifices pour transmettre à nos neveux des faits semblables, les cœurs des vrais Français voilà les livres, les temples, les obélisques, par lesquels la mémoire en sera perpétuée. Mais les villes ont aussi leur orgueil, et dans les monumens de son amour, Paris voudra porter aux siècles des preuves de sa miraculeuse délivrance.

C'est ainsi qu'en interrogeant les marbres j'aurai découvert des vérités inconnues ; c'est ainsi que ces preux, tout entiers à leur Dieu, à leur Roi, à leur Dame, seront ramenés sur une scène plus fidèle ; c'est ainsi que de Rois en Rois, m'attachant à la piété des uns, à la grandeur d'âme, à la sagesse, à la paternelle bonté, aux grâces de l'esprit de quelques autres, j'arriverai à ce moment admirable où nous trouvons les vertus et les talens de tous réunis dans un seul.

Je suis avec le plus profond respect,

De VOTRE MAJESTÉ,

SIRE,

Le très-humble et très-fidèle
Sujet,

DE MAUPERCHÉ.

Paris, ce 15 janvier 1815.

INTRODUCTION.

C'est à l'absence des arts, dans les temps reculés, qu'il faut attribuer les incertitudes qui ont subsisté jusqu'à présent sur l'état ancien de Paris. A combien de recherches, vraiment pénibles, n'ai-je pas dû me livrer pour constater une vérité après l'avoir découverte, et plus encore pour détruire des erreurs accréditées !

Dans l'intention de montrer Paris tel qu'il fut et tel qu'il est, je présente l'aspect de ses monumens, d'après les descriptions et les images fidèles que j'en ai recueillies.

La religion, les mœurs, le caractère, les usages d'un peuple ont un rapport sensible avec ses édifices ; ce point de vue m'offrira la fréquente occasion de retracer des faits intéressans, des anecdotes curieuses.

Mon Ouvrage sera divisé en trois parties : dans la première, après avoir rendu compte de l'origine des habitans de Paris, je parlerai des différentes enceintes de cette ville, de ses fortifications, portes, barrières.

Le sol ancien et présent, le fleuve qui la décore et l'alimente, les rivières qui y affluent, leurs effets dans la succession des temps, les ponts, les travaux immenses pour la conduite et la décharge des eaux, formeront la seconde partie.

Enfin je donnerai le tableau de Paris divisé en quartiers, municipalités ou mairies.

Les descriptions détaillées des édifices ne sont point de mon sujet. Superflues pour les connoisseurs, elles seroient fastidieuses pour la plus grande partie des lecteurs.

Je ne m'occupe pas de l'origine du nom des rues; *Sauval, Jaillot*, tous ceux qui en ont traité, se sont livrés à des conjectures souvent puériles. Il faut d'autres matières pour rendre les fables aimables.

Aurai-je le bonheur d'offrir au Public un Ouvrage utile? J'en serai flatté sans orgueil; ma joie sera d'autant plus pure, que le principe de mes travaux est uniquement dans le plaisir de m'y livrer. Je ne crains rien de la critique, car j'accueillerai, j'honorerai celle qui m'éclairera.

PARIS ANCIEN, PARIS MODERNE.

LA CELTIQUE ET L'EUROPE.

On a donné le nom de Celtique et par la suite d'Europe, aux contrées bornées par la Mer Baltique, l'Océan et la Méditerranée.

A la tête de cette immense circonscription, vers la pointe occidentale de la Galice, on voyoit le Promontoire Celtique, *Promontorium Celticum ;* le Cap du Finistère, près Cadix, *Finis terræ ;* et à l'extrémité opposée, au bout de la Moscovie, un autre promontoire qui portoit aussi le nom de Cap Celtique, *Promontorium Celticum ;* le Cap ou la pointe d'Oby, à cause de sa position à l'embouchure de la rivière d'Oby.

Long-temps avant JULES-CÉSAR, le nom de Celtique n'étoit plus donné qu'aux terrains qui avoient au septentrion la Marne et les Pays-Bas, à l'orient l'Allemagne, la Suisse, la Savoie, et le Piémont duquel elle n'étoit séparée que par les Alpes; au midi, la mer Méditerranée et les Monts Pyrénées; à l'occident l'Océan, la Gaule ou la France, telle qu'elle étoit, à-peu-près, avant la révolution.

LA GAULE ET LA FRANCE.

Lorsque CÉSAR entreprit la conquête de la Gaule, elle étoit divisée en trois parties : la Belgique, l'Aquitaine et la Celtique. Les habitans de la Celtique étoient séparés des Aquitains par la Garonne, et des Belges par la Marne et la Seine.

La conquête de la Gaule étant devenue assurée sous AUGUSTE, cet Empereur partagea ce pays en quatre provinces qu'il nomma Narbonnoise, Aquitanique, Belgique et Lyonnoise, au lieu de Celtique. Depuis cette nouvelle division, le nom de Celtique n'a plus été en usage.

Dès les premiers temps, les habitans de la Celtique furent appelés Celtes, mot qui, suivant Dom Pezron, *page 8 de ses Antiquités de la nation et de la langue des Celtes,* signifie hommes puissans, vaillans ou valeureux.

On les nomma, lorsque la Celtique fut réduite à la Gaule, Gaulois; ce qui veut encore dire, suivant le même Dom Pezron, hommes puissans, vaillans ou valeureux.

HADRIEN DE VALOIS a soutenu que l'étymologie du mot Gaulois étoit inconnue, parce qu'on ne pouvoit la trouver que dans le langage des anciens Gaulois, que personne n'entend ni ne peut expliquer.

Enfin, depuis que les Francs ont conquis la Gaule, le nom des Gaulois a disparu; et les vainqueurs confondus avec les vaincus, n'ont plus été connus que sous le titre de Francs, mot qui, vers le dixième siècle, a été adouci, et a donné naissance à celui de François.

On auroit dû croire que CÉSAR qui a parcouru la Gaule pendant près de dix années, auroit été plus à portée qu'aucun autre, de nous apprendre la véritable origine des Celtes ou Gaulois; au contraire, il s'est borné à dire que *Galli se omnes à dite patre prognatos prœdicant : idque à Druidibus proditum dicunt. Ob eam causam spatia omnis temporis, non numero dierum, sed noctium, finiunt.*

La première partie de ce passage a été rendue de bien des façons différentes.

Dans une traduction de 1539, *et dient les Gaulois que les Druides leur ont ainsi apprins, c'est à savoir que Diis les engendra.*

Vigenère (en 1566); *tous les Gaulois se maintiennent être descendus du père Diis.*

En 1625, *Bandolle* a copié littéralement Vigenère, en ajoutant en marge (au mot *Diis*) *autrement Pluton, le Dieu des richesses et des enfers, comme si les trop grands biens nous y facilitoient le chemin.*

Enfin *Perrot d'Ablancourt* a dit en 1650: *les Gaulois se disent descendus de Pluton.*

Il paroît que tous ces érudits se sont déterminés sur le fait que les Gaulois comptoient, comme on vient de le voir, les jours en commençant par la nuit; ils ont cru trouver dans cet usage, une preuve du respect de ces peuples pour le Dieu des ténèbres, et pour appuyer ce systême, des deux mots *Dite Patre* (Dieu Père), ils n'en ont fait qu'un, *Diopatre*, qui signifie Pluton. Avec ce changement, je ne reconnois plus le texte de César. Peut-on présumer que cet auteur, qui parloit et écrivoit si bien, eût employé les deux mots *Dite Patre*, si le seul *Diopatre*, qui renfermoit un sens et une chose précise, eût pu lui servir?

S'il étoit constant, ainsi que l'a avancé César, que la métempsycose eût été admise par les Gaulois idolâtres, le Dieu des morts leur auroit été indifférent : aussi César ne l'a-t-il pas fait figurer parmi les Dieux qu'il lui a plu de donner à une partie de ces peuples. C'est bien postérieurement à la conquête des Romains que le culte de Pluton a été introduit dans les Gaules; c'est ce qui résulte d'une inscription qui fut trouvée à Rançon, petite ville du Limosin; elle étoit ainsi conçue : *numinibus Aug... fanum Plutonis andecamulenses de suo Posier....*

L'Auteur de *la religion des Gaulois*, très-convaincu que Pluton n'avoit été ni un Dieu ni un père, pour les anciens Gaulois, a dit : que par *Pluton il falloit entendre Mercure Theutatès*, opinion détruite d'avance par César, qui a fixé les fonctions de Mercure, et ne lui en a pas donné qui aient rapport aux morts. Rollin, en admettant que César avoit fait mention du Dieu des morts et des enfers, comme connu des Gaulois, qui prétendoient en être issus, a conclu, d'après la remarque d'un judicieux interprète, qu'on doit seulement entendre de ce passage, qu'ils se regardoient comme *autochtones*, c'est-à-dire, nés dans le pays; idée ridicule, et qui n'est que la répétition de ce qu'a avancé, il y a plus de quatorze cents ans, Ammien Marcellin. « La tradition des Druides est qu'ils sont originaires du pays », *Druidœ memorant fuisse populi partem indigenam.*

Quand j'en serai aux religions des Gaulois, je ferai connoître le Dieu que se donnoient ces peuples.

Ce n'est point de Polyphème et de Galathée, qui eurent, dit-on, trois fils, *Celtus*, *Gallus* et *Illirius*, que les Celtes sont descendus, ainsi que l'a avancé Appien d'Alexandrie.

Ce n'est pas non plus d'un Roi nommé Celtes, etc.; mais, suivant les meilleurs historiens, c'est de Gomer, fils aîné de Japhet. *(Origine des Celtes.)*

Dans une espèce de commentaire que Josèphe a fait sur le chapitre 10 de la Genèse, où Moïse a marqué les pères et les chefs de chaque nation, quand il parle de Gomer, fils aîné de Japhet, il dit : que c'est lui qui a fondé, établi ceux que l'on appeloit Gomariens, auxquels les Grecs donnent maintenant le nom de Gaulois ou Galates, Τοὺς μὲν γὰρ νῦν ὑφ' Ἑλλήνων Γαλάτας καλουμένους, Γομαρεῖς δὲ λεγομένους, Γόμαρος ἔκτισε. C'est ainsi que s'est expliqué Eustache d'Antioche, auteur d'un commentaire sur l'Hexameron (ouvrage de six jours). Gamer *a établi les Gamariens*, que nous appelons Galates ou Gaulois, Εἰσι δὲ οὗτοι. Γαμὲρ, ἐστι Γαμαρεῖς, τοὺς μὲν νῦν Γαλάτας, συνέστησεν. *(1ᵉʳ. Livre des antiquit. Judaïques. Genes. c. 10, v. 2. — Eust. com. in Hexameron, p. 51.)*

On voit dans les questions ou traditions hébraïques sur la Genèse par Saint-Jérôme, que les Galates sont sortis de Gomer, *sunt autem Gomer Galatæ*. Voici les expressions de Saint-Isidore. Dans le livre de ses origines, nous trouvons que Japhet eut sept fils, le premier est Gomer, duquel sont venus les Galates, c'est-à-dire, les Gaulois. *Filii autem Japhet, septem numerantur; Gomer, ex quo Galatæ, id est Galli.* *(Hiéron, trad. Héb. in gen. — Isidor. orig. liv. 9, c. 2.)*

On lit dans la chronique d'Alexandrie ou Papale, ces paroles : Gamer, duquel les Celtes tirent leur origine. Γαμὲρ, ἐξ οὗ Κελταῖοι *(P. 26 de l'éd. de 1688.)*

Le Juif Joseph, fils de Gorion, a avancé que les enfans de Gomer sont les François qui habitent les terres qui sont vers la Seine, *Filii Gomer sunt Franci, qui habitant in terrá Franciæ, ad flumen Seina.* *(Historiæ Judaicæ, lib. vi.)*

On a infiniment varié sur l'époque et la manière dont les enfans de Gomer, sortis de l'Asie, qui fut le berceau du genre humain, furent arrêtés dans leurs courses, par la mer Baltique, l'Océan et la Méditerranée. Chaque auteur qui s'est occupé de cet objet, a donné ses rêveries pour des faits constans. Je me bornerai à citer la fable de Dom Pezron, dans laquelle cet antiquaire a réuni à la relation de leurs voyages, leurs changemens de noms et leurs grands exploits. De la Haute Asie, vers la mer Caspienne, c'est-à-dire, de la Margiane, l'Hyrcanie, la Bactriane et lieux circonvoisins, il veut qu'ils se soient répandus dans l'Arménie, delà, dans la Cappadoce, voisine du Pont, et ensuite dans la Phrygie. Il établit *une partie d'entre eux*, au-dessus du Pont-Euxin, qui fournissent des habitans à la Chersonnèse cimbrique, auprès du Danemarck; depuis, suivant lui, ils se sont donné le nom de Celtes et de Gaulois. *(Les descendans de Gomer sortent de l'Asie. — Dict. de la Martinière, au mot Celte.)*

Dom Pezron trouve l'annonce de tous les voyages des enfans de Gomer, dans ces paroles de la Genèse « ils partagèrent entre eux les îles des nations, s'établissant en divers pays, où chacun eut sa langue, ses familles, et son peuple particulier ». *Ab his divisæ sunt insulæ gentium in regionibus suis, unusquisque secundùm linguam suam, et familias suas in nationibus suis.* *(Cap. x. v. 5.)*

Copiant littéralement le commentaire de Dom Calmet, Dom Pezron soutient que par les îles des nations, selon le langage des Hébreux, qui est commun dans les écritures, on doit entendre proprement les provinces et régions maritimes, c'est-à-dire, tous les pays où l'on va par mer, comme la Petite Asie, la Grèce, l'Italie, les Gaules, l'Espagne et autres lieux semblables.

En place de conjectures, Dom Pezron n'auroit-il pas dû se borner à dire que la confusion des langues et la trop grande population, ont forcé les descendans de Gomer à se répandre dans des climats éloignés.

Le nom des Gaulois est infiniment ancien.

Tite-Live, l. 5. c. 34.

Le nom des Gaulois existoit il y a plus de 2300 ans; en effet ce furent des Gaulois, qui, en l'an 591 avant Jésus-Christ, arrivèrent en Italie, où suivis par les habitans du Maine, de la Provence, du Bourbonnois et du pays de Langres, ils fondèrent la ville de Milan : leurs possessions furent appelées, par rapport aux Romains, Gaule Cisalpine ou citérieure, quelquefois aussi Gaule Togate, *Gallia Togata ;* de ce que les Gaulois qui l'habitoient, portoient de longues robes, à la façon des Romains.

Idem, c. 32.

Les Sénonois, commandés par *Brennus*, furent les derniers Gaulois qui, vers l'an 591 avant Jésus - Christ, firent en Italie une irruption, funeste à Rome, où tout, sauf le Capitole, fut mis à feu et à sang; à cette époque, la nation Gauloise étoit aussi inconnue à Rome, qu'elle en étoit éloignée. *Quod longinque eoque ignotior gens erat.* C'est donc à tort, c'est donc en altérant la vérité, que César

César, l. 1, c. 1.

a pu avancer que les Celtes avoient reçu des Romains le nom de Gaulois; *ipsorum lingua Celtæ, nostra Galli appellantur :* puisqu'ils le portoient déjà, lorsque les Romains ne faisoient que de paroître.

Des Phocéens arrivent dans la Gaule.

Précisément à la même époque où les Gaulois avoient fait leur dernière irruption dans l'Italie, des Phocéens partis de l'Ionie asiatique, et conduits comme les Gaulois, par le désir de se faire de nouveaux établissemens, abordèrent sur les côtes de la Celtique qui sont vers le midi, et s'y étant arrêtés avant d'être arrivés au Rhône, ils jetèrent les premiers fondemens de la ville de Marseille. Cinquante ans après, une seconde troupe de cette nation débarqua à Marseille, dont elle augmenta considérablement la population. Ainsi, depuis ces deux époques, une petite partie de la Gaule fut habitée par des Phocéens, qui à la longue furent eux-mêmes regardés comme Gaulois, et le devinrent effectivement. Aussitôt que les Mar-

Strabon, p. 181.

seillois se crurent solidement établis; leur ville, habitée par des barbares, s'ouvrit aux jeux littéraires, *urbs ex paulo antè barbaris loco ludi litterarii patefacta.*

Ils y établirent une école aussi célèbre que celle d'Athènes. Outre la langue grecque, la celtique ou gauloise, on y enseigna encore la langue latine, ce qui fit donner à Marseille, le nom de ville aux trois langues. On y professoit publiquement l'éloquence, la philosophie, les mathématiques, la jurisprudence, la médecine et la théologie fabuleuse; Cicéron l'a appelée la nouvelle Athènes des Gaules, et on a vu des Romains et même des Grecs, quitter Athènes pour venir étudier à Marseille.

RELIGIONS

RELIGIONS DES GAULOIS.

Oɴ sait quelle fut l'indifférence des Anciens sur le culte des peuples étrangers qu'ils traitoient de barbares, et on a voulu que les Grecs et les Romains, nos guides sur cette importante matière, idolâtres polythéistes, (a) n'aient vu partout que des idolâtres polythéistes.

L'erreur est complette ; c'est d'après les anciens même, que je prouverai qu'une partie des Gaulois étoit attachée à la religion druidique et non idolâtre, et que l'autre partie étoit idolâtre polythéiste. Si César ne l'a pas dit précisément, au moins, semble-t-il l'avoir indiqué par les divisions que l'on trouve dans ses commentaires. Après avoir parlé des Druides et rendu compte de tout ce qui les concerne, il passe aux fonctions et distinctions des cavaliers (*nobles*), et de suite ajoute : les Gaulois étoient dévoués aux religions, *ratio est omnis Gallorum dedita religionibus* (b). Ils avoient différens Dieux, à la tête desquels étoit Mercure, dont on avoit des statues. Les autres Dieux les plus révérés étoient Apollon, Mars, Jupiter et Minerve (c). Certainement, si ces prétendus Dieux eussent été connus et révérés par les Druides, César l'auroit dit lorsqu'il s'est occupé de cette secte célèbre.

Saint Clément, et Saint Cyrille d'Alexandrie, au lieu de se borner à être l'écho de ce qu'Aristote, Solin, Polyhistor, Diogène Laërce, Origène, ont dit sur les Druides, auroient bien mieux fait de nous apprendre l'origine de leur religion. Celse est le seul des anciens qui ait cru voir que les maximes des Druides approchoient bien fort de celles des Juifs. J'irai plus loin que cet auteur, et je me fais fort de démontrer, qu'excepté la circoncision, qui ne fut jamais pratiquée par les Druides, soit qu'ils l'aient regardée comme inutile, eu égard aux climats où ils se sont répandus, soit qu'ils en aient été détournés par d'autres raisons qui ne nous sont pas parvenues, la religion hébraïque et la religion druidique ne sont qu'une seule et même religion.

Pour fixer les idées, je regarde indispensable de présenter, d'après la Bible, le tableau des principales circonstances des deux premiers âges du monde, et du commencement du troisième.

L'homme ne fut pas plutôt créé qu'il désobéit à Dieu ; Caïn assassine son frère ; la terre corrompue est remplie d'iniquités. Noé reconnu juste, en la pré-

---

(a) L'idolâtrie consiste à rendre à des êtres créés et matériels le culte qui n'est dû qu'à Dieu ; et le polithéisme à partager et multiplier la divinité.

(b) Ce passage a été rendu en françois, de bien des façons différentes. Dans une traduction de 1659 ; *Or : la nation de toute la Gaule, est fort donnée à dévotion ;* Vigenère (1566), Bandolle (1625), *Toute la nation françoise est merveilleusement adonnée à la dévotion ;* (Perrot, Rollin,) *Tous les Gaulois sont fort superstitieux.*

(c) On peut ici avec raison reprocher à César son inexactitude, en donnant aux Dieux des Gaulois idolâtres, les noms des Dieux des Romains. Il auroit dû se borner à annoncer que les Gaulois adoroient des divinités, auxquelles ils attribuoient les mêmes fonctions que les Romains.

B

sence du Seigneur, entre tous ceux qui étoient sur la terre, trouva grace devant lui. Il est excepté, ainsi que ses fils, sa femme, et les femmes de ses enfans, du déluge universel arrivé l'an du monde 1656.

Un événement aussi terrible auroit dû être encore bien présent à la mémoire, du temps d'Abram, dixième descendant de Noë, puisque ce Patriarche a vécu 150 ans avec Sem, qui avoit vu le déluge. Au contraire : à peine les hommes furent-ils sortis de l'arche, qu'ils continuèrent à être ingrats et méchans. A la fin du deuxième âge, les seuls justes dont l'écriture nous a conservé les noms, étoient Abram et Melchisédech, Roi de Salem, Prêtre du Très-Haut, qui en l'an du monde 2092, du déluge 436, offrit du pain et du vin, *proferens panem et vinum*, et bénit Abram de la part du Dieu Très-Haut, Créateur du ciel et de la terre.

Le commencement du troisième âge est infiniment remarquable, parce que Dieu daigna souvent apparoître et parler à Abram ; voici les circonstances des principales visions qu'eut ce saint Patriarche. Dieu lui ayant promis qu'il seroit le père d'un grand peuple, et commandé de sortir d'Haran, il vint dans le pays de Chanaan, où il s'avança jusqu'au lieu appelé *Sichem*, et jusqu'auprès du אלון מורה, ce qui signifie, suivant *la version des septante*, le *grand chéne*, ou *le grand arbre* (a). Le Seigneur apparoît de nouveau à Abram qui lui dresse un autel, pour lui rendre grâce de la promesse qu'il lui fit, que la terre qu'il lui montroit, seroit à ses descendans. La famine qui étoit dans le pays de Chanaan, ayant forcé Abram à se retirer en Égypte, à son retour dans la terre de Chanaan, il invoqua le nom du Seigneur sur l'autel qu'il y avoit élevé autrefois, et Dieu lui renouvela la promesse de lui donner *pour toujours*, à lui et à ses descendans, tout le pays qu'il vit. Par la suite Abram vint demeurer dans la chénaie de Mambré כאלני ממרא (b) ; il y dressa encore un autel au Seigneur, dont la parole se fit entendre dans une vision : nouvelle alliance est faite, le nom d'Abram est changé en celui d'Abraham, celui de Saraï, sa femme, en Sara ; un fils leur est promis, ainsi qu'une postérité nombreuse, dont le signe d'alliance avec le Seigneur, sera la *Circoncision*; le pays de Chanaan doit être pour eux un *héritage éternel*. Enfin, Dieu daigna apparoître de nouveau à Abraham *sous le chéne de Mambré*, (c) tandis que pendant la plus grande chaleur du jour, il étoit assis à la porte de sa tente ; ayant levé les yeux, il aperçut trois hommes (d), auxquels il proposa de se reposer תחת העץ sous l'arbre, ou debout : tandis qu'il étoit occupé à servir, on lui renouvela la promesse que de lui sortiroit un fils, et que cet événement arriveroit dans l'année. A L'époque fixée, Sara donne le jour à Isaac, le père des Hébreux, depuis

(a) Quelques-uns ont traduit *la vallée, ou le bois de Mambré*, d'autres : *ad quercetum visionis*, ou *timoris*; dans la chénaie, où le Dieu terrible se fit voir à Abram ; autrement à la plaine, d'où Dieu lui fit voir tout le pays qu'il lui promettoit : *ad planitiem ostendentis*.

(b) On peut dire aussi dans la plaine de Mambré.

(c) Le mot hébreu *elon* peut aussi signifier *dans la vallée, dans le bois, ou dans la chénaie de Mambré*.

(d) Ces trois hommes, suivant Saint-Ambroise, représentoient les trois personnes de la Trinité ; suivant d'autres pères, deux Anges, et le troisième le Fils de Dieu, et la seconde personne de la Trinité ; d'après Saint-Augustin, trois Anges revêtus de la forme humaine.

connus sous le nom d'Israélites, et bien des siècles après, sous celui de Juifs.

On le voit ; les événemens dont Abraham a été témoin, se sont passés, pour la plus grande partie, auprès du grand chêne, ou grand arbre, dans la chenaie de Mambré, sous le chêne de Mambré, enfin, sous un arbre. Le chêne de Mambré doit donc être considéré comme un oratoire, où Abraham traitoit avec Dieu et de Dieu : *hîc erat oratorium ubi egit cum Deo et de Deo.* Rien n'étoit donc mieux fondé que le respect que l'on avoit pour un arbre que les voisins ne pouvoient regarder sans se rappeler les mystères qui s'y étoient passés. Ceux qui habitoient les contrées les plus reculées, étoient confirmés dans les mêmes sentimens, soit par la coutume qu'ils avoient de venir souvent sur le lieu offrir des sacrifices, soit par les merveilles qu'en racontoient ceux qui faisoient ce voyage. Du temps d'Eusèbe de Césarée, le lieu où avoit été ce chêne, étoit encore regardé et honoré comme divin : *Quasi divinus colitur, atque observatur is locus.* C'est ce qui fait que les plus savans interprètes de l'Ecriture Sainte ont remarqué, que depuis le choix qu'Abraham fit des chênes, pour y invoquer le nom du Seigneur, toute l'espèce de ces arbres fut consacrée.

Les plus saintes institutions ont donné le jour à des abus ; en voici un des premiers exemples : le grand concours de ceux qui se rendoient à Mambré, occasionna une foire considérable, où l'on venoit des parties les plus éloignées de la Palestine, de la Phénicie et de l'Arabie. Bien des siècles après Abraham, on y a vu les Juifs honorer la mémoire de leur Patriarche : les payens, adorer les anges, leur dresser des statues et un autel, les regardant, à ce que l'on croit, comme des dieux ou des démons favorables : enfin les chrétiens célébrer l'apparition du Fils de Dieu : chacun faisoit cette Fête, suivant sa religion. Eusèbe nous apprend, que le chêne du Mambré fut remplacé par un térébinthe, *nunc ibidem permanens terebinthus conspicitur atque observatur.* Sous Constantin, toutes les superstitions cessèrent, ce prince ordonna que les idoles seroient brûlées, l'autel renversé, et qu'à sa place on éleveroit une église.

Répandus sur toute la surface des Gaules, les Druides résidoient principalement dans l'Autunois et l'Auxois, et dans ce dernier pays, une montagne y porte encore leur nom, le Mont-Dru. A l'exemple d'Abraham, des forêts de chênes, connus sous des noms de lieux consacrés, chênes et bois sacrés, étoient leurs temples ; ils croyoient que des édifices élevés *de la main des hommes*, auroient emprisonné la Divinité, qui ne peut être circonscrite.

Tous les ans, *en une certaine saison de l'année*, après que les ministres subalternes du culte druidique avoient parcouru les provinces en criant, *au gui l'an neuf* : les Druides se réunissoient entre Chartres et Dreux, et dans une forêt de chênes, métropole pour eux, ils cherchoient *le gui de chêne,* (a) et jugeoient les différens de ceux qui s'étoient rendus à cette assemblée.

Voici ce qui se passoit, lorsque les Druides avoient trouvé *le gui de chêne.* Je me

<hr>

(a) Plante parasite qui germe partout, mais qui ne peut s'élever que sur des arbres de différentes espèces. Les Druides ne faisoient cas que de celui qui vient sur *le chêne roure ou rouvre, Quercus Robur.*

servirai des propres expressions de Pline l'ancien. Je ne dois pas oublier, a dit ce Naturaliste, ce qui fait l'admiration des Gaules. Les Druides, qui sont les prêtres et les philosophes des Gaulois, ne pensent pas *qu'il y ait rien de plus sacré*, que le gui et l'arbre sur lequel il croît, pourvu que ce soit le *chêne rouvre ;* aussi choisissent-ils, pour leurs sacrifices, *des forêts de rouvres,* et ils ne sacrifient jamais sans avoir des feuilles de cet arbre, en sorte qu'il sembleroit que c'est de son nom grec, *δρῦς drus,* qu'ils ont été appelés *Druides.* Quand donc ils trouvent du gui sur un rouvre, *ce qui est extrêmement rare,* ils le regardent comme un présent du ciel, et comme une preuve que cet arbre est le choix spécial de la Divinité (a), *Signum electæ ab ipso Deo arboris :* pour quoi ils cueillent le gui avec une grande dévotion, avec de grandes cérémonies ; et sur-tout ils choisissent pour cet acte, le sixième jour de la lune, parce qu'alors cet astre est déjà dans la force de son ascendant, sans toutefois être parvenu à son moyen terme, qui est un terme équivoque ; car il faut savoir *que les Gaulois réglent sur la lune le commencement de leurs mois, de leurs années et de leurs siècles, et que ceux-ci ne sont que de trente ans.* Le nom dont ils appellent le gui dans leur langue, signifie *remède universel.* Lorsque les choses nécessaires pour le sacrifice et le festin sacré, sont prêtes, sous le chêne, ils y amènent *deux taureaux blancs,* qui n'ont jamais été sous le joug, et que l'on attache alors par les cornes pour la première fois. Le prêtre vêtu d'une robe blanche et armé d'une serpe d'or, monte sur l'arbre et coupe le *gui* qui est reçu en bas dans une casaque blanche, ensuite ils immolent les victimes et prient Dieu de vouloir bien leur rendre utile et profitable le présent qu'il leur a fait : *precantes ut suum donum Deus prosperum faciat, his quibus dederit.*

Un bas-relief trouvé à Autun, l'une des principales résidences des Druides, vient à l'appui du récit de Pline. On y voit *deux ministres du culte druidique* couronnés de feuilles de chêne, ornement sans lequel ils ne pouvoient célébrer aucun *acte de religion.* Un sceptre, que tient à la main un des deux personnages, peut faire présumer que l'on a voulu représenter le Sacrificateur, peut-être aussi le Prince des Druides, dont a parlé César, et qui avoit une si grande autorité. Le second Druide tient dans sa main droite un croissant, tel qu'il est au sixième jour de la lune, ce qui revient parfaitement au soin scrupuleux qu'ils avoient de ne faire la cérémonie du *gui de chêne,* qu'au sixième jour de la lune. Cette explication, qui nous a été transmise par *de Montfaucon,* lui a paru si frappante, qu'il a cru qu'elle auroit peu de contradicteurs.

Pline s'est mépris lorsqu'il a avancé que c'étoit du mot grec *δρῦς drus,* qui par hasard

(a) Poinsinet auroit dû dire du choix de Dieu : ce passage de Pline m'a paru si intéressant, que je crois devoir en rapporter la traduction d'après *plusieurs auteurs.*

Des Bénédictins, dans l'histoire de Metz, l'ont ainsi rendu : *la chose, ou si l'on veut, le signe auquel ils avoient attaché le souvenir de la présence divine pour l'y révérer, étoit le chêne.*

Voici la traduction de Montfaucon: *ils croient que tout ce qui naît sur cet arbre* (le chêne) *est envoyé du ciel, et que c'est une marque que cet arbre a été choisi de Dieu.*

DEUX DRUIDES.

ressemble au *deour* des Celtes, et signifie de même un chêne, qu'étoit sorti le mot druide. Bien des Auteurs qui sont tombés dans la même erreur, ont été vivement poursuivis par Casaubon, dans ses commentaires sur Strabon et Diogène Laërce. Il a soutenu que *les Gaulois, au mépris de leur langue, n'avoient jamais été puiser chez les Grecs, sans savoir le grec, les noms qu'ils devoient donner aux choses.*

On trouve dans la langue celtique, premier idiôme des Gaulois, que *dar*, *derou*, *derouen*, *dair*, *darach*, *darogh*, etc., signifient un chêne; sans doute, à cause de la dureté de son bois, du mot *deour*, *fortis*, *robustus*. *Robur* est devenu, par une raison semblable, synonyme de *quercus* en latin. On ne peut donc douter que ce ne soit du respect que les Druides avoient pour le chêne, et de ce qu'ils pratiquoient tous les actes de leur religion dans des bois de cette espèce, et couronnés de feuilles de cet arbre, qu'est né leur nom. Ainsi c'est à tort que l'on a avancé que le nom des Druides étoit aussi fameux dans l'antiquité, que son origine étoit obscure.

Mém. de l'Académie des Inscrip. t. 18, p. 185.

Guidé par Pline, on peut décider que les Druides n'étoient pas idolâtres, puisqu'ils ne rendoient pas à des êtres créés et matériels, les hommages qui ne sont dus qu'à Dieu. Ils auroient cru faire un crime, en représentant la Divinité sous une figure humaine, et on ne voyoit chez eux ni statues, ni simulacres, ni vestiges de superstitions étrangères; c'est Tacite qui nous apprend ce fait, lorsqu'il a parlé de ceux d'entre les Germains, qui suivoient la religion druidique. *De la Bletterie* a remarqué que cette horreur des Gaulois pour les images, s'étoit conservée parmi eux, même depuis qu'ils avoient embrassé le *christianisme*; *ainsi les nations*, a ajouté ce traducteur, *sans le savoir elles-mêmes, conservent une impression de leurs coutumes primitives, dont le fond est à l'épreuve de toute révolution temporelle ou spirituelle.*

Les Druides n'étoient pas idolâtres.

De moribus Germanorum.

Le récit de Pline prouve que les Druides n'étoient pas polythéistes, puisque leurs vœux et leurs prières ne s'adressoient qu'à un Dieu.

Les Druides n'étoient pas polythéistes.

C'est sans fondement que César a avancé que les Druides étoient persuadés *qu'à la mort, les ames immortelles, débarrassées de leurs enveloppes charnelles, passoient d'un corps dans un autre corps.* Système que Lucain a si bien défini en peu de mots, lorsqu'il a dit, que la mort étoit l'interruption d'une longue vie, *longæ vitæ......... mors media est.*

Ils n'admettoient pas la métempsycose.

Lucain, l. 1, v. 457.

Diodore de Sicile, en embrassant l'opinion de César, a ajouté que les Druides avoient reçu le dogme de la métempsycose, de Pythagore; ce qui est inexact. Ces Théologiens n'ont rien appris de lui; au contraire, c'est leur réputation qui attira dans les Gaules ce Philosophe, qui vouloit s'instruire à leur école, et de leurs mystères et des progrès qu'ils avoient faits dans les connoissances des choses naturelles; cela est justifié par S. Clément d'Alexandrie, qui l'avoit appris d'Alexandre Polyhistor. En effet, Pythagore ne vint au monde que vers la 47e olympiade, quatre générations après Numa, et environ 590 ans avant J. C., au lieu que *la philosophie et l'antiquité des Druides existoient déjà dès le tems d'Homère* qui, suivant quelques anciens, vivoit 671 ans avant J. C., et d'après les marbres d'Arundel 907. Ce qui fait

Religion des Gaulois, t. 2, p. 220.

voir combien est grande la foiblesse humaine, c'est que dans le moment même où deux auteurs d'un aussi grand mérite que César et Diodore, veulent que la métempsycose ait été admise par les Druides, ils rapportent des faits et des usages qui s'observoient aux obsèques des Gaulois, totalement en opposition à ce qu'ils avancent. Le premier a dit qu'on mettoit dans le feu qui devoit consumer le mort, tout ce qui pendant sa vie avoit pu lui être agréable, même des animaux; et qu'autrefois on y joignoit des esclaves ou des clients qu'il avoit aimés. Le second nous a transmis que les Gaulois étoient dans l'usage d'écrire à leurs parens morts, des lettres qu'ils jetoient dans le bûcher. Certainement, si les Gaulois eussent cru à la métempsycose, ils n'auroient pas écrit des lettres à des morts, et ne se seroient pas brûlés pour accompagner des ames entrées dans d'autres corps.

César, l. 6, c. 19.

Diodore de Sicile, t. 1, p. 352.

On trouve dans Valère-Maxime, une nouvelle preuve que les Druides n'admettoient pas la métempsycose, dans le fait qu'il rapporte, que les Gaulois prêtoient de l'argent dans ce monde, qu'on devoit leur rendre dans l'autre. Cette circonstance a été confirmée par Méla, qui ajoute qu'il s'est trouvé des gens qui se jetoient d'eux-mêmes dans le bûcher, pour aller vivre avec ceux qui leur étoient liés par les nœuds du sang ou de l'amitié. Les Druides étoient si persuadés de la non-transmigration des ames, que nous trouvons dans Plutarque, qu'ils soutenoient comme un fait très-certain, que les grands personnages excitoient à leur mort des tempêtes, pour faire sentir au monde *la perte* qu'il faisoit. On peut donc prononcer que si le système de la métempsycose a été admis dans les Gaules, ce ne fut que parmi les Gaulois idolâtres.

L. 2, sommaire 1, des Exemples.

L. 3, c. 3.

L'opinion que les Juifs ont sur *l'immortalité de l'ame*, a par eux été prise des Israélites, qui eux-mêmes la tenoient des anciens Patriarches; elle se trouve développée dans une prière, qu'on a attribuée aux docteurs de la grande synagogue, et qu'on récite encore; elle est ainsi conçue : *O Dieu! l'ame que tu m'as donnée est pure, tu l'as créée, tu l'as formée, tu l'as inspirée; tu la conserves au-dedans de moi, tu la reprendras lorsqu'elle s'envolera, et tu me la rendras au temps que tu as marqué.*

Les Hébreux et les Druides avoient la même opinion sur l'ame.

Encyclopédie, au mot Juif.

A l'exemple des Hébreux, les Druides croyoient (César l. vi, c. xiv.) *que les ames ne mouroient pas :* (Diodore de Sicile, *p.* 552; — Valère-Maxime, *lib.* 2; — Ammien-Marcellin, *p.* 76.) *qu'elles étoient immortelles :* (Strabon, *p.* 197.) *impérissables :* (Pomponius-Mela, *de situ orbis,* l. 3, c. 2.) *éternelles; et qu'il y avoit une autre vie après celle-ci.* C'est par une suite de cette persuasion, que les Gaulois avoient la plus grande indifférence pour les corps des personnes mortes à la guerre, et qu'*ils ne demandoient jamais aux ennemis, ni temps, ni trève pour enterrer les morts : parce qu'il leur étoit très - indifférent d'être inhumés, ou d'être la pâture des bêtes féroces, ou des oiseaux de rapine; ils croyoient même que leur peu de sensibilité à l'égard de leurs morts, étoit capable d'inspirer plus de crainte aux peuples contre lesquels ils avoient à faire la guerre.*

Voici un tableau des fonctions et des usages des Prêtres Juifs, et des cérémonies et coutumes des Druides, qui prouvera encore jusqu'à la dernière évidence, que la religion druidique est prise et calquée sur la religion juive.

Avant Moïse, les pères, les Princes et les Rois, étoient les Prêtres nés de leur famille et de leurs sujets ; mais dans la suite, Dieu ayant choisi la race de Lévi pour remplir le ministère sacré, et fixé le *sacerdoce* dans la famille d'Aaron, ces nouveaux Prêtres furent divisés en différens ordres ; à leur tête on voyoit un Grand-Prêtre, dont le titre, depuis que les Romains furent maîtres de la Judée, ne fut plus donné qu'à celui qui le payoit plus cher. Outre le service de l'autel, tous ces Ministres du culte restèrent en possession de toutes les fonctions qui avoient appartenu à leurs prédécesseurs ; ils étoient particulièrement chargés d'instruire les peuples, de juger les affaires (a), de distinguer les différentes sortes de lèpres, enfin dans la guerre, ils devoient prononcer les paroles suivantes à la tête de l'armée : *Ecoutez, Israël ; vous allez combattre vos ennemis, ne craignez point, parce que le Seigneur est au milieu de vous : il combattra pour vous, et vous garantira du danger.*

Fonctions des Prêtres Juifs.

Connus d'abord sous les titres de Bardes, Vates, Eubages, Saronides, Samothées ou Simotées, les Prêtres des Gaulois ne portoient plus, du temps de Diodore de Sicile, que les noms de Bardes, Vates, et Druides. Ils avoient pour chef un souverain Pontife, à la mort duquel, le plus puissant d'entre eux succédoit. S'il y avoit plusieurs concurrens, l'affaire étoit décidée par l'élection, quelquefois aussi par les armes : c'étoit la seule occasion où ils prissent une part active aux combats d'après le principe, *Druides à bello abesse consueverant.*

Fonctions des Ministres du culte druidique.

César, l. 6, c. 13.

Les Druides étoient chargés d'instruire la jeunesse, qui les respectoit beaucoup, et de prononcer sur tous les démélés, tant publics que particuliers. S'il se commettoit quelque meurtre, s'il s'élevoit quelque contestation entre des héritiers, si on se disputoit sur les bornes d'un champ, c'étoient les Druides qui jugeoient, et qui distribuoient les peines et les récompenses (b) ; ils exerçoient la médecine, ils excitoient les Gaulois à se bien battre, en célébrant par leurs chants ceux qui s'étoient rendus dignes de louange ; ils vouoient pareillement au mépris ceux qui l'avoient mérité.

(a) Quand le chef, ou quelqu'un du conseil de la synagogue, avoit repris quelqu'un en particulier, il étoit obligé à se tenir humilié dans sa maison, et à ne se point montrer en public sans nécessité pendant sept jours. Si au bout de ce temps-là, le pécheur ne donnoit pas de marque de repentir, on le séparoit de la société, c'est-à-dire, qu'on l'excommunioit de cette excommunication qui s'appeloit *séparation* : dans cet état il étoit obligé de n'approcher de personne, de plus près que quatre coudées de distance pendant l'espace de trente jours. Au bout de ce terme, il étoit rétabli par *le conseil de la synagogue*, s'il donnoit des marques de sa conversion ; si on l'excommunication continuoit pendant trente autres jours... Enfin, s'il ne donnoit aucune marque de repentir, on l'excommunioit de la grande excommunication, appelée *anathéme*, et il étoit exclu de la synagogue.

(b) Le respect que l'on avoit pour leurs décisions, étoit si grand, que si quelqu'un refusoit de se soumettre à ce qu'ils avoient prononcé, il étoit exclu de la participation à leurs sacrifices ; cette punition étoit chez eux la plus grande de toutes ; celui qui l'avoit méritée, étoit regardé comme un impie

De moribus.

Les Hébreux n'écrivoient pas sur la religion.

LeursPrêtres cachoient au vulgaire une partie de leurs principes.

Voyage annuel prescrit aux Hébreux.

Habillement de leurs Prêtres.

De pareils usages étoient pratiqués par les Druides.

César, l. 6, c. 14; Méla, l. 3, c. 2.

Tacite, en parlant des Germains, nous a donné l'idée de l'effet qu'étoit capable de produire le chant des Bardes, *il échauffoit la vertu guerrière, et présageoit au moment de l'action quel en seroit le succès: selon que cette musique barbare étoit animée ou languissante, les Germains trembloient, ou faisoient trembler; elle étoit, pour ainsi dire, l'expression de leur courage.*

Il est encore d'autres traits de ressemblance entre les Prêtres du culte hébraïque et les Druides, qui sont frappans.

Jamais les Hébreux n'ont écrit sur la religion, et *Moïse a donné souvent à entendre que la voie la plus ancienne dont les hommes se servoient pour transmettre l'histoire et les événemens considérables à la postérité, étoit les cantiques et des vers.* Ce n'est que depuis ce Législateur, que les principes des Hébreux ont été écrits.

Une autre coutume des Hébreux étoit d'avoir deux philosophies, l'une exotérique, dont les dogmes devoient être enseignés publiquement, soit dans les livres, soit dans les écoles; l'autre ésotérique, dont les principes n'étoient révélés qu'à un petit nombre de personnes choisies, et étoient soigneusement cachés à la multitude; cette dernière science s'appeloit *cabale*.

L'arche d'alliance ayant été consacrée, ce fut une obligation pour les Israélites de la visiter chaque année.

L'Éphod, pièce principale de l'habillement des Prêtres Juifs, étoit blanc.

C'étoit une loi pour les Druides de ne point écrire sur ce qui concernoit leur culte. Tout ce qu'ils devoient croire ou pratiquer étoit renfermé dans des vers, confiés seulement à la mémoire. — Un moderne en a fixé le nombre à vingt mille: ce qui est certain, c'est que des gens ont employé vingt années à les apprendre. Les Druides avoient pris cette habitude, par la crainte que leurs mystères ne fussent connus du vulgaire, et parce qu'il arrive presque toujours que, quand on a des choses écrites, on les apprend avec moins d'application (a).

A l'exemple des Hébreux, c'étoit encore pour les Druides une loi, de cacher aux profanes quelques points de leur religion, qui ne pouvoient être révélés qu'aux initiés.

et un scélérat, et tout le monde l'abandonnoit: personne ne vouloit le voir ni lui parler. On le regardoit comme un homme dont la maladie étoit contagieuse, et on ne vouloit pas en approcher; toute justice lui étoit refusée, aucun honneur ne lui étoit rendu.

Mémoire de l'Académie des Inscriptions, t. 10, 486.

Trésor des langues de cet univers. p. 6.

(a) Duclos a remarqué avec raison que *la religion des Druides étant fondée sur une tradition, peut-être moins invariable que des dogmes écrits, étoit beaucoup moins sujette à disputes; parce que les changemens ou altérations se faisant par une voie insensible, les dogmes paroissoient toujours les mêmes. On ne pouvoit attaquer cette tradition par des écrits subsistans,* et Duret a voulu que *l'expérience, maîtresse des choses, ait montré l'erreur des Druides de ne rien écrire. Par là,* suivant lui, *la mémoire de leur doctrine, au long cours des ans, par l'imbécillité humaine, s'est totalement perdue, n'en restant aujourd'hui aucune apparence ou ancienne marque.*

Les

Les Gaulois étoient dans l'usage de se rendre tous les ans à l'assemblée générale qui se tenoit entre Chartres et Dreux.

Les Druides étoient habillés de blanc quand ils pratiquoient les exercices de leur religion.

Je ne trouve qu'une seule fonction particulière aux Druides, dont ils n'avoient pas puisé l'exemple chez les Hébreux. On les a vus quelquefois, lorsque deux armées étoient prêtes d'en venir aux mains, se jeter tout-à-coup au milieu des piques et des épées nues, et les combattans appaiser aussi-tôt leur fureur, comme par enchantement ; Diodore a fait sur cette circonstance une réflexion fort agréable : *parmi les plus féroces barbares*, a-t-il dit, *la colère se soumet à la sagesse, et Mars revère les Muses.*

D'après le rapprochement que je viens de faire, on ne doit pas être étonné du sentiment unanime des meilleurs auteurs, que la vie des Druides n'étoit qu'une imitation de celle qu'Abraham avoit menée sous le chêne de Mambré.

Conrad Celte a assuré que les chênes d'Abraham et de Gédéon, étoient non-seulement l'origine du genre de vie que les Druides avoient embrassé, mais encore des oracles qu'ils prononçoient sous les chênes.

Le savant Beyer parcourant tous les temps pour connoître celui qui a vu naître le culte des chênes et des bois sacrés, s'arrête au chêne de Mambré : *etenim antiquiorem lucorum usum fuisse patet ; ex gen.* 13, v. 18, *ubi in quercubus Mambræ quæ sunt in Hebron, altare cultui divino structum fertur, qui locus diù post natum Christum ab Ethnicis, Judæis et Christianis precum causa adiri solitus est, etc.*

C'est ainsi que s'est expliqué Dickinson : la religion pratiquée sous un chêne, *querna religio*, tire son origine des chênes de Mambré, sous lesquels on avoit adoré Dieu et rendu justice : les ombres de ces arbres avoient servi de *domicile pour Abraham, et de temple pour Dieu.*

Dom Calmet, du même avis, a dit que le culte qu'on a rendu aux chênes, n'eut point d'autre origine que les honneurs qu'Abraham avoit rendus à Dieu sous ces sortes d'arbres. On scroit mal fondé à m'objecter que l'éloignement où devoient être les Celtes, du chêne de Mambré, a dû les mettre dans l'impossibilité de connoître tous les grands événemens qui se sont passés sous cet arbre. Pour détruire cette opinion, je me bornerai à faire remarquer que l'on ne sait même pas si le tiers du globe étoit habité, du temps d'Abraham ; les Celtes n'étoient donc pas étrangers pour Abraham, ni Abraham pour les Celtes, et on peut prononcer avec certitude, que jamais les Druides n'ont adoré dans le chêne, ni Jupiter, ni Mars, ni Apollon, mais le Dieu invisible, ineffable, très-haut, caché, éternel, le Dieu des Israélites, le vrai Dieu.

Il est souvent arrivé dans la Gaule, que *dans de grandes maladies, ou dans les dangers de la guerre, on promettoit d'immoler des victimes humaines, et quelquefois on faisoit le vœu de s'immoler ;* les Druides étoient les ministres de ces sacrifices. On ne croyoit pouvoir appaiser les Dieux immortels, qu'en leur offrant vie pour vie ; il y avoit des sacrifices publics de cette espèce ; des statues d'osier

C

Notes marginales :

Pareil voyage usité dans la religion druidique.

Les Druides avoient comme les Hébreux, des habits de couleur blanche.

Diodore, t. 1, p. 354, Strabon, p. 197.

C'est chez les Hébreux, que les Druides avoient pris et leur religion, et leur vénération pour le chêne.

Religion des Gaulois, t. 1, p. 295.

Description de la ville de Nuremberg.

Druid. Or. 16, v. 36.

Com. sur la Genèse.

Sacrifices humains. César, l. 6. c. 16.

d'une énorme grandeur ; *remplies d'hommes vivans*, étoient solemnellement brûlées ; on préféroit, dit-on, pour cela, des voleurs, des brigands et des gens coupables de quelques fautes. On étoit dans la persuasion que le sacrifice de pareils gens étoit infiniment agréable ; mais à leur défaut, on leur substituoit des innocens. Ce récit fait frémir. Je ne reconnois plus ces Druides, toujours occupés à procurer le bonheur de l'humanité, et dont les sacrifices étoient purs et innocens : Deux taureaux blancs, des libations de pain et de vin, image du sacrifice de Melchisédech, dont j'ai parlé. Je serois tenté de soutenir que des sacrifices humains n'ont jamais été faits par les Druides ; je pourrois rejetter sur les misérables Prêtres des fausses Divinités, qui certainement avoient usurpé le titre de Druides, l'horrible coutume de s'être servi d'hommes au lieu d'animaux pour leurs sacrifices, ainsi que les procédés cruels qui étoient employés pour prédire *les grands événemens, d'après les convulsions et la manière dont couloit le sang d'un homme assassiné* (a). Mais tous mes raisonnemens, quelque conséquens qu'ils fussent en apparence, manqueroient par leur base ; les vrais Druides ont répandu, et devoient verser du sang humain, puisque *c'étoit*, comme je l'ai prouvé, *des Hébreux qu'ils tenoient leur religion*, et que Dieu lui-même ordonna le premier sacrifice de cette espèce, que sa souveraine bonté voulut bien cependant ne pas laisser mettre à exécution. Dieu ayant dit : *Abraham, Abraham !* il répondit : *me voici.* Dieu ajouta : *prenez votre fils unique, pour qui vous avez tant d'affection ; prenez Isaac, et allez dans la terre de vision, et vous me l'offrirez en holocauste, sur une des montagnes que je vous montrerai.* Un fait de cette espèce, où la volonté de Dieu étoit si positivement exprimée, étoit de nature à être répandu et imité dans toutes les parties du monde habité ; aussi passa-t-il bientôt chez les Phéniciens, Égyptiens, Arabes, Chananéens, Tyriens, Carthaginois, Athéniens, Lacédémoniens, Yoniens, tous les Grecs du continent et des îles, Scythes, Thraces, Germains, Romains, Espagnols, Anglois et Gaulois (b). Si depuis il a plu à Dieu de défendre qu'on lui offrît aucun sacrifice de sang humain, il a cependant encore ordonné dans le *lévitique*, que tout animal qui lui seroit dévoué, fût mis à mort sans rémission. On a vu des armées ennemies, des peuples entiers, et Séïla, la fille de Jephté, dévoués à la mort. Enfin, si dans le prophète Isaïe, Dieu a daigné mettre les sacrifices humains en parallèle avec le sacrifice d'un chien, du sang du pourceau, et avec l'idolâtrie ; les Druides étoient alors dans des climats trop éloignés, pour être instruits de la nouvelle volonté de Dieu.

De même que les Gaulois, *dans de grands dangers*, les Romains faisoient des sacrifices humains, et on cite trois décrets qui ont défendu ces assassinats. Le premier date du consulat de *Cornelius Lentulus*, et de *P. Licinus Crassus*, l'an de

(a) La triste image de ce qui se passoit dans ces occasions, a été parfaitement rendue par Diodore, t. 1, p. 354, et par Strabon, p. 303.

(b) Dom Martin dans sa religion des Gaulois, cite 29 Auteurs, dans lesquels il dit que l'on trouvera une énumération plus exacte des peuples qui mettoient en pratique les sacrifices humains.

Rome 655, et 97 avant Jésus-Christ. Le second fut rendu par Auguste, et le troisième par Adrien. Ces lois étoient bien opposées au goût des Romains, qui aimoient à voir couler le sang jusque dans leurs arènes, couvertes quelquefois de douze ou quinze cents hommes tués ou blessés ; quand un lutteur avoit reçu une grave blessure, ils s'écrioient avec délice : il en tient; *hoc habet*. Aussi toutes ces belles ordonnances restèrent-elles sans exécution. César renouvela l'exemple des sacrifices humains. Du temps de Pline, on enterra vivans, dans le marché aux bœufs, un Grec et une Grecque ; Plutarque atteste que peu d'années avant qu'il composât *ses questions romaines*, on avoit aussi exercé *la même barbarie* sur un Gaulois. Vers l'an de Jésus-Christ 270, l'Empereur Aurélien, d'après Vopiscus, demanda au Sénat qu'il fît consulter les *livres Sybillins*, et offrit de fournir pour les sacrifices, des prisonniers de telle nation qu'on souhaiteroit : exemples frappans des difficultés auxquelles on doit s'attendre, quand on veut détruire des anciens usages.

Il paroît que les Romains voulurent aussi supprimer dans les Gaules les sacrifices humains, et les Druides qui en étoient les ministres. Tibère fut le premier qui s'occupa de cet objet, suivant Pline ; lequel oubliant qu'il avoit dit précédemment que les Druides étoient l'admiration des Gaules, les appela, depuis qu'ils furent proscrits, *médecins et devins*. Suétonne a écrit que c'étoit l'Empereur Claude, qui avoit aboli entièrement ces sacrifices si barbares. Au premier coup-d'œil, on doit trouver inconcevable que ce soit deux des plus exécrables monstres que la terre ait vomi, qui aient rendu des lois pour anéantir et les Druides et les sacrifices humains ; chaque page de l'histoire de Tibère est écrite avec du sang : Claude, imbécille et moins féroce, n'avoit fait tuer que trente Sénateurs, trois cent vingt-cinq Chevaliers Romains, deux de ses nièces, sa femme, son beau-père, ses deux gendres, le beau-père et la belle-mère de sa fille ; qu'importoit à de tels scélérats la vie et l'existence de quelques Gaulois. La surprise cesse, lorsque l'on songe que le système des Romains fut toujours d'opprimer après avoir vaincu, et de *contraindre leurs nouveaux sujets à prendre leur culte religieux*. D'ailleurs, les Romains craignoient les suites et les effets du *chant des Bardes qui encourageoient à la vertu et à mépriser la mort* ; ils savoient que les *Druides* ne cessoient d'exciter les Gaulois à conspirer contre eux, à rentrer dans leurs privilèges injustement perdus, et à se choisir des Rois de leurs nations ; ils n'avoient pas perdu la mémoire d'une prédiction faite par les Druides, lors de la révolte de quelques cités des Gaules, sous la conduite de *Civilis* et de *Sabinus*, qui portoit que l'empire de l'univers passeroit dans les mains de la nation gauloise.

Les ordres des Empereurs pour faire disparoître les Druides, et les défenses faites aux Gaulois d'immoler des hommes, ne furent pas observées. Alexandre Sévère étant parti pour une expédition dont il ne revint pas, une Druidesse lui cria en langue gauloise : *allez, n'espérez pas la victoire, et ne vous fiez pas à vos soldats.* L'Empereur Aurélien ayant un jour consulté les Druidesses pour savoir si l'empire seroit long-temps dans sa famille, celles-ci, sans chercher à lui faire la cour aux dépens de leurs lumières, lui répondirent que de toutes les familles de la

---

Marginalia :

Pline, l. 30, Eus., prép. év. l. 4. c 17.

Dion, l. 48.

Pline, l. 28, c. 3.

Religion des Gaules, t. 1, p. 209.

Les Romains défendent les sacrifices humains dans les Gaules. Pline, l. 19, c. 14, et aussi l. 18. Suétone, t. 2, p. 153.

Tacite, l. 4, c. 54.

Les Romains ne peuvent détruire le culte druidique. Lampride in Alex. Sev. n°. 60. Vopiscus in Aurel. sub fine.

république , celle de Claude devoit être un jour la plus illustre. L'auteur de qui ce fait est tiré , fait la réflexion que Constance qui de son temps étoit Empereur, étoit de la famille de Claude. Dioclétien étoit , dans les Gaules , occupé à régler les comptes de la dépense qu'il faisoit tous les jours, lorsqu'une Druidesse, qui étoit son hôtesse, surprise de son économie, lui dit en raillant : *en vérité, Dioclétien , quelle mesquinerie et quelle chicheté ; vous êtes trop avare. Je serai libéral, répondit Dioclétien, quand je serai Empereur ; ne pensez pas railler, répondit la Druidesse : car vous serez Empereur quand vous aurez tué un sanglier , (a) cum aprum occideris.* Du temps d'Eusèbe de Césarée, on immoloit encore des hommes dans les Gaules. Marcellin , qui vivoit vers l'an 390 de Notre Seigneur Jésus – Christ , nous en donne la preuve , puisqu'il parle du culte druidique et des ministres de cette religion, comme existant au moment où il écrivoit. Le Roi Théodebert premier étant passé en Italie, avec une grande armée , les Francs offrirent en sacrifice les enfans et les femmes des Goths qu'ils avoient surpris , et jetèrent leurs corps dans le Pô, pour prémice de la guerre ; car , ajoute l'historien, les François, tout chrétiens qu'ils étoient, observent encore une grande partie de leurs anciennes superstitions, ils offrent des victimes humaines, et pratiquent des choses abominables , qu'ils font servir à la divination. Dom Martin a trouvé *vraisemblable* que les Druides subsistoient encore du temps de Saint–Eloi. C'est donc à tort que le bon et respectable Rollin a avancé que le christianisme avoit seul aboli les sacrifices humains ; certainement , on lui en est redevable , mais ce changement ne s'est opéré qu'après bien des siècles.

Les philosophes ont eu la plus grande estime pour les ministres du culte druidique. Pithagore a décidé que de tous les philosophes dont il s'étoit rendu le disciple, les Druides étoient les plus profonds et les plus subtils. Platon et Aristote les ont fait aller de pair, pour l'ancienneté et la doctrine, avec les mages de Perse, les Chaldéens d'Assyrie, et les prophètes d'Égypte. Celse dans Origène, les a mis à cet égard vis–à–vis les Galactophages d'Homère. Les Druides étoient donc tout ce qu'il y a de plus célèbre dans l'antiquité; ils ont été regardés comme les pères des auteurs, et les modèles de la philosophie des Grecs.

Si les jeunes Gaulois avoient pour les Druides , qui les instruisoient, le plus grand respect, le peuple n'en avoit pas moins. Cette vénération *des privilèges*, des exemptions dont jouissoient les ministres de cette religion, engageoient quantité de gens à entrer dans leur ordre, et tous les jours de *nouveaux sujets* se présentoient pour le sacerdoce ; quoique tous les enfans ne prissent pas le parti de s'y faire initier, ils y demeuroient toujours attachés. Le crédit des membres de cette secte, leur faisoit donner les premiers emplois des Gaules. Le nombre prodigieux des Druides formoit , pour ainsi dire , un peuple qui commandoit à un autre peuple ; ces Prêtres

Vopiscus in Numeriano.

Prépar. év. l. 4 , c. 7 , p. 160.

Procope de bello gotthico, l. 2, c. 26.

Relig. des Gaules, t. 1, p. 232.

Estime des Philosophes pour les Druides.
Amm. Marc. l. 15, p. 51.
Hist. des Gaules, t. 1, p. 30.

Vénération des Gaulois pour les Druides.

<hr>

(a) Cette prédiction n'a ni sens, ni finesse en françois ; tout le mystère roule sur ce que le mot latin *aper*, étoit tout à-la-fois le nom d'un homme et d'une bête fauve ; *Aper*, assassin de Numérien , fut tué par Dioclétien.

étoient si estimés , que les femmes même voulurent apprendre *leur science.* Malgré les proscriptions des Druides par Tibère et Claude, la profession de ces ministres des autels continua à être regardée comme très-honorable. Ausonne faisant l'éloge d'un professeur de Bordeaux, a soin d'observer qu'il sortoit d'un Druide du canton de Bayeux. Saint-Jérôme , dans une lettre , a vanté la noblesse d'une dame gauloise, nommée *Algasia,* qui descendoit aussi de Druides. On trouve encore dans plusieurs provinces de la France, une preuve de la difficulté, je dirai même de l'impossibilité qu'il y a à détruire les anciennes coutumes des nations. Les Druides étoient dans l'usage de distribuer le gui de chêne par forme d'étrennes , au commencement de l'année. Le peuple chartrain a encore l'habitude de nommer les présens qu'il fait le premier jour de l'an, *Aiguilabs :* pour dire , *le gui de l'an neuf.* A la même époque, tous les enfans dans le Vendomois, disent à ceux qu'ils rencontrent : *donnez-moi ma gui l'an neuf.* Dans ce mois le peuple court les rues, la nuit qui précède le premier jour de l'an , chante des chansons aux portes des particuliers, et les terminent par *demander quelque chose pour la gui l'an neuf.* C'est par suite de leur première origine, c'est en imitant les Hébreux qui furent leurs pères, et qui tomboient si souvent dans l'idolâtrie , que les Gaulois eurent un si grand penchant pour les religions étrangères : *natio est omnis Gallorum dedita religionibus.* Différentes inscriptions trouvées dans des pays qu'ils occupoient, où on voyoit *Hésus , Teutates , Belenus , Belisama , Tarannis ,* tous noms gaulois, prouvent l'idolâtrie et le polithéisme d'une partie de ces peuples. Ce n'étoit donc pas, comme je l'ai dit, ni à Mercure, ni à Pluton , ni à aucun Dieu des Romains et des Grecs , que les Gaulois idolâtres adressoient leurs prières. Si les Prêtres de ces fausses divinités ont pris ou obtenu le titre de Druides, c'est une suite ou du désir qu'ils ont eu d'obtenir un nom respectable , ou de l'ignorance des Anciens sur les religions des Gaulois.

Dechiniac sur les Druides.

Usage conservé dans quelques provinces de la France , qui doit son origine aux Druides. Encyclopédie au mot Druides. Dechiniac, addit. à la p. 3o.

Idolâtrie et polithéisme d'une partie des Gaulois. César, l. 6. c. 16. Mém. de l'Acad. des Inscript. t. 18, p. 1o3.

LOIS ET COUTUMES DES GAULOIS,

Chez *les Gaulois,* il n'y avoit que deux sortes de personnes considérées, les Druides et les Cavaliers. J'ai rendu compte des fonctions des premiers; quant aux seconds, ils ne s'exerçoient qu'aux armes; et avant la venue de César, ils étoient presque toujours en guerre, soit pour attaquer, soit pour se défendre.

On jugeoit de la qualité et du pouvoir de ces nobles, par le grand nombre de clients, ou de gens à leurs gages, dont ils étoient suivis : c'étoit là les seules marques de distinction.

Le peuple étoit presque regardé comme esclave, il ne pouvoit rien par lui-même, et n'entroit dans aucun conseil. Ceux d'entre eux qui se trouvoient accablés de dettes, ou opprimés, s'attachoient à quelque grand , qui avoit sur eux la même

César, l. 6, c. 13 et 15.

Idem. l. 6, c. 13.

César, l. 7, c. 40.

autorité que sur des esclaves. Ils auroient commis un grand crime s'ils eussent abandonné ce maître, dans quelqu'extrémité qu'il se trouvât.

Indépendans, les différens peuples de la Gaule avoient les uns des rois, qui n'étoient véritablement que des magistrats perpétuels, dont l'histoire nous a conservé quelques noms; d'autres, un sénat; mais, malgré ces différentes divisions ou administrations, toutes les fois qu'il y avoit des affaires communes à décider, telles qu'une guerre, ou des généraux à nommer, tous les Gaulois qui avoient le

Idem. l. 5. c. 56.

droit de délibérer, formoient une assemblée générale : si elle étoit indiquée armée, c'étoit, suivant l'usage des Gaulois, le commencement de la guerre.

La loi exigeoit que ceux qui étoient en état de porter les armes, se rendissent dans l'endroit indiqué, et celui qui arrivoit le dernier, étoit exposé aux plus cruels supplices, et massacré en présence de toute l'armée.

Idem. l. 7, c. 21.

C'étoit une coutume pour les Gaulois, quand une proposition leur étoit agréable, *de jeter des cris d'applaudissemens*, et de faire un cliquetis de leurs armes.

Idem. c. 3.

Arrivoit-il quelque chose d'important, les Gaulois s'en avertissoient par des cris qu'ils faisoient dans les provinces et dans les campagnes, et ces cris se communiquoient les uns aux autres; de sorte que des citoyens Romains ayant été massacrés à Orléans, au soleil levant, cette nouvelle fut sue chez les Auvergnats avant neuf heures du soir, quoiqu'il y eût entre les deux pays cinquante-trois lieues de distance.

Idem. l. 4, c. 5.

Les Gaulois étoient si curieux de nouvelles, qu'ils arrêtoient les voyageurs, même malgré eux, pour s'informer de ce qu'ils savoient, et les forçoient à répondre aux questions qu'ils leur faisoient, sur ce qu'ils avoient appris dans les pays dont ils venoient. De grandes affaires, dont les événemens ne pouvoient être que rarement heureux, ayant été décidées sur de pareils rapports, furent cause que l'on défendit aux particuliers de parler sur ce qui pouvoit intéresser

Idem. l. 6, c. 20.

l'État. Tout ce qu'on apprenoit par le bruit public, ou autrement, devoit être reporté au magistrat, sans le communiquer à aucun autre; rien n'étoit plus sage que cette institution. On sait en effet, que souvent des gens imprudens et sans expérience, effrayés par de faux bruits, sont capables de se porter *aux plus grandes extrémités, et de prendre un mauvais parti sur des affaires de la dernière importance ; au lieu que le magistrat n'en découvre au peuple que ce qu'il juge convenable, et cache le reste.* César a dit : que cette loi devoit être établie dans une république bien réglée.

Usages domestiques des Gaulois.

Les enfans des Gaulois ne paroissoient en public devant leur père, que lorsqu'ils étoient en état de porter les armes.

Idem. l. 6, c. 18.

Celui qui se marioit, étoit obligé de mettre dans la communauté, la même somme, estimation faite, que sa femme avoit reçue en dot : on dressoit un état

Idem. 19.

de ces deux sommes, et les fruits en étoient mis à part; le tout, avec ce qu'il avoit rapporté, appartenoit au survivant.

Le mari avoit puissance de vie et de mort sur sa femme, comme sur ses enfans. Quand un homme de distinction venoit à mourir, ses parens s'assembloient, et si la femme étoit soupçonnée d'avoir occasionné sa mort, on lui donnoit la question comme à un esclave ; étoit - elle convaincue, on la brûloit, après lui avoir fait souffrir les plus cruels tourmens.

Les funérailles étoient magnifiques et somptueuses pour le pays, on y brûloit tout ce qu'on croyoit que le défunt avoit chéri, jusqu'aux animaux : et il n'y avoit pas même fort long-temps, à l'époque où écrivoit César, *que les esclaves et les affranchis, qu'on savoit qu'il avoit aimés, étoient jetés au feu avec son corps.*

Diodore de Sicile et Strabon ne pouvant que glaner après César, se sont principalement bornés, lorsqu'ils ont parlé des Gaulois, à nous tracer le tableau de quelques-uns de leurs anciens usages. Le premier a cité, comme une preuve de leur férocité et barbarie, qu'on en a vu quelquefois, qui, contens des seuls avantages qu'ils avoient reçus de la nature, combattoient tout-à-fait nuds, ou n'ayant autour du corps qu'une ceinture. Je ne nierai pas ces faits : mais je soutiendrai que s'ils ont eu lieu, ce fut long-temps avant l'arrivée des Romains dans la Gaule. Il n'y auroit eu depuis, que des fanatiques ou des extravagans, qui eussent pu combattre nuds, contre des gens armés de toutes pièces. Diodore savoit si bien que c'étoit vêtus, et non nuds, que les Gaulois combattoient, qu'il a décrit la forme de leurs cuirasses, casques, etc.

Diodore de Sicile, p. 352.

Idem.p.353.

Ce même Auteur a aussi voulu que la férocité et la barbarie des Gaulois s'étendissent jusques sur les morts. Suivant lui, ils pendoient au col de leurs chevaux, les têtes des ennemis qu'ils avoient tués à la guerre ; leurs serviteurs portoient devant eux des dépouilles couvertes de sang, en jettant *des cris de joie et de triomphe.* Ils attachoient ces trophées aux portes des maisons, ainsi que les têtes des bêtes fauves qu'ils avoient prises à la chasse. Ils frottoient d'huile de cèdre les têtes des grands capitaines qu'ils avoient tués, et les conservoient soigneusement dans des caisses ; ils les montroient avec ostentation aux étrangers, et se glorifioient de ce que ni eux, ni leurs ancêtres, n'avoient voulu échanger contre des trésors ces monumens de leurs victoires.

Idem. p. 352.

Le second a confirmé ces derniers faits, en ajoutant que Posidonius, avoit été témoin de cette coutume, *qui d'abord l'avoit révolté, mais que, dans la suite, l'habitude lui avoit fait supporter.* Le silence que César a gardé sur cet objet, est une preuve qu'avant la *conquête des Gaules,* cet usage ne subsistoit plus ; ainsi c'est à tort que Strabon a avancé que les Romains avoient forcé les Gaulois à renoncer à cette cruauté.

Strabon, p. 198.

Les Celtes n'ayant pas eu de caractères (lettres), pour transmettre et les faits et leurs idées ; les Druides, depuis que les lettres furent introduites dans les Gaules, ayant été dans l'obligation de ne point écrire sur leur religion ; les nobles regardant au-dessous de leur rang de s'appliquer à l'étude (a), et le peuple étant serf, on ne

Génie des Gaulois.

(a) Ce préjugé malheureux s'est long-temps perpétué ; on a vu, il n'y a pas encore beaucoup de siècles, des gens déclarer qu'*ils ne savoient signer, attendu leur qualité de nobles.*

doit pas être étonné, si pendant bien des siècles, les beaux arts n'ont pas régné parmi eux.

Au contraire, depuis la fondation de Marseille, les Gaulois, qui étoient voisins de cette ville célèbre, étant devenus studieux des lettres grecques, *grœcorum studiosam esse gentem*, ont surpassé les Romains, et leur ont donné des maîtres. Je ne m'arrêterai qu'aux noms les plus remarquables : 1°. Pithéas, qui vivoit environ trois cent vingt-cinq ans avant l'ère chrétienne, s'est fait connoître par son savoir et ses écrits. Il s'occupa à la recherche de la vérité, et la géographie fut sa principale occupation ; 2°. Plotius (Lucius) enseigna en latin à Rome, la rhétorique ; ce qui lui attira un grand nombre d'auditeurs, et entre autres Cicéron, qui, alors étoit fort jeune ; 3°. Gniphon (Marc-Antoine), célèbre grammairien, fit ses premières leçons dans le palais de Jules-César ; Cicéron, quoique grand orateur, ne laissoit pas que de lui *rendre ses assiduités*.

Tous les Juifs, les Pères Grecs et Latins, les Critiques et les Commentateurs, ont regardé la langue hébraïque comme la langue la plus ancienne ; il sembleroit même que, lors de la confusion des langues, cette peine n'auroit pas dû tomber sur les Hébreux, qui n'avoient pas eu part à l'entreprise de la construction de la tour de Babel.

On ne peut douter que les Celtes ne tinssent leur langage des Hébreux, d'après la parfaite ressemblance qu'il y a entre certains mots hébreux et celtiques ; c'est ce qu'écrit et prouve Dom Lobineau, qui outre Dom Pezron, cite sept autres savants, qui sont de cet avis.

La langue celtique n'a été connue sous ce nom et sous celui de gauloise, que dans les régions qui étoient vers l'occident, et elle en a été la mère langue. Si elle a existé pendant tant de siècles, c'est une suite de la correspondance intime de toutes les parties des Gaules, et de ce que ce pays a été à l'abri des invasions étrangères, qui amènent presque toujours des mélanges *dans la langue*, par le mélange des peuples différens. Au contraire, les Gaulois étant forcés de sortir de leur pays pour en chercher d'autres, il a dû en résulter que la langue celtique s'est conservée sans altération, plus long-temps que celle de tout autre peuple.

Il ne faut pas prendre à la lettre le texte de César, lorsqu'il a dit : que les Gaulois avoient différens langages : *linguâ...... inter se differunt*. Les Gaulois parloient tous la même langue ; il n'y avoit entre eux que quelque diversité, beaucoup plus sensible cependant parmi les Aquitains, à cause du voisinage de Marseille ; *omnes eodem utuntur sermone, sed aliquid non nulli habeant diversitatis*.

Jamais on n'a vu dans César, ni dans aucun autre auteur, qu'ils eussent besoin d'interprètes. Il étoit d'une nécessité absolue, que les Gaulois eussent une langue commune, afin que les députés qu'ils envoyoient aux assemblées générales, pussent conférer, délibérer, et former des résolutions ; une même langue étoit aussi nécessaire pour les assemblées qui se tenoient auprès de Chartres, pour rendre la justice aux particuliers qui venoient de toutes parts consulter les Druides.

Moïse nous ayant appris qu'avant lui, la voie la plus ancienne dont les hommes

se

se servoient pour transmettre l'histoire et les événemens considérables, étoit les cantiques et la versification. Moïse ayant écrit les tables de la loi, doit être regardé comme l'inventeur des lettres. C'est donc à tort que Josephe, né plus de seize cents ans après lui, a voulu que ce fût Seth, qui ayant fait cette découverte, employât pour conserver les sciences, des caractères qui fussent gravés sur des colonnes qu'il avoit élevées à cet effet. Quelques mots sur les 'caractères (lettres) des Gaulois.

Philon, qui vivoit dans le même siècle que Josephe, n'a pas été mieux fondé que cet historien, quand il a attribué cette découverte à Abraham.

S'il est prouvé que Moïse fut l'inventeur des lettres, l'usage ayant été de donner aux Hébreux les noms de Phéniciens et de Chaldéens, on ne doit pas être étonné que la tradition ait été que c'est des Phéniciens qu'est venu :

> Cet art ingénieux
> De peindre la parole et de parler aux yeux,
> Et par les traits divers de figures tracées,
> Donner de la couleur, et du corps aux pensées. Brebeuf, traduct. de Lucain.

Phenices primi , famœ si creditur, ausi mansuram rudibus vocem signare figuris. Rien n'est moins fondé que l'idée qu'ont eue les Égyptiens de vouloir enlever aux Phéniciens la gloire d'avoir été les inventeurs des lettres, pour se l'attribuer : il est au contraire très-vraisemblable que c'est d'eux qu'ils les tenoient. Lucain, l. 3 , v. 220.

Les Grecs ont eu fort tard la connoissance des lettres, ils n'ont rien de plus ancien qu'Homère ; et Cicéron, dans son orateur intitulé *Brutus,* dit : qu'il y a eu des poëtes plus anciens qu'Homère, qui se contentoient de réciter leurs vers par cœur, parce que l'on n'avoit pas encore trouvé l'écriture ni les lettres.

Il paroît que les Gaulois ayant reconnu combien l'écriture étoit nécessaire, pour pouvoir graver et perpétuer leurs idées, se servirent dans leurs affaires publiques et privées, de lettres grecques, *grœcis litteris utuntur.* On s'est gravement mépris, quand on a cru voir dans ce passage, que c'étoit simplement de caractères grecs (lettres), dont se servoient les Gaulois pour écrire ; la preuve contraire se trouve dans Strabon, qui a dit formellement que les Gaulois écrivoient même en grec , leurs contrats ou traités particuliers : ὥστε καὶ τὰ συμβόλαια Ἑλληνιστὶ γραφειν. C'étoit donc en grec, qu'étoient écrits les registres dont parle César , qui furent trouvés dans le camp des Suisses, et dans lesquels étoient détaillés , noms par noms, ceux qui étoient partis en état de porter les armes , les femmes, les enfans , et les vieillards. César, l. 5, c. 14. Page 181. Livre 1 , c. 29.

Du temps de César, la langue grecque n'étoit pas répandue dans la Gaule à une bien grande distance de Marseille. Cet historien ayant eu des ordres secrets à donner à Q. Cicéron , qui commandoit une légion en quartier d'hiver, dans le Hainaut, lui écrivit en grec, dans la crainte que si sa lettre venoit à être interceptée, les ennemis ne vinssent à connoître ses desseins. *Id.* l. 4 , c. 48.

L'histoire nous apprend que les Gaulois firent des conquêtes en Allemagne, en

D

Bravoure
des Gaulois.

Espagne, en Angléterre, en Esclavonie, en Macédoine, et dans la Grèce. De là ils passèrent en Asie, et donnèrent le nom de *Gallo-Grèce* ou *Galatie*, à une province que Nicomède, roi de Bithynie, leur abandonna, et où ils s'établirent.

Baudran,
d'après Stra-
bon.

En général, ces peuples ont toujours eu une affection particulière pour la guerre, et ils étoient intrépides. Alexandre ayant demandé à des Gaulois qui avoient servi sous Darius, ce qu'ils craignoient; rien, dans le monde, lui répondirent-ils, que

Saluste, p.
156 de l'édit.
de 1674.

la chûte du ciel. On lit dans Saluste, qu'avec les *Gaulois, il ne falloit pas tant disputer de gloire, que de la vie*. Le caractère des anciens Gaulois subsiste encore parmi nous, et nous ne sommes pas moins braves que nos pères.

Moreri, au
mot *Gaulois*.

Cicéron a avoué que les Romains craignoient plus les Gaulois, que toutes les nations de la terre; il est prouvé que dans toutes les affaires que les Romains ont eues avec les Gaulois, le mot guerre, *bellum*, n'étoit pas employé; c'étoit le tumulte Gaulois, *tumultus Gallicus :* expression qui semble indiquer que *l'usagé de cette nation, étoit de se lever en masse.*

C'est par suite de l'appréhension que l'on avoit des *Gaulois*, qu'il avoit été ordonné chez les Romains, 1°. Que lorsqu'il s'agissoit de leur faire la guerre, les Prêtres même ne seroient pas exempts de prendre les armes; 2°. Qu'outre le trésor public, et le *sanctius ærarium*, il y auroit une troisième caisse nommée *gallicum* et *sacrum*, destinée pour les guerres contre les Gaulois.

Les Gauloises étoient aussi braves que leurs maris; c'est le sentiment unanime de tous les anciens.

Les Gau-
lois man-
quent de per-
sévérance
L. 10, c. 28.

Si les Gaulois étoient terribles lorsqu'ils attaquoient, ils étoient foibles et découragés après des revers. La persévérance n'étoit pas une de leurs vertus : César et Strabon leur en ont fait le reproche; et Tite-Live a été jusqu'à dire que, *dans le commencement d'une action, ils étoient plus que des hommes, et sur la fin moins que des femmes.*

Luxe des
Gaulois dans
leurs véte-
mens.

Les Gaulois portoient des étoffes brillantes des plus vives couleurs, et où l'or éclattoit avec profusion; ils avoient des hausses-cols et des bracelets d'or. Ce métal, qui occasionne ordinairement tant de travaux aux hommes qui vont le recueillir au centre de la terre, se ramassoit sans peine dans les Gaules.

On a vu Luërius, roi des Auvergnats, pour faire parade de ses richesses et se gagner la faveur de la multitude, *semer* en traversant une plaine, monté sur un char, les pièces d'or et d'argent, que ramassoient des milliers de Gaulois qui le suivoient.

Le pillage que fit Quintus-Servilius Cépion, de l'or de Toulouse, qu'il tira, soit des temples, soit des lacs près de cette ville, s'éleva au moins à la valeur de 15000 talents, ce qui feroit 45,000,000 fr. de notre monnoie.

Enfin Jules-César amassa tant d'or et d'argent dans la Gaule, qu'il eut de quoi payer ses dettes qui étoient immenses, et de quoi faire subsister les troupes nombreuses qu'il commandoit.

La brillante parure des Gaulois étoit faite pour relever leur bonne mine; on leur a donné une riche taille, une grande chevelure blonde, les yeux bleus, la peau blanche, avec quelque chose de martial dans la figure.

Les habitations des Gaulois n'étoient pas éclatantes; établies sur un plan circulaire, elles n'étoient construites qu'avec des planches et des claies, et surmontées d'une toiture considérable. Probablement elles étoient couvertes de chaume, c'est ce qu'on peut croire d'après César, qui nous a dit que les *huttes de ses soldats étoient couvertes de chaume à la mode gauloise.* Cet auteur n'auroit-il eu en vue, que *les huttes des soldats gaulois;* c'est ce qui n'est pas à présumer? D'après cette construction, il est certain que lorsqu'il arrivoit un incendie, tout étoit consumé.

Dans les campagnes, les Gaulois établissoient leurs maisons dans le voisinage des bois pour être garantis des ardeurs du soleil, et près des rivières.

Avant la conquête des Gaules par Jules-César, les provinces méridionales étoient remplies de négocians, citoyens Romains, avec lesquels les Gaulois, qui vouloient faire le commerce, étoient obligés de s'associer. Ammien Marcellin, Strabon et Parthénius, ont regardé les Gaulois comme une nation polie, obligeante, généreuse, et le refuge des peuples infortunés. *Nous ne pouvons,* disoit Cicéron, dans sa troisième philippique, *passer sous silence, la valeur, la fermeté, et la constance des Gaulois, nos alliés, c'est la force de l'empire Romain et l'ornement de sa grandeur.* Cette estime s'étendoit jusque sur les Gaulois établis dans l'Asie. Nous apprenons de Polibe, que les rois de ces contrées ne vouloient que des Gaulois pour arbitres de leurs différens.

On n'avoit pas moins de vénération pour les Gauloises que pour leurs maris, et Plutarque a remarqué qu'un des articles du traité d'Annibal avec les Gaulois, portoit : *Si quelque Gaulois a sujet de se plaindre d'un Carthaginois, il se pourvoira devant le sénat de Carthage, établi en Espagne ; si quelque Carthaginois se trouve lézé par un Gaulois, l'affaire sera jugée par le Conseil suprême des femmes Gauloises.*

Ce fait a donné lieu à deux réflexions d'une espèce bien différente : l'Académicien Duclos, dans un charmant mémoire sur les Druides, a remarqué que nos mœurs sembloient avoir remplacé les lois de nos ancêtres; et le frondeur de Saint-Foix veut que ce soit sous le gouvernement des femmes, que les Gaulois prirent Rome, firent toujours trembler l'Italie, tandis que sous celui des Prêtres, ils ont été subjugués par les Romains. De ce que des Gauloises ont jugé des Carthaginois, il ne s'ensuit pas qu'elles aient gouverné la Gaule. Quelque grand que fût le crédit des Druides, ils n'ont pu qu'influer dans les affaires; parmi des guerriers, le militaire seul pouvoit et devoit tout régir.

On peut avec raison reprocher à de Saint-Foix, d'avoir écarté la vérité, pour se laisser aller aux préjugés, que dans ses *Essais sur Paris,* il a fait voir si souvent, contre tout ce qui portoit le nom de Prêtre.

D 2

LES GAULES SOUS L'EMPIRE DES ROMAINS.

Les Romains subjuguent la Gaule Cisalpine. LES Gaulois Cisalpins ayant éprouvé différens revers, les Romains au contraire ayant fait tomber Carthage et Corinthe, tournèrent contre ces premiers toutes leurs forces, et poussant leurs conquêtes jusqu'aux Alpes, ils s'emparèrent de la Gaule Cisalpine, *Gallia togata*, et firent disparoître en Italie la puissance des Gaulois.

Ils en font de même d'une portion de la Gaule Transalpine. Les Marseillois ayant eu la guerre avec les Provençaux, dont ils avoient usurpé une partie du pays, et qui voyoient d'un œil jaloux l'accroissement de cette nouvelle colonie, appelèrent à leurs secours les Romains, vers l'an 627 de Rome, et 125 avant Jésus-Christ.

Ceux-ci, ravis de trouver une occasion qu'ils cherchoient depuis long-temps, de pénétrer dans la Gaule Transalpine, en profitèrent avec tant de succès, que bientôt ils soumirent les pays bornés par les Alpes, et le Var, qui les séparoient de l'Italie par le Rhône, la Gaule libre, et la Méditerranée ; ce qui est à-peu-près ce que nous avons connu sous les noms de la Provence et du Languedoc ; ils en formèrent une province Romaine, la Gaule Braccate, *Gallia Bracchata ;* nom qui doit son origine à l'usage où étoient les habitans de cette partie, de porter un haut de chausse, appellé *Braie ;* ce fut par la suite la Gaule Narbonnoise, *Gallia Narbonnensis ;* Narbonne, ville considérable, étant comprise dans ce pays de conquête.

La Gaule chevelue. Ce qui resta intact de l'ancienne Gaule, eut et conserva long-temps le titre de *Gaule chevelue, Gallia comata,* à cause des longues chevelures que portoient ses habitans.

Politique des Gaulois pour maintenir leur Gouvernement. César, l. 6, c. 11. Il paroît qu'à cette époque reculée, toutes les villes, les bourgs et villages de la Gaule, ainsi que toutes les familles, étoient divisés en plusieurs factions, à la tête desquelles étoient les personnes qui avoient le plus de crédit ; elles exerçoient à leur fantaisie le souverain pouvoir, et, dans les assemblées, faisoient résoudre ce qui leur plaisoit. On présume qu'anciennement les choses avoient été établies sur ce pied, pour défendre les petits de l'oppression des grands ; *car chacun a soin de protéger ceux de son parti, et d'empêcher qu'ils ne soient écrasés, sans quoi il perdroit lui-même son autorité.*

Id. c. 12. Les habitans de l'Autunois étoient à la tête d'une des factions que je viens d'indiquer, et les Francomtois étoient les chefs de l'autre.

Une contestation très-vive s'étant élevée entre eux sur la préséance, ils intéressèrent plusieurs peuples de la Gaule, dans leur querelle ; en sorte qu'il se forma en peu de temps deux partis considérables.

Les Autunois ayant eu d'abord quelques avantages, les Francomtois appelèrent à leurs secours les Allemands qui, sous la conduite d'Arioviste, passèrent le Rhin, en ravageant tout ce qui se trouvoit sur leur passage, et défirent les Autunois.

Tel étoit l'état des choses, lorsque César, gouverneur de la province Romaine, crut devoir s'opposer au projet qu'avoient *les Suisses, dirigés par Orgéturix,* homme distingué de leur nation, Casticus, Francomtois, dont le père avoit régné, et Dunorix, qui tenoit le premier rang dans l'Autunois, de passer par la Franche-Comté et l'Autunois, pour aller former un établissement dans la Saintonge, dont les frontières confinoient avec les habitans de Toulouse, colonie romaine et pays fertile et découvert.

César ayant arrêté et vaincu les Suisses, fut félicité par les principaux de la Gaule celtique, qui, ayant obtenu une audience particulière, accusèrent les Autunois et les Auvergnats d'avoir divisé les Gaules. Suivant eux, les premiers et leurs alliés avoient éprouvé les calamités les plus déplorables ; et les seconds, quoique vainqueurs depuis qu'Arioviste s'étoit établi dans leur pays, étoient bien plus malheureux que les vaincus.

On prévoit aisément quelle fut, dans cette occasion, la conduite de César ; sous le prétexte que les Autunois étoient d'anciens alliés des Romains, il marcha contre Arioviste, qui, sous l'effort de ses armes, disparut bientôt ; et les nouveaux sujets d'Arioviste ne firent que changer de maîtres.

Ce n'étoit qu'un premier pas : *semant par-tout la division, réglant tout avec son épée,* César ne tarda pas à mettre à exécution le projet qu'il avoit formé depuis long-temps, de s'emparer de la Gaule ; mais, dans les premiers momens, il ne voulut paroître qu'ami et protecteur, et se borna à mettre de fortes garnisons dans les principales villes. Il ne changea rien aux anciens usages des peuples, et leur laissa leurs antiques assemblées.

Le Conseil général de la Gaule ayant été assemblé après la défaite de ceux du Hainaut et du Cambrésis, *Consilio Gallicæ primo vere ut instituerat indicto ;* et César ayant remarqué que les habitans du Sénonois, du pays des Chartrains et de Trèves, ne s'y étoient pas trouvés, en conclut qu'ils alloient bientôt se révolter, et prit de suite le parti de transférer *l'Assemblée* dans Lutèce, ville des Parisiens : *Consilium in Lutetiam Parisiorum transfert (a).* Son motif fut qu'elle n'étoit pas entrée dans cette ligue, quoique souvent unie avec les gens de Sens : *Civitatemque Patrum amicitia conjunxerant.*

C'est ici, pour la première fois, que l'on trouve dans l'histoire les noms de Lutèce et des Parisiens. Ce qu'on a dit sur l'origine du mot Lutèce est si dénué de vraisemblance, que je ne puis même me déterminer à le rapporter. On ne sait pas non plus d'où vient le mot *Parisiens.* Suivant Hadrien de Valois, *c'est une suite de notre ignorance de l'ancienne langue des Gaulois.* Les uns ont voulu qu'il fût dû au Troyen Paris ; d'autres, à un temple d'Isis, qu'on suppose avoir existé dans le pays des Parisiens. Ce n'est pas chez les Troyens, ni chez aucun

---

(a) Delamarre a commis une erreur impardonnable, quand il a dit que les assemblées de cette espèce ne s'étoient jamais tenues que dans le pays Chartrain ; il a confondu la réunion des Druides avec les assemblées générales des Gaulois, qui se tenoient toujours où le besoin des affaires et les circonstances le requéroient.

autre peuple étranger , qu'il falloit aller chercher l'interprétation du nom d'une nation gauloise , mais en Gaule.

La Marti-nière, au mot Paris.

Le territoire des Parisiens, du côté gauche de la Seine , finissoit aux pays de Chartres, de Soissons et de Meaux ; et à la droite de la même rivière , il étoit borné par les mêmes habitans de Meaux et par les gens de Senlis , de Beauvais et de

Notitia Galliarum , p. 400.

Rouen. Ainsi , ceux d'entre les Parisiens qui se trouvoient à la gauche de la Seine , étoient Celtes , et ceux qui habitoient à la droite, étoient Belges : *Parisii semi-Celtæ , ac semi-Belgæ , dici posse videantur.*

C'est sans fondement que l'on a avancé que les Parisiens étoient connus trois cent quatre-vingt-onze ans avant Jésus-Christ, par leur réunion avec les Sénonois et la prise de Rome, à l'exception du Capitole ; on auroit dû se borner à dire qu'antérieurement à l'époque où écrivoit César, les Parisiens et les Sénonois étoient d'anciens Alliés. On peut cependant présumer qu'ils coopérèrent au sac de Rome ; mais une présomption n'est pas une preuve.

L. 7, c. 57.

Du temps de Jules-César , Lutèce étoit renfermée dans une île, formée par la Seine : *Oppidum Parisiorum , situm in insulâ fluminis Sequanæ ;* et , suivant

Descriptio flum. Galliæ, p. 217.

Papire Masson , cette île contenoit quarante arpens. D'après un nouvel arpentage , fait en 1796 , par Verniquet, l'étendue de cette même île est de quarante-quatre arpens, cinquante perches, huit pieds. Cette différence de mesure a été produite par la réunion de deux petites îles vers le nord , et par des anticipations sur la Seine , dont je rendrai compte quand j'en serai aux Quartiers.

L. 7, c. 23.

D'après le peu d'étendue de l'île où Lutèce étoit renfermée , on peut décider que cette ville n'étoit pas fortifiée suivant l'usage des Gaulois , qui consistoit à coucher par terre, à deux pieds de distance l'une de l'autre, de grosses poutres de quarante pieds de long , à remplir de terre ce vide et à le revêtir de grosses pierres ; à ajouter un second rang , avec la précaution que les poutres ne se touchassent pas, et à continuer cet ouvrage jusqu'à une hauteur convenable.

Idem, c. 57.

Lutèce n'étoit défendue que par la rivière de Seine ; et les marais qui l'entouroient de toutes parts, en rendoient l'approche très-difficile. On ne pouvoit y entrer que par deux ponts de bois, l'un sur le petit bras de la Seine, et l'autre sur le grand bras de la même rivière.

Au mot Paris.

Voici un tableau très-exact qu'Expilli nous a tracé de l'extérieur de Lutèce. Suivant lui , cette ville , du côté du nord , étoit entourée de terres marécageuses et de bois, dont les bois de Vincennes et de Boulogne semblent de foibles restes. Toute cette longue suite de bois étoit nommée la forêt des charbonniers , et elle s'avançoit jusqu'au bord de la rivière , où l'on voit à présent et le Louvre et les Quartiers des Halles et des Innocens. De l'autre côté , qui étoit moins couvert, la partie où est le faubourg St.-Germain , étoit en prairies ; celle où l'on voit les rues de la Harpe et des Cordeliers , en vignes ; et enfin celles sur lesquelles ont été élevés les faubourgs St.-Jacques, St.-Marceau et St.-Victor , en bois et en vignes.

A l'égard du ciel, Lutèce étoit au vingtième degré de longitude, et au quarante-huitième degré, cinquante-deux minutes, vingt-secondes de latitude.

Les affaires de la république romaine ayant conduit César en Italie, les Gaulois, qui s'ennuyoient d'une domination plus dure que celle qu'ils avoient appréhendée, profitèrent de cette circonstance pour secouer le joug étranger, et les Parisiens parvinrent à chasser les Romains. César n'eut rien de plus pressé que de revenir dans les Gaules ; et, pendant qu'il étoit occupé du siége de Gergovie, il envoya contre les Parisiens, Labiénus, un de ses lieutenans, qui, laissant à Sens les nouvelles recrues qu'il avoit reçues depuis peu d'Italie, marcha sur Lutèce avec quatre légions.

Les Parisiens, instruits de l'arrivée de Labiénus, assemblèrent beaucoup de troupes, qu'ils tirèrent des provinces, et dont le commandement fut donné à Camulogène, du pays du Maine, homme fort âgé, mais très-savant dans l'art militaire. Ce général campa dans les marais dont Lutèce étoit environnée, et se disposa à en disputer le passage aux Romains. *De son côté, Labiénus fit faire des mantelets, et couvrir le marais de claies et de fascines, dans le dessein de s'y faire un passage ; mais il y trouva tant de difficultés, que vers le minuit il décampa sans bruit, et se porta sur Melun, dont il s'empara.*

Les Parisiens ayant été informés qu'avec de nouveaux secours Labiénus marchoit sur eux, mirent le feu à leur ville, et en firent rompre les ponts. A la lueur de leurs maisons brûlantes, ils allèrent au-devant des Romains. Labiénus crut devoir employer la ruse, et feignit de vouloir encore décamper pendant la nuit ; il partagea son armée en trois corps pour envelopper *les Parisiens*, s'ils venoient à le suivre : ces derniers donnèrent dans le piége, et furent totalement défaits après un long combat, dont la suite rendit les Romains maîtres de l'île où avoit été Lutèce.

Le Commissaire Delamare prenant pour guide Vincent de Beausse, a voulu trouver dans les propres paroles de Boece, la preuve que César avoit fait entourer de murailles et fortifier de tours, d'espace en espace, Lutèce au-dedans de l'île qui la contenoit encore, et qu'elle ait été appelée la Ville de César. *Lutetiam Cæsar usque adeo ædificiis adunxit, tamque fortiter mænibus cinxit, ut Julii Cæsaris civitas vocetur.* Delamare s'est totalement mépris ; le passage qu'il cite, ne se trouve que dans un livre intitulé *De disciplinâ scoliarum*, que de Saint-Foix a décidé n'être d'aucune autorité. Rien de plus infidèle que la traduction qu'a donnée Delamare du texte qu'il cite. Il n'y est pas dit que Lutèce fut *au-dedans de l'île qui la contenoit, ni que César la fit fortifier de tours d'espace en espace*, mais simplement *qu'il y fit des édifices, et qu'il la fit entourer de fortifications si considérables, qu'elle fut appelée la* Ville de César.

La position de l'île où avoit été Lutèce, étoit trop avantageuse pour que les Parisiens ne se soient pas empressés à relever leur Capitale, et il est à présumer que César, vainqueur, favorisa cette entreprise.

Les guerres civiles qui suivirent la mort de César, ne permirent pas aux Romains de mettre à exécution dans les Gaules, l'usage qu'ils avoient d'assujétir à leur religion les nations vaincues ; *Tibère* fut le premier qui poursuivit les Druides, dont le plus grand nombre fut contraint de se retirer dans la Germanie. Ceux d'entr'eux qui eurent le courage de rester dans les Gaules, n'exercèrent plus leur ministère qu'en cachette.

Bientôt les idolâtres s'empressèrent d'associer à leurs dieux les divinités adorées par les Romains, et une circonstance particulière nous a fourni la preuve de ce mélange.

Le magnifique autel que Louis XIV voulut faire élever à Notre-Dame, ayant déterminé les Chanoines de cette Eglise à transporter au milieu du chœur , le caveau destiné à inhumer leurs prélats, le 16 de mars 1711 (a) , comme on eut fouillé environ six pieds , on trouva un vieux mur de trois pieds d'épaisseur, qui n'étoit bâti que de moëlons ; mais il avoit tellement fait corps avec le mortier, qu'à peine pût-on le démolir avec de bons coins de fer et de grosses masses. Quand on eut ôté environ deux pieds, on trouva, à côté précisément, en ligne parallèle, un autre mur plus ancien, d'environ deux pieds et demi d'épaisseur, dont la matière et la fabrique n'étoient pas si dures que celles du premier. Ces deux murs coupoient les travaux, ce qui força les ouvriers à le détruire. Dès qu'on eut ôté

du haut le rang de deux moëlons ou libages, on découvrit neuf pierres dont le grain assez tendre étoit semblable à celui des pierres qu'on tire des carrières de St.-Leu, et sur lesquelles on remarqua quelques *bas-reliefs*, et des inscriptions ; le tout fort mal exécuté et très-mutilé.

Les dimensions de ces différentes pierres se trouvent dans une longue dissertation à la tête du premier volume de l'*Histoire de Paris*.

On lit avec peine sur la première lettre A cette inscription: *Sous l'empire de Tibère César Auguste , les nautes Parisiens ont consacré publiquement = M à Jupiter très-bon et très-grand.*

Tib Cæsare
Aug. Jovi optum
maxsumo = M (b)
Nautæ Parisiaci
vblice posierv
nt.

Il convient de remarquer que ce ne sont pas ici les nautes de Paris seulement, mais tous les Parisiens, tout le corps de la nation, qui pouvoient être membres de

(a) Rollin, Dom Félibien, t. 1 , p. 14 ; Piganiol, t. 1 , p. 360, fixent cette découverte au 16 mars 1711 , tandis que dans les Mémoires de l'Académie des inscriptions, t. 3, p. 223 , il est dit que cette découverte fut faite en 1710.

(b) Quelques-uns ont voulu que la lettre M fût la fin du mot *Aram* , au lieu du mot *monumentum* (ce qui revient au même).

cette

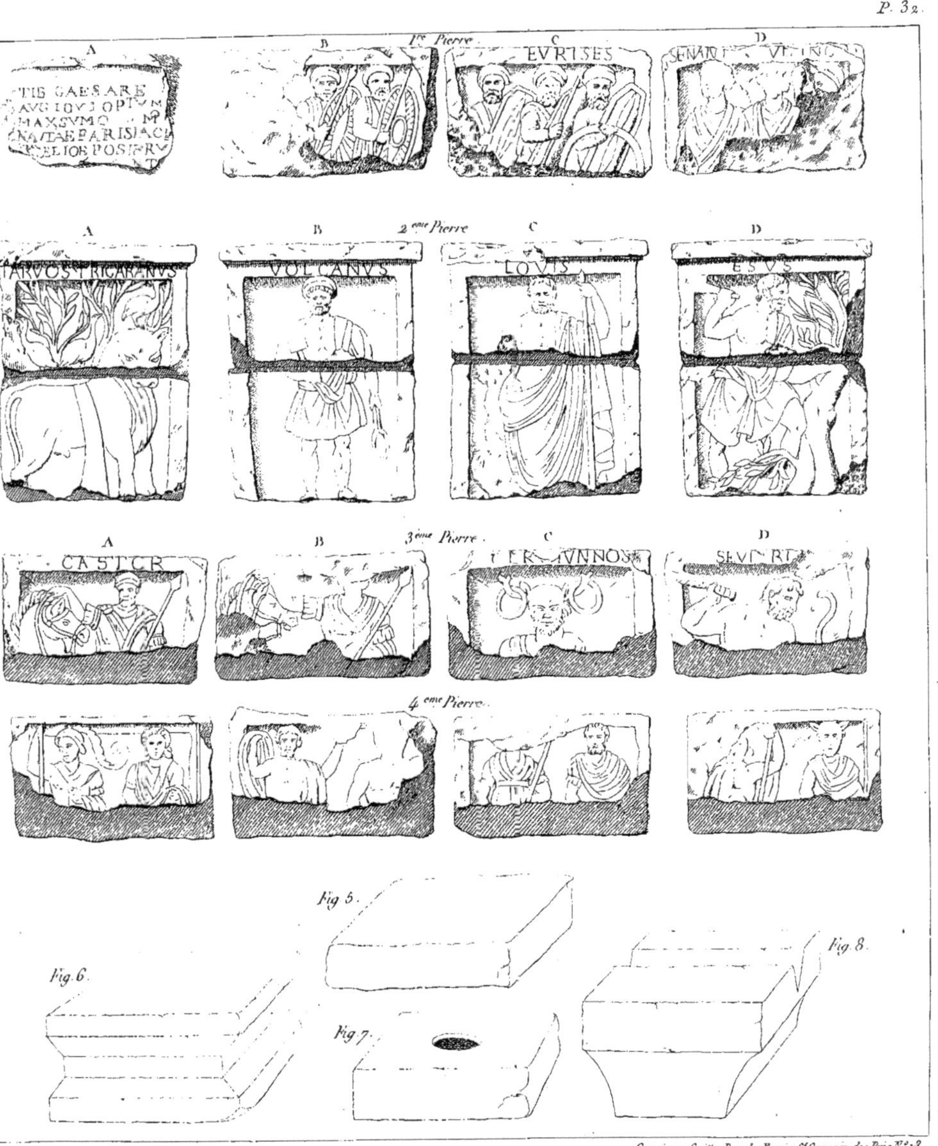

Gravé par Gaitte Rue des Fosses St Germain des Prés. N.º 13

PIERRES TROUVÉES À NOTRE-DAME.

cette association, qui a élevé l'autel ou le monument. Des inscriptions et plusieurs lois des empereurs prouvent que cette qualité de nautes a été donnée à des conquérans, tels que les argonautes, et à des compagnies de négocians par eau, dans lesquelles des Sénateurs, des Chevaliers romains, des Questeurs, des Décemvirs, des Aruspices et des Sévirs augustaux ne dédaignoient pas d'entrer. Lettre *B* : Deux hommes, jusqu'à demi-cuisses attendu que la partie inférieure de la pierre n'a pas été retrouvée ; et une place où probablement il y avoit un troisième personnage ; s'il y a eu une inscription, elle est disparue. Lettre *C* : Trois hommes, Inscription *Evrises*. Lettre *D* : Trois autres hommes ; il n'y en a qu'un dont la figure ait conservé quelques traits, Inscription *SENANI VE INC*.

Sur la deuxième, qui avoit été entaillée pour être coupée en deux, comme la précédente, mais qui heureusement est échappée à ce massacre, ce qui fait que l'on a en entier les figures qu'elle représente ; Lettre *A* : Un taureau, ayant sur la tête une grue et deux autres sur le dos, Inscription *TARVOS TRIGARANVS*. Lettre *B* : Un homme, tenant de la main gauche des tenailles, Inscription *Volcanus*. Lettre *C* : Un homme ayant quelques attributs, qui certainement appartiennent à Jupiter, Inscription *Jovis (a)*. Lettre *D* : Encore un homme qui semble couper du bois, Inscription *ESVS*.

Sur la troisième, dont la partie inférieure manque, ce qui fait que, comme dans la première, on n'y voit les personnages qu'à demi-corps. Lettre *A* : Un homme qui appuie la main droite sur un cheval, et qui tient de l'autre main une lance ; Inscription *Castor*. Lettre *B* : Représentation semblable à la précédente ; ce qui peut faire croire, quoique l'inscription soit effacée, qu'on a voulu figurer Pollux. Lettre *C* : Un homme barbu, ayant sur la tête des cornes, dans lesquelles paroissent passés deux anneaux ; Inscription *CERuVNNOS*. Lettre *D* : Un homme qui, avec un objet qu'on ne peut définir, semble vouloir frapper un serpent qui se lève contre lui : Inscription *SEVI RI*.

Sur la quatrième, à chaque face, deux personnages encore à demi-corps ; les traits des figures sont totalement effacés ; des gorges saillantes peuvent faire croire que l'on auroit voulu représenter quelques femmes parmi ces personnages. Point d'inscription.

Sur la cinquième, on ne voyoit que les vestiges d'un corps humain ; les places où avoient été la tête et les pieds étoient consumées : je n'ai pas cru devoir la faire représenter.

La sixième, par sa forme, a été regardée, lors de sa découverte, comme un autel.

La septième étoit très-certainement le foyer *d'un autel*, attendu que dans

---

(*a*) Le mot *Jovis*, dans le moment, est totalement défiguré ; un enfant, j'aime à le croire, peut-être un sot, a tiré au bas du grand *J*, un trait qui en a fait un *L* ; par ce moyen le mot *Jovis* a été converti en celui de *Louis*.

E

un trou rond, creusé dans son intérieur, on y a trouvé du charbon *fort inflammable*, et de l'encens d'une agréable odeur : c'étoit probablement l'encens le plus ancien du monde.

La huitième avoit, au milieu, une entaille, qui a fait présumer qu'elle *avoit été destinée à tenir plus ferme le dos des bêtes ouvertes, dont on vouloit consulter le foie, le cœur, et les autres parties que l'on avoit coutume d'observer.*

Enfin, la neuvième pierre fut regardée comme la base de l'autel ; on auroit pu tout aussi bien lui donner une autre destination, et c'est ce qui m'a empêché d'en offrir l'image.

Les pierres trouvées à Notre-Dame ne sont pas des pierres celtiques.

D'après l'inscription à l'honneur de Tibère, et les noms de quelques dieux des Romains, qu'on voit sur ces pierres, on peut décider que c'est à tort qu'on leur a donné le titre de *Pierres Celtiques.*

Deux membres de l'Académie des Inscriptions, Baudelot et Moreau de Mautour, *dont le premier, suivant Léibnitz, n'étoit pas versé dans les antiquités celtiques, et prenoit des écarts hors de son sujet :* Léibnitz lui-même, Écard et Keisler,

Expressions de Piganiol, t. 1, p. 301. Antiquité expliquée, t. 2, p. 435. Religion des Gaulois, t. 2, p. 49.

dirent dans le temps, sur une partie de ces pierres, *de bien belles choses ; supposé que l'application en eût été juste.* Mont-Faucon, au contraire, s'est ainsi expliqué : — *Il y a apparence,* — *Je n'ose hasarder,* et a fini par ces mots remarquables : — *C'est là ce qu'on peut dire, sinon de plus certain, au moins de plus vraisemblable.* Si l'homme du plus grand mérite a hésité, on peut bien conclure avec Dom Martin, *qu'il ne paroît pas qu'on ait encore bien expliqué tous ces monumens.*

Mém. de l'Acad. des inscriptions, t. 5. p. 9.

Les pierres déterrées à Notre-Dame furent conservées dans le petit cloître de cette Eglise jusqu'en 1724, que les Chanoines les donnèrent à l'Académie des Inscriptions.

Triste sort et avantures de ces pierres.

A la révolution, les numéros 1, 2, 3 et 4 sont passés au Musée central des Arts, où on les voit, salle d'introduction.

Le Conservateur de cet établissement, au lieu de nous avoir présenté les plus anciens monumens de notre histoire, tels qu'ils sont, a imaginé qu'il falloit trouver un objet qui pût correspondre à la hauteur de la grande pierre, numérotée 2 ; et pour y parvenir, il a fait jucher le n°. 1 sur le n°. 3, en ajoutant, avec des calles, ce qui pouvoit manquer à ces deux pierres, pour qu'elles eussent une hauteur égale au n°. 2. Lors de cet arrangement, la séparation qui étoit entre les n°s. 1 et 3, fut masquée avec du plâtre. Ainsi, sans l'indication des deux n°s. 1 et 3, qui annonce deux articles distincts et séparés, on pourroit croire que les deux pierres 1 et 3 n'ont originairement été qu'une seule et même pierre ; que l'inscription à l'honneur de Tibère, lettre *A* de la première pierre, a toujours été au-dessus du buste de Castor ; que les deux bustes désignés par la lettre *B* de la même première pierre, étoient au-dessus du buste de Pollux ; et ainsi de suite.

Au moyen de la jonction de ces deux pierres, il faut, après qu'on a examiné le n°. 1, aller chercher le n°. 2, pour revenir à la première place, au n°. 3, ce qui est gênant.

Il est encore une faute que l'on peut aussi reprocher au Conservateur du Musée, c'est d'avoir fait restaurer avec du plâtre, sur la pierre numérotée 1, quelques manques et défauts, suite et effet des années. Un homme qui, par son titre, est fait pour veiller sur des monumens, auroit dû savoir qu'on ne doit pas toucher aux objets de cette espèce. C'est l'arche d'alliance ; personne ne pouvoit y mettre le doigt. *Par déférence pour l'antiquité respectable*, a dit Dom Martin, *on ne doit pas, en copiant les ouvrages des anciens, se donner la liberté d'y rien changer ou de suppléer à ce qui manque à leur perfection, par l'injure du temps.*

Une idée fort singulière du Conservateur du Musée, a été de placer le long d'un mur, la pierre qui porte le n°. 4 ; par cette disposition, une des faces est invisible.

On ne sait ce que sont devenues les pierres numérotées 5, 6, 7, 8 et 9 ; on doit regretter et la pierre [6] qu'on croit avoir été destinée à étendre les victimes, et le foyer [7].

LA FOI CHRÉTIENNE INTRODUITE DANS LES GAULES.

Tout le monde convient que c'est de *Saint Denys*, nommé par le Pape, *évêque de Lutèce*, ainsi que de ses compagnons de voyage *Rustique*, prêtre, et *Eleutère*, diacre, que nous avons reçu les premières notions de la religion chrétienne ; mais on est infiniment divisé sur l'époque où cette mission fut entreprise. Grégoire de Tours, né en 540, et reconnu pour le père de notre histoire, a voulu qu'elle ait eu lieu sous l'empire de Dèce : *Sub Decio et Grato consulibus.... missi sunt.... Parisiacis Dionysius episcopus*, etc. Ainsi ce fait se seroit passé après l'an 249, où Dèce a commencé à régner : *Fabien* étoit alors Pape.

Hilduin, abbé de *Saint-Denys*, sous *Louis-le-Débonnaire*, quoique né deux siècles après *Grégoire de Tours*, a eu la prétention de se croire mieux instruit que ce saint évêque. Ayant trouvé dans un diplôme de Thierri de Celles, en date du jour des calendes de mars de l'an 3 du règne de ce prince, que *Denys et ses compagnons* avoient reçu leurs pouvoirs du Pape Clément, *troisième successeur de Saint Pierre ;* cette mission ayant été aussi attribuée au même Pape par les Pères du concile, qui eut lieu en 824. Comme alors il existoit un *Denys aréopagite à Athènes*, depuis converti par Saint Paul, Hilduin en a conclu que c'étoit cet Aréopagite qui avoit été l'apôtre des *Gaules*. Jean Érigène, l'un des hommes les plus savans de son temps, en grec et en latin, avança et soutint à Charles-le-Chauve, que l'opinion d'*Hilduin* étoit inconnue à tous les anciens ; et il est constant que le Moine de Saint Denys, qui a écrit l'histoire de l'invention du

Religion des Gaulois, t. 2, p. 48.

Liv. 8. c. 28.

Pièces à la suite de l'his. de Grégoire de Tours, pag. 1384.

Histoire de Paris, t. 1, p. 76.

corps de Saint Denys et de ses compagnons; cent ans après que le Roi Dagobert eut fait bâtir le monastère de ce nom vers l'an 730, ne parle pas de l'Aréopagite.

Louis – le – Débonnaire ayant adopté les rêveries d'Hilduin, on ne trouva pas étrange qu'un évêque eût abandonné *sa première épouse, le troupeau confié à ses soins*, pour aller convertir des gens qui lui étoient inconnus; on ne s'avisa pas même de penser que l'Apôtre des Gaules ayant été martyrisé à Lutèce, cette mission ne pouvoit être attribuée à Denys l'Aréopagite, comme faite en 50, puisque ce ne fut que sous Marc-Aurèle, et postérieurement à l'an 161, que l'on vit, pour la première fois, des martyrs dans les Gaules.

Les Religieux de Saint-Denys, flattés d'avoir pour protecteur un Aréopagite d'Athènes, partagèrent l'opinion de leur Abbé, et un des Moines de leur monastère, le malheureux *Abailard* fut cruellement persécuté par un des successeurs d'Hilduin, pour avoir eu la légèreté de dire *qu'il se mettoit peu en peine d'où étoit venu Saint Denys ; d'Athènes, de Corinthe ou d'ailleurs ; qu'il lui suffisoit de savoir, à n'en pas douter, que Saint Denys fut un martyr de Jésus-Christ, qualité qui seule vaut mieux que toutes les autres ensemble.*

Le système d'Hilduin passa par lui à *Rome*; bientôt il fut porté en *Grèce* par Méthodius, qui vivoit au même temps que cet abbé de *Saint-Denys*. De la Grèce il repassa dans *les Gaules*, par la traduction que fit Anastase de la vie de Saint Denys, composée par Méthodius, et qu'il envoya à Charles-le-Chauve. Depuis, les Athéniens cessèrent d'être persuadés que Saint Denys l'Aréopagite eut été brûlé dans leur ville ; ils poussèrent même la complaisance, ou, pour mieux dire, l'ignorance, jusqu'à être persuadés qu'il avoit été évêque de Lutèce, et qu'il avoit eu la tête tranchée dans cette ville.

La mission de Denys et de ses compagnons étoit aussi délicate que périlleuse. Il falloit amener les Gaulois, accoutumés à goûter sans remords et sans crainte tous les plaisirs des sens, toujours prêts à tirer vengeance des offenses qu'ils s'imaginoient avoir reçues, à abandonner leur ancienne croyance, pour servir un Dieu dont ils n'avoient jamais entendu parler, et qui, entre autres pratiques, vouloit absolument qu'ils aimassent la vertu, et sussent pardonner. Les Missionnaires devoient s'attendre à avoir pour ennemis les prêtres des faux Dieux, qui ne vouloient pas se voir arracher les offrandes faites sur les autels des idoles: aussi ces derniers excitèrent-ils une cruelle persécution. Denys, Rustique et Eleutère furent enfermés avec un grand nombre de fidèles. Interrogés, ils confessèrent généreusement le nom et la foi de *Jésus-Christ ;* on leur fit souffrir divers supplices, et leur constance s'étant trouvée au-dessus des plus cruels tourmens, ils eurent enfin la tête tranchée, et méritèrent ainsi de recevoir tous trois ensemble la couronne du martyre.

On a fixé de bien des façons différentes la place de la prison où Denys et ses compagnons ont été enfermés. Un moderne, qui le plus souvent raisonne fort juste, Jaillot, se fondant sur un incendie qui, en 586, prit dans le voisinage de la *prison*, qui *joignoit la porte méridionale de Paris*, veut que ce soit dans cet édifice que Denys ait été incarcéré. Mais de ce qu'à cette époque il y avoit une prison près de cette porte méridionale, il ne s'ensuit pas que plus de trois siècles auparavant, il ne pût y en avoir une autre près de la porte septentrionale de la même ville. Je trouve dans le Moine anonime, contemporain du Roi Dagobert Ier., et qui a écrit la vie de ce prince, qu'il y avoit à Paris une prison de Glaucin, et c'est dans cet édifice qu'Hilduin a voulu que Denys et ses compagnons ayent été renfermés : *In carcere.... Glaucini recluduntur (a)*; il semble, d'après les plus anciens monumens de notre histoire, qu'il est aisé de fixer où étoit cette prison de Glaucin. Dans deux Chartes du *Roi Robert*, données à *Orléans*, dont l'une sans date, et l'autre de la dix-neuvième année du règne de ce prince, ce qui revient à 1015, il y confirme aux chanoines de *Saint-Denys*, la donation qui leur avoit été faite par Ansolle, chevalier, et Reitrude, sa femme, de la prison de Paris : *de Parisiaco carcere*. L'on trouve dans les lettres de fondation de l'Eglise de St.-Symphorien, en 1206 (*b*), par le *Comte de Beaumont*, qu'elle remplace la prison de *St. Denys : in qua incarceratus dicitur beatus Dionysius :* il étoit de tradition, il y a plus de huit siècles, que St. Denys et ses compagnons avoient été enfermés où fut depuis St.-Denys de la Charte; et on voyoit encore, avant la révolution, à l'entrée d'un escalier par lequel on parvenoit à une chapelle basse au-dessous du chœur de St. Denys de la Charte, cette Inscription : *Ici est la Charte en laquelle St.-Denys fut mis prisonnier, etc. En l'an soixante et six, de salut et de grâce, à St. Denys prison fut cette obscure place (c).*

Dans l'intérieur de cette Charte on remarquoit une pierre échancrée par le milieu, qu'on soutenoit avoir servi au supplice de St. Denys et de ses compagnons.

Enfin, dans le nombre des sept stations que l'église de Paris étoit dans l'usage de faire pour honorer le culte de St. Denys : la cinquième à St.-Denys de la Charte étoit en mémoire de sa prison et de ses *ceps*, c'est-à-dire, ses entraves.

Tous ces faits étant réunis, on ne peut disconvenir que les plus fortes présomptions se réunissent, pour faire croire que St. Denys a été incarcéré où fut l'Eglise de St.-Denys de la Charte.

On n'est pas du tout d'accord sur le lieu où Denys, Rustique et Eleutère subirent leur supplice. Les uns ont voulu que ce fût à la pointe orientale de l'île et au delà des murs qui renfermoient alors Lutèce : *non nulli existimant Dionysium intra urbis muros passum esse in extremis insulæ parte, ad caput majoris Ecclesiæ beatæ Virginis ubi modo ecclesia est Sancti-Dionysii quæ dicitur de passu.* Hilduin est le premier qui ait dit que St. Denys et ses compagnons avoient

---

(*a*) La rue qui étoit au chevet de l'Eglise de Saint-Denys de la Charte, a porté de toute ancienneté, et conserve encore le nom de *rue de Glatigni :* ce titre ne dérive-t-il pas du mot *Glaucini ?*

(*b*) Cet édifice, où il paroît qu'il y avoit eu originairement une chapelle de Sainte-Catherine, n'étoit séparé de *Saint-Denys de la Charte*, que par une ruelle fort étroite.

(*c*) La date soixante et six a été fixée d'après le système inexact d'Hilduin.

Marginal notes:

Hist. de St.-Martin-des-Champs, p. 313 et suiv.

Hist. de Paris, t. 1., des preuves, pag. 86.

Dubreuil, pag. 114.

Place où les SS. Apôtres des Gaules furent martyrisés. Hist. de l'Eglise de Paris, par Dubois, pag. 18. *Areopagitica.*

Dubreuil, p. 215.

été exécutés à Montmarte , *in colle qui ante mons-mercurii dicebatur, quoniam idolum ipsius colebatur.* Enfin l'Auteur des nouvelles annales de Paris a soutenu que ce grand événement s'étoit passé au coin des rues St.-Denys et Aubri-le-Boucher.

La dernière opinion n'est pas présentable : on auroit au moins dû dire : *la place où furent depuis établies les rues St.-Denis et Aubri-le-Boucher.* Il faut être bien téméraire pour *sans preuve et sans autorité* rapporter des faits qui se sont passés il y a plus de quinze cents ans.

L'idée *d'Hilduin* ne peut être admise et l'histoire nous a conservé la mémoire d'un fait qui semble indiquer que le supplice ne put avoir lieu à Montmarte, c'est l'ordre qui fut donné de jeter les corps dans la rivière. On ne présumera jamais que, d'après cette intention, on eût pris pour l'exécution une place aussi éloignée de ladite rivière.

Les supplices, sous l'empire des Romains, ne se faisant pas dans les villes, pourquoi St. Denys et ses compagnons n'auroient-ils pas été martyrisés sur les alluvions de la Seine, qui certainement existoient au levant de Lutèce, et par-delà les murs de cette ville. Les circonstances se réunissent en faveur de cette idée. Rien n'étoit plus aisé que d'exécuter l'ordre qui avoit été donné de jeter dans la rivière les corps des martyrs, puisqu'elle joignoit de trois côtés le lieu de l'exécution. A cette place on a vu, dès les temps les plus reculés, et il y a existé jusqu'à la révolution, une église qui portoit le nom de St.-Denys du Pas : A PASSIONE, *passion, martyre.* Derrière le grand autel de cette église on avoit représenté un gril dont l'usage est expliqué par les mots de la prose de St. Denys : *catastam, lectum ferreum, et œstum vincit igneum.* Le jour de la fête du titulaire, on mettoit auprès de ce gril une croix et quelques reliquaires à baiser. Là, plusieurs chrétiens se prosternoient. Les autels de cette église, toutes les fêtes, étoient occupés par *Messieurs de Notre-Dame, qui trouvoient grande dévotion à y célébrer ;* enfin le chapitre de Notre-Dame faisoit la 4ᵉ. des sept stations, dont j'ai déjà parlé, *en mémoire des souffrances et des tortures de la question donnée à cette place, à St.-Denys.* En faut-il davantage pour être persuadé que c'est là précisément où ce saint apôtre a été martyrisé, et non pas à Montmarte. Le nom de *Mont des Martyrs* donné à cette montagne par *Frodoard,* est une suite de l'erreur d'*Hilduin ; Abbon,* Auteur du neuvième siècle, dans son Poëme sur le siége de Paris en 885, nous a conservé l'origine du vrai nom de cette montagne : *Cacumina Martis, Martis..... mons :* c'étoit donc de Mars et non du martyre de St.-Denys qu'elle fut appellée Montmarte (a).

Il paroît que dans le moment où les Bourreaux se préparoient à jeter les corps des martyrs dans un endroit profond de la Seine, une dame, nommée Catulle, invita à manger les exécuteurs, et qu'elle sut si bien les amuser, qu'ils ne pensèrent plus qu'à profiter du bon repas qu'on leur avoit préparé. Pendant ce

---

(a) *Frédégaire,* le plus ancien de nos historiens après Grégoire de Tours, a appellé Montmarte *Mons Mercori,* on trouve aussi dans quelques vieux manuscrits *Mons cori , Mons marcomire.* Dans tous ces noms rien n'indique que l'on ait fait des martyrs à cette place.

temps cette femme fit enlever les corps des martyrs, et à six mille de Paris, ils furent enterrés dans un champ prêt à être ensemencé. On le sema aussi-tôt, afin de mieux cacher le lieu de la sépulture. La persécution s'étant ralentie, Catulle fit fouiller dans le champ, et les corps des saints martyrs furent retrouvés. Les uns ont voulu qu'au lieu où étoient ces corps saints, on ait élevé l'église de *St.-Denys de l'Estrée*, d'autres la grande église de l'Abbaye St.-Denys.

Un corps trouvé à Athènes ayant été reconnu pour celui de St. Denys l'Aréopagite (*a*), et une partie de ce même corps (*b*) transporté à Constantinople, ayant été apportée à Rome par Pierre de Capoue, cardinal du titre de St.-Marcel, il fut destiné par le Pape Innocent III pour l'Abbaye de St.-Denys en France. On devoit s'attendre que dans la bulle qu'a donnée ce Pape, le 2 des nones de son pontificat, ce qui revient au 4 janvier 1216, il auroit prononcé que *Denys l'Aréopagite*, quelque grand saint qu'il pût être d'ailleurs, *ayant existé long-temps avant qu'il y eût des martyrs dans les Gaules, n'étant jamais venu dans ce pays, et ayant été enterré à Athènes, ne pouvoit avoir été notre apôtre :* au contraire Innocent, dont on a cependant vanté les grands talens, a laissé subsister, et même augmenté les incertitudes: voici ses propres expressions : *On est fort partagé d'opinion au sujet du glorieux martyr et évêque St. Denys, dont le vénérable corps repose dans votre église, savoir si l'on doit croire que ce soit l'Aréopagite converti par l'apôtre St. Paul: car quelques-uns disent que St. Denys Aréopagite mourut, fut enterré en Grèce ; et que ce fut un autre St. Denys qui annonça la foi de J. C. aux peuples qui habitoient pour lors la France. D'autres au contraire assurent que St. Denys Aréopagite vint à Rome après la mort de St. Paul, et que St. Clément, pape, l'envoya en Gaule ; que ce fut un autre St. Denys qui mourut en Grèce, et qu'ils ont été tous deux de grands hommes en œuvres et en paroles. Pour nous, qui desirons honorer votre monastère immédiatement soumis à l'église romaine, sans néanmoins donner la moindre atteinte à l'une et à l'autre de ces deux opinions, nous vous envoyons .... le sacré corps de St. Denys ..... afin qu'ayant les reliques des deux Sts. Denys, on ne puisse plus douter que celles de l'Aréopagite ne soyent dans votre abbaye.*

Le corps saint étant arrivé à St.-Denys le 22 février audit an 1216, on le descendit à l'église de l'Estrée où l'Abbé et tous les religieux revêtus de riches châpes et tenant chacun un cierge à la main, suivis du clergé et du peuple de la ville, allèrent le recevoir en procession. On le porta dans l'église de l'abbaye en grande cérémonie ; et alors les Moines de ce monastère, qui se seroient fort bien passés du présent que leur faisoit le Pape, abusant des expressions peu claires de sa bulle, chantèrent *une messe solemnelle en l'honneur du glorieux confesseur St. Denys, évêque de Corinthe :* depuis ce temps la châsse qui a renfermé cette relique, a

______

(*a*) St. Denys l'Aréopagite ayant été brûlé, il est difficile de deviner comment on a pu découvrir son corps, on n'auroit dû trouver que des cendres.

(*b*) La tête de St. Denys l'Aréopagite avoit long-temps auparavant été apportée en France par Nivélon, évêque de Soissons, qui la donna à l'Abbaye de Long-Pont, ordre de Citeaux.

été exposée dans le chœur de l'église le huitième avril, jour auquel on célèbre dans cette église la fête *dudit Denys de Corinthe.* Par cet arrangement les moines de St. Denys réservèrent l'office du martyre pour Denys l'Aréopagite, dont ils avoient cru avoir le corps depuis qu'ils possédoient le corps du saint évêque de Lutèce. Ainsi le pape Innocent III a envoyé le corps de St. Denys l'Aréopagite, dont les moines de St.-Denys ont fait un St. Denys de Corinthe. On ne peut pas voir une conduite plus impudente, et certainement ces religieux auroient eu le châtiment qu'ils méritoient, si le pape Innocent III ne fût mort, dans le mois de juillet de la même année où il avoit fait l'envoi de la sainte relique. Les choses restèrent en cet état jusqu'en 1700, que le cardinal de Noailles, archevêque de Paris, jugea que le breviaire étoit à réformer. Il distingua deux Denys, et prononça que le 3 octobre il y auroit office semi-double pour St. Denys Aréopagite, et le 9 du même mois, solemnel majeur pour Denys de Paris et ses compagnons. C'est ce qui aussi a été suivi, lors de la réformation du breviaire de Paris, en 1736.

A la mort de César, toute la Gaule étoit Romaine, et consistoit en quatre parties principales au nord des Alpes : la Narbonnoise, l'Aquitanique, la Celtique, et la Belgique.

Auguste, devenu arbitre souverain de Rome et de tout l'Empire, conserva à ces quatre grandes régions, ou parties des Gaules, les anciens noms, hormis celui de Celtique, qui sembloit appartenir à la Gaule entière, et qui fut abrogé ; et cette partie nommée la Lyonnoise.

Sous Constantin on fit un nouveau partage de la Gaule, dont on trouve une ancienne notice ..... qu'on croit avoir été dressée sous Honorius, lorsque c'étoit l'usage de distinguer les Gaules des sept provinces.

Par le résultat de cette opération, la Lyonnoise fut elle-même séparée en sept autres provinces, et le sort de la ville des Parisiens définitivement fixé. Elle fit partie de la sixième Lyonnoise. Voici l'ordre des villes portées dans cet état : Sens, *Métropole*, Chartres, Auxerre, Troyes, Orléans, des Parisiens, *Parisiorum*, Meaux. La ville des Parisiens n'étoit donc alors qu'une ville bien peu distinguée, puisqu'elle n'est que la sixième dans l'état que je donne, et qu'elle n'avoit au-dessous d'elle que Meaux.

Il en étoit de même en 250, lorsque Denys et ses compagnons vinrent s'y établir, c'étoit encore un objet médiocre et de peu d'étendue : *Lutetiam Parisiorum parvum adhuc et exiguum oppidum.* Julien, l'an 358 de l'ère chrétienne, ayant été envoyé dans les Gaules par *l'Empereur* Constance, avec le titre de proconsul, nous a *tracé en maître*, l'état de cette ville dans le moment où il y commandoit. *J'étois en quartier d'hiver, dans ma chère Lutèce, a-t-il dit : c'est ainsi qu'on appelle dans les Gaules, la petite capitale des Parisiens, Parisiorum oppidum. Elle occupe une île peu considérable qui domine sur un fleuve qui l'entoure de toute part (a). On y entre des deux côtés par des ponts de bois. Il est rare que la*

___

(*a*) J'ai littéralement adopté la traduction de l'abbé de Labletterie, excepté qu'après les vingt pre-
rivière

rivière se ressente beaucoup des pluies de l'hiver ou des sécheresses de l'été. Ses eaux pures sont agréables à la vue et excellentes à boire ; les habitans auroient de la peine à en avoir d'autres, étant situés dans une île. L'hiver est assez doux.... on y voit de bonnes vignes et des figuiers même, depuis qu'on prend soin de les revétir de paille, et de tout ce qui peut garantir les arbres de l'injure de l'air. Pendant le séjour que j'y fis, un froid extraordinaire couvrit la rivière de gla- çons....... je ne voulus pas qu'on échauffât la chambre où je couchois, quoiqu'en ce pays-là on échauffe par le moyen de fourneaux la plupart des appartements, et que tout fut disposé dans le mien pour me procurer cette commodité..... le froid augmentoit tous les jours ; cependant ceux qui me servoient ne purent rien gagner sur moi..... je leur ordonnai seulement de porter dans ma chambre quelques charbons allumés. Le feu, tout médiocre qu'il étoit, fit exhaler des murailles une vapeur qui me porta à la téte et m'endormit. Je pensai être étouffé. On m'em- porta dehors, et les médecins m'ayant fait rendre le peu de nourriture que j'avois pris, sur le soir je me sentis soulagé, et fus dès le lendemain en état d'agir.

Du temps de Julien, Lutèce étoit donc entourée de tout côté par la Seine, on y entroit par des ponts de bois. C'est ce qui fait qu'Ammien-Marcellin lui a donné le nom de Château *ou* Fort des Parisiens, *Parisiorum Castellum Lutetiam nomine.* Lutèce n'étoit donc encore à cette époque qu'une petite ville, *oppidulum.*

Edition de 1809, p. 58.

Zozime.

Tous les anciens auteurs n'ont pas nommé Lutèce *Lutetia,* ainsi que Jules-César : *Strabon* a écrit *Lucotocia ;* Ptolomée, *Lucototia ;* Julien, *Leucetia.* Ce dernier, comme par affectation de faire dériver ce nom d'un terme pris dans la langue grecque, dont il se servoit en écrivant son Miso-pogon.

Notice des Gaules par Danville, au mot *Lutecia postea Parisii*, p. 426.

C'est antérieurement à 390, époque à laquelle Ammien-Marcellin vivoit encore, que cette ville prit le nom du peuple dont elle étoit le chef-lieu. Cet auteur, après s'être servi une fois, au commencement de son Histoire, du mot *Lutèce,* n'em- ploye plus dans onze autres endroits, que celui de Paris, *Parisii (a).*

Lutèce est appelée Paris.

La place du palais que Julien habita à Lutèce, et où, sur le faux bruit de sa mort, se transportèrent les soldats qui l'avoient nommé Empereur, étant inconnue, rien n'indiquant où étoit, dans la même ville, et le Palais de *Gratien,* et le Palais de *Maxime,* lorsqu'en 383, il voulut chasser des Gaules les Allemands. Des modernes, parmi lesquels je ne nommerai qu'Hadrien de Valois, ont eu la témérité de vouloir suppléer au silence des anciens, et ils ont imaginé que, vu le peu d'étendue de l'île où Lutèce fut d'abord renfermée, le grand nombre de ses habitans, et la suite considérable des officiers attachés au service des Empereurs, il étoit impossible d'y loger tous ces personnages. Instruits que dans la maison de la rue de la Harpe, qui porte le nom de la Croix de Fer et le n°. 63, il existe une voûte très-imposante ; que dans les parties de la maison de la rue des Mathurins dite l'Hôtel de Cluny,

Julien avoit un Palais à Lutèce.

De Basilicis.

miers mots j'ai mis : *qui domine sur un fleuve qui l'entoure de toute part,* au lieu d'*environné de murailles dont la rivière baigne le pied,* il n'est pas parlé *de murailles* dans le texte.

(*a*) Pages (58 Lutèce) — (97, — 107, — 135, — 167, — 172, — 174, — 181, — 194, — 340, — 358 et 359, — Paris.)

F

numérotée 14, qui avoisinent cette voûte, on y voit des murs considérables qui dépendoient de ce même édifice; enfin que tous ces bâtimens ont porté le nom de Palais, ou
Maison des Thermes de César: *Palatium..... locus Thermarum Cæsaris.* Ils ont
séparé en deux ce dernier titre, et ont prononcé que ces anciennes constructions
étoient des *restes d'un palais élevé par un César et de thermes magnifiques au-delà.*

Ces points mis en avant, c'étoit une obligation pour de Valois de faire voir que,
du temps de Julien, Lutèce avoit des extensions au midi, et qu'un César y avoit
construit un palais; voici comme il s'y est pris: Julien ayant appelé Lutèce, la
ville des Parisiens, *Parisiorum oppidum*, et Marcellin, le château, ou le fort des
Parisiens, *Parisiorum castellum, Lutetiam nomine;* il en a conclu qu'au temps
où ces deux auteurs écrivoient, il y avoit à Lutèce et ville et fort; et, suivant lui,
la portion de Paris renfermée dans l'île, étoit le château ou fort, et les extensions
au-delà de la Seine étoient la ville; distinction puérile et mal fondée, si Marcellin
a appelé Lutèce, fort ou château, c'est parce que cette ville, par sa seule position,
étoit très-forte; distinction inutile, puisqu'elle ne donne aucune lumière sur le fait
qui étoit à prouver, l'existence d'un palais au midi de Lutèce.

Très-certainement Julien n'a rien construit à Lutèce; on vient de le voir; son
exactitude, comme auteur, étant si grande, qu'il n'a pas même oublié de nous instruire de l'effet que produisit sur lui la vapeur du charbon; peut-on douter d'après
cela que si Lutèce lui eût été redevable d'un Palais et de thermes, il ne s'en fût
glorifié, et que Marcellin et Zozime n'en eussent parlé?

Je ne ferai pas remarquer combien il paroît ridicule de vouloir placer un palais
impérial, joignant des thermes; la fumée des fourneaux, le bruit des baigneurs
auroient dû suffire pour en écarter des gens considérables; mais *les dieux de la terre*
ont souvent eu des idées singulières, et ils ont converti quelquefois les lieux les
plus désagréables en séjours délicieux: je ne citerai, pour exemple, que Versailles.

Jaillot, quartier de la cité, p. 40.

Je ne croirai jamais que des proconsuls, destinés à maintenir dans la tranquillit.
et la dépendance une nation guerrière, toujours disposée à secouer le joug de la
domination romaine, et à recouvrer la liberté, se soient placés hors de la ville
confiée à leurs soins. La prudence n'exigeoit-elle pas qu'ils veillassent de près sur
ces peuples nouvellement soumis; qu'ils fussent, nuit et jour, à portée de pénétrer
les complots secrets, de diviser les factieux, de conserver ou de rétablir l'ordre,
et de percevoir avec sécurité des impôts exigés souvent avec hauteur, et toujours
payés avec regret?

Vraie po-
sition du pa-
lais des Em-
perurs ro-
mains.

Lutèce, sous Julien, auroit eu au midi les extensions qu'a inventées et élevées à
peu de frais Hadrien de Valois, que je dirois toujours que ce n'est que dans l'île,
Castellum Parisiorum, où cette ville fut d'abord renfermée, que résidoient ceux
qui y commandoient; leur palais n'a jamais pu être que le monument de la cité,
qui depuis tant de siècles a porté, et est encore connu sous le nom de palais; ce
qui est cause que bien souvent, et dès les temps les plus reculés, la cité a été appelée
l'île du Palais: les faits et les circonstances viennent à l'appui de ce que j'avance,

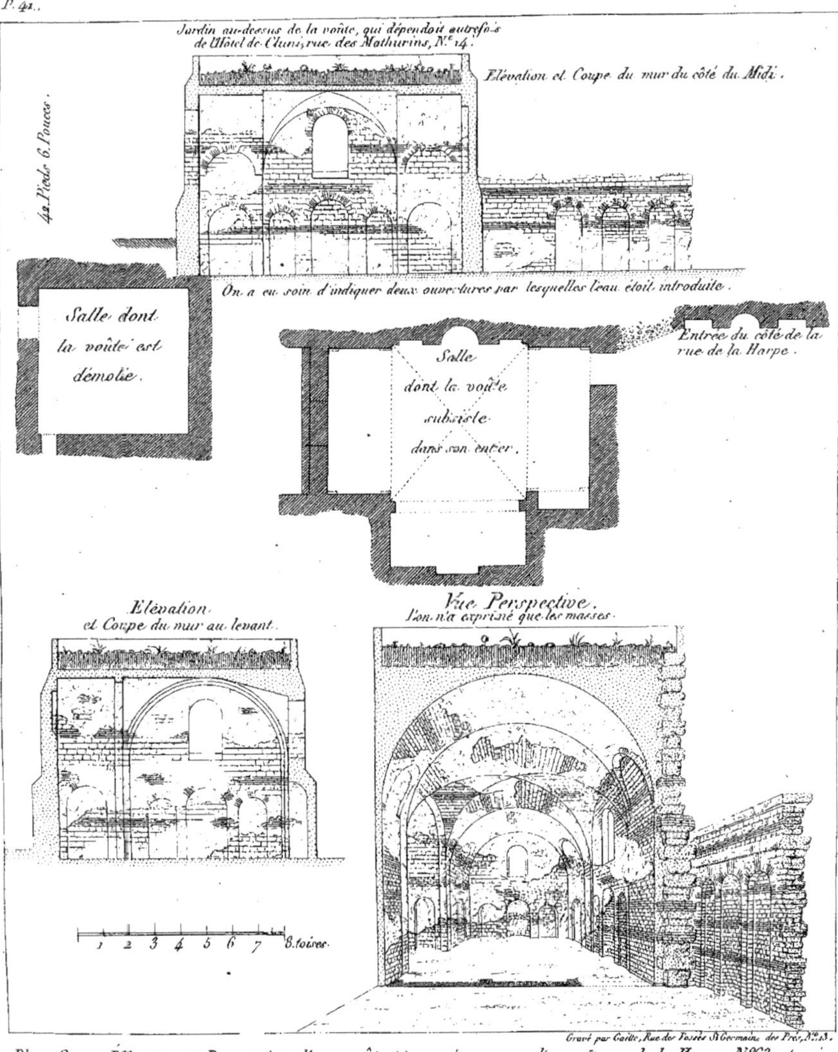

Plan, Coupe, Élévation et Perspective d'une voûte très ancienne, que l'on voit rue de la Harpe, N.°63, et qui paroît avoir été destinée originairement à des bains; d'où lui est resté le nom de Thermes (Bains) quelquefois aussi celui de Palais des Thermes.

Des troupes arrivant de la Belgique pour passer la Seine à Paris, et de-là continuer leur route vers l'Italie, Julien selon sa coutume, vint au-devant d'elles jusque dans les faubourgs : *in sub-urbanis princeps occurrit ex more :* et là, il les harangua dans une place nommée le Champ de Mars. Certainement ce passage ne peut avoir rapport qu'au nord de Paris, côté d'où venoient les troupes attendues ; et il est à présumer que ce Champ de Mars étoit dans les environs de la montagne qui a porté le nom de Mont-de-Mars (*Montmarte*). Ammien-
Marcellin,
édition de
1609, p. 172.

C'est encore au nord de Paris, que l'empereur Valentinien premier alla au-devant de Jovin, lorsqu'il revint dans cette ville, après avoir défait les Allemands auprès de Châlons-sur-Marne.

Les constructions dont on voit des restes, rue de la Harpe et rue des Mathurins, n'ont jamais été destinées à d'autres usages qu'à celui de thermes. On peut encore remarquer sous la grande voûte, du côté du midi, non pas, comme l'a dit Sauval, l'endroit où les Romains mettoient leurs cuves pour se baigner, mais deux ouvertures carrées par lesquelles l'eau qui venoit du côté d'Arcueil, étoit introduite. T. 2, p.
314.

En 1544, des pionniers qui travailloient aux boulevards qu'on faisoit près la porte St.-Jacques, pour s'opposer à l'armée de Charles-Quint, découvrirent les tuyaux par lesquels passoit l'eau qui venoit à ces thermes. De pareilles conduites ont aussi été trouvées et observées en 1732, entre Arcueil et Paris, par l'Académicien Geoffroy. Enfin, si l'on se transporte à Arcueil, il est aisé d'y distinguer *des parties d'un très-ancien aqueduc*, dont la construction est la même que celle de la voûte de la rue de la Harpe, et sur lesquelles, vu leur extrême solidité, a été élevé un nouvel aqueduc, du temps de Louis XIII. *Id.* p. 313.

Mém. de
l'Académie
des sciences.

Ainsi, c'est par suite de cette première et unique destination, que l'édifice dont je m'occupe, a été appelé le Palais des Thermes, et que la rue des Mathurins a d'abord porté les noms de *rue du Palais du Therme, du Palais des Thermes, des Termes en 1220 : vicus de termis, de terminis.* Jaillot,
quartier St.-
André, p.
99.

Si le vulgaire a attribué ces thermes aux Romains, c'est une suite de l'ancien préjugé qui a toujours donné aux *Fées*, aux *Génies*, et enfin aux *Romains*, la gloire d'avoir élevé les monumens dont la construction étonne. Julien, ayant résidé à Paris, Julien, ayant été un homme infiniment célèbre, doit-on être surpris que son nom ait été donné à un des plus anciens édifices de Paris. On a voulu trouver quelque ressemblance entre les thermes de la rue de la Harpe et les restes que l'on voit à Rome des bains de Dioclétien ; ils sont, a-t-on dit, bâtis avec des matériaux pareils : des *petites pierres, de la brique, de la chaux et du sable.* De ce qu'il peut y avoir quelqu'affinité entre les thermes de Dioclétien et les thermes de la rue de la Harpe ; de ce que les matériaux employés à ces deux édifices, sont les mêmes, je ne vois pas de raison pour enlever à des maçons françois la gloire d'avoir élevé des bâtimens assez bien construits pour durer des milliers d'années. L'enceinte que *Philippe-Auguste* a fait élever autour de Paris, il y a plus de six siècles, est encore entière dans les parties que la main des hommes ne s'est point efforcée à détruire.

F 2

Nos anciens pouvoient donc, dans leurs constructions, se passer du secours des *Romains.*

Il ne me reste plus, pour terminer cet article, qu'à observer qu'on ne peut tirer aucune induction en faveur des idées d'Hadrien de Valois, de ce que les Thermes de la rue de la Harpe ont porté le titre de Palais: cette dénomination a souvent été appliquée à des maisons vastes et magnifiques. Et à qui le nom de palais pouvoit-il mieux appartenir qu'à un bâtiment aussi considérable que les Thermes de la rue de la Harpe? En effet, ils s'étendoient bien au-delà de la grande voûte et de l'Hôtel de Cluny. (*a*) Dans une maison de la rue des Mathurins, numérotée 22, on voit une vieille voûte, qui dépendoit de cet établissement et dont les matériaux sont les mêmes que ceux de la grande voûte, et une inscription, que l'on lit dans la seconde cour de la maison où furent les Mathurins, constate et prouve que les thermes venoient jusqu'à cette place. Elle est ainsi conçue :

L'an 1676, au mois d'août, une ouverture s'étant faite au pavé de cette cour, environ le milieu du ruisseau, plus près néanmoins de la cuisine que de la salle du jardin, l'on creusa, et on apperçut une grande ouverture à-peu-près semblable aux trois arcades qui forment le présent escalier, dans laquelle un domestique de ceans estant descendu par une entrée qui commençoit du côté de la salle, il observa que c'étoit un grand trou qui prenoit son origine de dessous le palais des Thermes, rue des Mathurins ; laquelle owertvre fut bouchée avec trois grosses poutres mises dessus, cowertes de pavé ; à laquelle owerture il sera bon de regarder de fois à avtres, pour voir si les poutres ne se povrrissent pas. De quoi l'on a crev à propos de donner cet avis, pour y apporter en ce cas le remède convenable et esviter les accidents qui pourroient arriver.

Que l'on ne croie pas que ce soit dans des temps bien reculés que le titre de palais a été donné aux Thermes de la rue de la Harpe ; la place où ils sont n'étoit encore en 1138, que le lieu des Thermes : *locus qui dicitur Thermœ* ; cette dénomination se trouve dans des lettres, par lesquelles Louis le Jeune a remis un denier de cens à l'Aumônerie de St.-Benoît, à laquelle ont succédé les Mathurins.

Preuves de l'Hist. de Paris, t. 1, p. 91.

En voilà beaucoup, peut-être trop ; mais il étoit nécessaire de détruire des erreurs adoptées et soutenues par Hadrien de Valois.

Change-mens qu'oc-casionne dans les Gau-les la con-quête des Ro-mains.
César, l. 6, c. 24.
Strabon, l. 4, p. 13.

Le voisinage de la Province Romaine, et la connoissance du commerce de mer, avoient mis, avant César, les Gaulois dans l'abondance et l'usage des plaisirs : on les a vus excités par l'exemple des Marseillois, sur-tout depuis qu'ils furent soumis aux Romains, profiter du loisir que la paix leur procuroit, et employer volontiers leur temps à cultiver les arts. Cette émulation des particuliers passa à des villes ; car non-seulement les personnes privées, mais les *Communautés des Villes* faisoient venir, à leurs frais, des professeurs des lettres et des sciences, mais même des médecins.

Antiquités, t. 2, p. 374.

(*a*) Cailus a dit qu'il y avoit des voûtes qui du palais des Thermes alloient d'un côté jusqu'au *petit Châtelet*, et à l'opposé à la place où est l'Observatoire. Ces souterrains n'ont jamais fait partie des Thermes ; ce sont d'anciennes carrières ; Cailus en est convenu lui-même.

Depuis le temps de Néron jusqu'à Trajan, le barreau romain a été rempli d'orateurs gaulois, et les écoles d'éloquence et de droit, ont presque toujours été gouvernées par des maîtres, nés et instruits dans les Gaules.

L'éloquence romaine, presqu'anéantie à Rome depuis le jeune Pline, ne laisse pas que de se maintenir, aussi bien que l'éloquence grecque dans les principales villes des Gaules, Marseille, Arles, Besançon, Autun, Lyon, Narbonne, Toulouse, Bordeaux.

Voici un état des orateurs historiens et poëtes les plus distingués, qui naquirent dans la Gaule : 1°. Afer (Domitius), célèbre orateur sous Tibère, étoit né à Nismes, quinze ou seize ans avant Jésus-Christ. — 2°. Caton (Valérius), poëte latin, tint une école publique à Rome, étoit de la Gaule narbonnoise, est mort plus de vingt ans avant le commencement de l'ère chrétienne. — 3°. Gallus (Vibius), orateur célèbre, né dans les Gaules, au siècle de Cicéron, a fleuri sous Auguste. — 4°. Pompée (Trogue), historien latin, étoit né dans la Gaule narbonnoise, du temps d'Auguste, vers le commencement de l'ère chrétienne; son père avoit été secrétaire de César. — 5°. Florus (Julius), que Quintilien a nommé le prince de l'éloquence des Gaules, et à qui il a donné un des premiers rangs entre les plus illustres de Rome, florissoit sous Tibère. — 6°. Sentius (Augurinus), poëte latin, qui avoit su plaire à Pline le jeune, étoit fils de Cnœus Sentius, Gaulois de nation. — 7°. Démosthène, célèbre médecin du temps de Tibère, qui a brillé à la tête d'une école de médecine de la secte d'Hiérophile près de Laodicée en Phrygie, étoit né à Marseille. — 8°. Pétrone (Caius ou Titus), poëte, a vécu sous Claude et Néron, étoit né, à ce que l'on croit, dans les environs de Marseille, est mort vers l'an 66 de J. C. — 9°. Montanus (Vitienus), dont le poëte Martial a parlé comme d'un homme très-savant, vivoit du temps de Néron et de Galba, vers l'an 68 de J. C.; étoit né à Narbonne. — 10°. Quirinalis (Clodius), ancien Rhéteur, dont Suétone avoit composé la vie, étoit né à Arles dans la Gaule narbonnoise; après avoir professé la rhétorique à Marseille, il passa à Rome où il eut beaucoup de succès. Poursuivi comme concussionnaire dans la place de préfet des forçats, que les Romains entretenoient à Ravenne, il se donna la mort vers la 2°. année du règne de Néron. — 11°. Favorin (ou Phavorin), philosophe et orateur, vivoit du temps d'Adrien dans le deuxième siècle, étoit né à Arles. — 12°. Eumène, orateur célèbre dans le quatrième siècle, Grec d'origine, étoit né à Autun. — 13°. Hilaire de Poitiers (Saint), dont nous avons douze livres de la *Trinité,* un *Traité des Sinodes* et beaucoup d'autres ouvrages, étoit né à Poitiers, ordonné évêque de cette ville en 350; il est mort à la fin de 367, ou au commencement de 368. — 14°. Paulin (Saint), à qui on a aussi donné les noms de Ponce et Mérope, fut évêque de Nole, nous a laissé des *poésies et des épîtres;* il étoit né à Bordeaux, vers l'an 353. — 15°. Ausonne (Decius Magnus), après avoir enseigné la grammaire et la rhétorique à Bordeaux, fut consul à Rome; il étoit né audit Bordeaux, et on sait qu'il vivoit encore en 392. — 16°. Sévère (Sulpice), historien ecclésiastique, étoit né dans l'Aquitaine; on croit qu'il est mort vers l'an 419 ou 420. — 17°. Sidonius (Caius Sollius Apollinaris), évêque de Clermont en Auvergne, dont nous avons *neuf livres d'Epîtres* *avec 24 pièces en vers,* étoit né à Lyon vers l'an 430; son père avoit été préfet du prétoire des Gaules; est mort le 21 août de l'an 482. — 18°. Prosper (Saint) a beaucoup écrit, notamment un *Poëme contre les Ingrats*, (les ennemis de la grace de J. C.) et une *Chronique* ; il étoit secrétaire du pape *Saint Léon;* né en Aquitaine *ou* Guyenne; on ignore en quelle année il est mort. — 19°. Avitus (Sextus Alcimus Cedicius) (Saint), avoit composé des Lettres, des Sermons et des Poëmes; finit par être archevêque de Vienne en Dauphiné. On ne sait les époques et de sa naissance et de sa mort, mais on a la preuve qu'il a eu une liaison particulière avec Clovis.

Le latin devient la langue la plus usitée dans les Gaules.

La politique des Romains ne se bornoit pas à introduire leur religion chez les peuples qu'ils avoient vaincus, ils y portoient leurs lois, et croyant que la langue est un des plus forts liens qui unissent les peuples, sans égard pour celle des vaincus, les actes publics se faisoient en latin ; dans les armées et dans les tribunaux, les officiers de guerre et de justice s'expliquoient dans le même langage; en un mot, ils n'oublioient rien pour faire régner la langue latine.

Ce ne fut qu'après les guerres commencées sous César et terminées sous Auguste, que les Romains s'occupèrent d'établir dans les Gaules la police, à laquelle ils assujétissoient leurs provinces; et ce fut ce dernier Empereur, qui, pendant son séjour à Narbonne, fit publier en latin des lois pour le nouveau gouvernement des Gaules.

Mémoire par Duclos, p. 575 du v. XV des Mémoires de l'Académie des Inscriptions.

Par la suite, les plus illustres Gaulois s'attachèrent à Rome comme à leur nouvelle patrie; ils cherchèrent à entrer dans le Sénat, et pour n'être plus confondus avec les vaincus, ils apprirent la langue latine : mais il leur resta toujours beaucoup de mots et de tours de leur langue naturelle, qui cependant alloient toujours en s'affoiblissant, par le commerce des Romains.

Ces derniers, de leur côté, quelque désir qu'ils eussent de conserver et d'étendre leur langue, durent la voir s'altérer de jour en jour, et elle ne perdit pas moins. Il se forma, tant à la ville que dans les campagnes, des jargons mêlés de celtique et de latin.

Les objets d'émulation proposés par les Romains, tout ce que l'*ambition* inspiroit aux principaux Gaulois, la nécessité même pour les peuples d'entendre les lois auxquelles ils devoient obéir, tout concouroit pour que la langue latine régnât dans les Gaules; enfin les choses en vinrent à un tel point, que l'on vit les Marseillois quitter leur ancienne langue grecque pour la latine; ce qui a fait dire à Agathias dans l'*Histoire de Justinien,* que Marseille, autrefois grecque, étoit devenue barbare.

Commerce des Gaules.

Les Romains *étoient trop habiles et trop attentifs à tout ce qui pouvoit contribuer à leur avantage et à l'utilité publique, pour négliger les secours que pouvoit leur procurer* le grand commerce des Gaules.

Les marchands d'Italie, attirés par le gain immense qu'ils y faisoient, transportoient du vin dans ces provinces, soit sur les fleuves, soit par les voitures de terre.

L'étain de la grande Bretagne et des îles cassitérides, étoit aussi transporté par terre jusqu'à Narbonne et jusqu'à Marseille.

Strabon ne parle qu'avec admiration de l'heureuse situation des Gaules, traversées par un grand nombre de rivières, dont les unes se jettent dans l'Océan et les autres dans la Méditerranée. Il nous a tracé le chemin que prenoient les négocians, pour le transport de leurs marchandises.

Pline a remarqué que les lins et les vins des Gaulois étoient transportés dans les provinces étrangères, que le pays étoit très-bon, et que les Romains en tiroient des revenus très-considérables.

Il seroit difficile de trouver pour le commerce une position plus heureuse que celle de Paris, de toutes parts entouré par une grande rivière, dans laquelle l'Yonne, la Marne et l'Oise se déchargent, et qui, par les contours de plus de cent lieues qu'elle fait jusqu'à la mer, quoique Paris n'en soit éloigné que d'environ quarante-deux, est aisée à remonter. On pouvoit de même remonter le Rhône fort loin, et transporter par son moyen, les marchandises de différens endroits; car la Saône et le Doux, qui sont des rivières navigables, et propres à porter de grosses charges, se jettent dans le Rhône, et depuis la Saône jusqu'à la Seine, on voiture les marchandises par terre; c'est en descendant cette dernière rivière, qu'on les transporte dans le pays de Lisieux et de Caux, et de-là, par l'Océan dans la Grande Bretagne.

Commerce de Paris.

Mém. de l'Acad. des Inscriptions, t. 15, p. 662. d'après Strabon, l. 4. p. 188.

Nous savons, sans pouvoir toutefois fixer l'époque de leur établissement, qu'il y a eu deux grandes routes qui passoient de Lyon à Bordeaux et venoient se réunir à Autun. Une autre, depuis cette dernière ville jusqu'à Paris, où elle se partageoit en deux chemins, dont l'un alloit à Rouen, l'autre à Beauvais, à Amiens et à Boulogne-sur-mer. Les Parisiens, par le moyen de la grande route de Paris à Orléans, avoient encore une communication avec le grand nombre de chemins publics qui aboutissoient à cette dernière ville, où étoit le port des Chartrains, ainsi les routes par terre, par eau, concouroient toutes à rendre Paris un lieu de commerce.

Il y avoit de grandes routes, qui aboutissoient à Paris.

Mém. de l'Académie des Inscriptions, t. 15, p. 662.

SUITE DE L'INVASION DES FRANCS.

Le nom des Francs ne se trouve pas avant Valérien, et sous son règne il fut souvent cité à cause de leurs incursions, dans lesquelles ils étoient tantôt vainqueurs et tantôt vaincus. On a prétendu que ces peuples étoient descendus de quelques échappés au sac de Troyes, Bicoque qui, sans Homère et Virgile, seroit probablement oubliée. Mais cette origine inventée par un nommé Hannibaut, qui vivoit, a-t-on dit, du temps de Clovis, commentée par Trithème, adoptée par Saint Jérôme et par un grand nombre d'écrivains, est depuis long-temps regardée comme fabuleuse.

Monumens de la monarchie, t. 1, p. 3.

Les Pères Lacari et Tournemine se sont mépris, lorsqu'ils ont avancé que les Francs étoient sortis d'anciens *Gaulois Tectosages* qui avoient une grande répu-

Idem. p. 2.

tation de justice et de valeur, et qui, selon le témoignage de *César*, s'étoient établis dans la Germanie, vers la forêt Hercinie. La preuve que cette transmigration est inexacte, résulte de ce que l'on voyoit parmi eux *plusieurs peuples germains* de Bructères, Chamaves, Chattes, Chauces, Cherusces, Angrivariens, Attuariens, Ampsivariens, Sicambres, Saliens, Teuctères et Usipetes.

Certainement Lacari et Tournemine n'auroient pas eu une opinion aussi singulière, s'ils eussent consulté Libanius, écrivain contemporain de Julien, et qui *Troisième Oraison, ou Basilique.* mérita son estime; ils auroient vu dans ses ouvrages : *qu'il y avoit le long du Rhin jusque vers l'Océan un nombre presque innombrable de Celtes si exercés à la guerre et si vaillants, que leurs exploits leur avoient mérité le nom de* φρακτοι, *c'est-à-dire, munis et fortifiés de toute part ; nom que le peuple a changé,* suivant lui, *en celui de* φραγκοι (Franci).

Ne doit-on pas être étonné que Montfaucon ait écrit que les sentimens étoient partagés sur la signification du mot Francs : que quelques-uns ont voulu qu'il signifiât *libre, droit* et *sincère :* que d'autres avoient soutenu qu'il venoit de leur férocité : à l'appui de cette dernière opinion, il cite un Dictionnaire manuscrit d'environ huit cents ans, qu'il a vu à Montcassin, où on lisoit *Franci à ferocitate :* ce qui, suivant lui, revient assez à ce qu'avoit avancé Nazaire dans le panégyrique de Constantin : *les Francs, nation des plus féroces.* Montfaucon auroit ajouté, ce qu'il n'a pas fait, que l'on trouve dans la vie de Sigebert 3, que les Francs ont été appelés *Franci, id est feroces :* qu'il est dit, dans *les Gestes des Rois de France,* que ces peuples avoient reçu leur nom, *a duritiá vel ferocitate cordis ;* qu'il n'auroit pas détruit une autorité aussi ancienne et aussi bien fondée que celle de Libanius.

Les Francs eurent, dès l'an 287, un établissement dans les Gaules, qui leur fut confirmé en 358 par l'empereur Julien. S'étant retirés outre le Rhin, après la défaite des Vandalles, ce ne fut que sous Valentinien 3 qu'ils entrèrent de nouveau dans les Gaules pour n'en plus sortir. Depuis cette époque, les Gaules furent, habitées par des familles gauloises qui formoient le fonds de la nation, de Romains qui s'y étoient établis, de Germains qui y avoient déjà fait des émigrations, et de Francs.

De toute antiquité les Francs ont eu des rois et des généraux qu'ils choisissoient, les conduisoient à la guerre : la naissance faisoit les premiers, et le mérite les seconds : *Reges ex nobilitate, duces ex virtute sumunt.* La royauté et le généralat étoient donc chez les Francs deux titres différens ; quelquefois aussi ces peuples prenoient le général lui-même pour Roi. Le pouvoir des Rois n'étoit pas absolu : *nec regibus liberant infinita potestas.* On sait ce qui arriva à Clovis après la victoire qu'il avoit remportée sur Syagrius, général des Romains. Ce Prince, quoiqu'encore payen, voulant rendre à un Evèque un vase sacré qui avoit été pris dans un pillage général, demanda comme par grace à ses soldats qu'il ne fût pas compris dans le partage qui s'en devoit faire ; mais un François féroce, et qui regardoit la pieuse libéralité du Prince comme une entreprise sur les droits de l'armée,

donna

Monumens de la Monarchie française, t. 1, p. 4.

Duchesne, t. 1, p. 591.

Id. p. 196.

Encyclopédie.

Rois et Généraux des Francs.

Tacite, de moribus Germanorum, c. 7.

Grégoire de Tours, l. 2, c. 23.

donna un coup de sa hache d'armes sur le vâse et dit fièrement, que le Rói ne disposeroit que de ce que le sort lui donneroit dans le partage du butin : Clovis, quoique naturellement fier et terrible, fut contraint de dissimuler une injure qu'il ne se sentit pas alors en pouvoir de venger, aussi ne s'en fit-il pas justice par l'autorité royale, il eut recours depuis à celle de général, et il prit son temps dans une revue de troupes pour tuer le François de sa main, sous prétexte que ses armes n'étoient pas en bon état.

Suivant Grégoire de Tours, on ignoroit quel fut le premier Roi des Francs, et *Sulpice Alexandre*, qui parle beaucoup de ces peuples, ne le nomme pas : même silence dans *Frigérid* et *Orose*. Les deux plus anciens Rois des Francs, dont l'histoire nous a conservé les noms, sont *Génébaude* et *Athec*, ou comme une autre leçon porte, *Génobon* et *Esathec*, qui furent établis rois par *Maximin*, ou plutôt confirmés dans la royauté vers 288. *Ascaric* et *Regaise*, rois des Francs, furent pris et punis du dernier supplice par le *grand Constantin*, pour avoir violé la foi donnée et fait des incursions dans les terres de l'empire, en 306. *Mallobaude*, autre roi des Francs en 378, fut un des plus vaillans princes de son temps; comte des domestiques de l'empire, il commanda dans une bataille contre les Allemands, et après un grand carnage, il remporta sur eux la victoire.

Encore guidé par *Sulpice-Alexandre*, *Grégoire de Tours* nous a appris que dans le temps où *Maxime* se vit hors d'état de conserver l'empire, et qu'il demeura comme insensé, les Francs avoient pour généraux *Genobaude*. Le même probablement que j'ai déjà cité d'après *Mamertin*, *Marcomer* et *Sunnon*; il a ajouté que ces deux derniers *avoient une autorité royale, Francorum regali ;* il les a aussi appellés *lieutenans des roitelets des Francs : sub-reguli Francorum. Grégoire* a aussi lu dans *le livre des personnages consulaires*, que *Théodémer*, roi des *Francs*, et *Ascila* sa mère, perdirent la vie par le glaive, enfin nous tenons encore de lui que *Chlogion [Clodion]* valeureux et de très-noble race, fut fait *roi des Francs ;* que quelques-uns croyoient que *le roi Mérovée* étoit de la race de celui-ci, *de hujus stirpe :* (a) mais qu'il étoit assuré que *Childéric* fut fils de *Mérovée*.

Il est à remarquer que dans la nomenclature des Rois des Francs que nous a donnée Grégoire de Tours, le plus exact et le plus fidèle de nos historiens, on ne voit pas figurer *Pharamond*, qu'au contraire, si l'on s'en rapporte à la chronique de Prosper, ce prince régnoit vers l'an 420, *Faramundus regnat in Francia.* Cependant, si ce fait étoit vrai, Grégoire de Tours, né en 544, auroit nécessairement dû en avoir entendu parler, puisqu'il n'y auroit eu entre le règne de l'un et la naissance de l'autre que 124 ans. Frédégaire n'a pas plus fait mention de Pharamond que Grégoire de

___

(a) On doit remarquer qu'il est seulement dit ici, que *quelques-uns tenoient*, ce qui annonce que l'opinion n'étoit pas générale; effectivement, il a été écrit que la mère de Mérovée se baignant au bord de la mer, il en sortit un taureau marin, qui la rendit grosse de ce prince. Ce conte qui a peut-être pris sa source dans le mot *mer-veich*, qui signifie veau de mer, indique cependant que les contemporains de Mérovée étoient persuadés que ce Roi n'étoit pas fils de Clodion.

Tours : quelle peut être la cause du silence de ces deux Auteurs ; c'est ce qu'on ne peut décider ?

Idée qu'on doit se former sur les Romans historiques.

Si les points principaux des premiers temps de notre monarchie sont incertains, rien n'égalera l'embarras de nos neveux, lorsqu'ils voudront écrire l'histoire des derniers siècles. Il faudra qu'ils éloignent irrévocablement les romans historiques, où des écrivains subalternes, dans des mémoires par eux rédigés et qu'ils ont l'audace d'attribuer aux plus grands personnages, font dire et débiter tout ce qu'une imagination déréglée peut inventer : je ne cite qu'un seul trait, on ne croira jamais que Louis XIV ait été aux Carmelites de Chaillot (*a*), y poursuivre De la Vallière jusque dans un cimetière où une religieuse venoit d'être enterrée, et l'arracher d'une croix. Les dernières circonstances de ce tableau dégoûtant, irreligieux et faux, n'auroient jamais dû être présentées, et il est honteux que la peinture et la gravure se soient réunies pour en perpétuer l'image. Faisons des vœux pour que ces Romans historiques soient proscrits à l'avenir, et que le pinceau et le burin ne prêtent plus leur ministère toutes les fois que la religion, les mœurs et la vérité seront attaquées.

Les faits qui ont précédé le règne de Clovis ont paru si peu connus au Président *Hénault*, que cet estimable Auteur a cru ne devoir faire porter son Histoire chronologique de la France, que du règne de Clovis ; je crois qu'il a eu tort, il auroit dû remonter jusqu'à Mérovée, puisqu'il a eu la gloire de donner son nom, je ne dirai pas à la première dynastie de nos Rois, mais à la plus ancienne dont le nom nous soit parvenu.

(*a*) Il n'y a jamais eu de couvent de Carmelites à Chaillot : c'est à St.-Cloud que se passa l'évènement qu'a tracé à sa fantaisie l'auteur du roman intitulé *Madame de la Vallière* : voici les faits. Louis XIV ayant appris que de la Vallière étoit allée se renfermer dans un couvent *à St.-Cloud*, sans vouloir écouter les représentations de sa mère, se jeta sur le premier cheval qu'il trouva et courut au grand galop la chercher : il se fait ouvrir les portes, lui parle, et l'entraîne avec lui.

De la Vallière, dans un second dépit, quitta encore la Cour et alla s'enfermer dans le couvent des filles de Ste.-Marie à Chaillot, Louis n'alla pas comme à St.-Cloud, la chercher lui-même, il y envoya Colbert et Lauzun, qui la ramenèrent.

Anquetil, t. 12, p. 2o3.

Id, p. 2i3.

ÉTAT DE PARIS
SOUS LES MÉROVINGIENS.

J'AI rempli la promesse que j'avois faite de rendre compte de l'origine des Parisiens ; j'ai fait voir l'état de leur ville sous l'empire des Romains, et me voilà arrivé à 470, époque vers laquelle Childéric, premier fils et successeur de Mérovée, s'empara de Paris, en chassa les Romains, après un siége dont les uns ont fixé la durée à cinq années, et les autres à dix. On ne peut dire ce qu'étoit cette ville : on sait seulement que ce n'étoit plus le *castellum* d'Ammien-Marcellin, ni l'*oppidulum* de Zozime, mais une cité, *civitas :* c'est ainsi qu'elle est qualifiée dans deux vies manuscrites de Ste.-Geneviève rapportées par Bollandus. Le même titre de cité se trouve aussi dans une charte de 558, par laquelle le Roi Childebert Ier. a fondé l'*Abbaye de St.-Vincent,* depuis *Saint-Germain-des-Prés.* Dans une autre charte de Dagobert Ier. de l'an XII de son règne, ce nom de *cité* est encore donné à la portion de Paris, qui de toute part est circonscrite par la Seine.

C'est dans la seconde des deux vies de Ste.-Geneviève, (*a*) que je viens de citer, qu'il est parlé pour la première fois des portes de Paris. Cette vierge aussi célèbre par ses vertus que par le don des miracles que Dieu lui avoit faits, ayant pris part au sort de quelques criminels que Childéric vouloit faire exécuter, ce prince qui sans être catholique, avoit cependant une grande vénération pour cette fille, ayant été instruit de ses intentions, sortit de la cité, *de civitate ,* pour faire subir aux coupables leur supplice, en ordonnant que les portes fussent fermées à la clef : *exiens de civitate, jussit portas civitatis clavibus obserari :* rien n'arrête Geneviève ; à son approche, les portes de la cité s'ouvrent miraculeusement, au grand étonnement des gardes : arrivée auprès du Roi, elle obtient la vie des condamnés.

Grégoire de Tours a aussi parlé des portes de Paris par lesquelles entra un prêtre qui vint trouver le Roi Charibert : *Presbiter Parisiacæ urbis portas ingressus , Regis præsentiam adiit.*

Ce même auteur nous a fourni la preuve qu'il y avoit deux portes à Paris, dans le récit qu'il nous a laissé d'un violent incendie qui eut lieu dans cette ville en 585 : c'est ainsi qu'il raconte cet événement. *Une femme ayant vu en songe un homme tout éclatant de lumière, qui venoit du côté de la basilique de Saint-Vincent, et qui tenoit à la main un flambeau avec lequel il mettoit le feu aux maisons des*

(*a*) J'ai pris ici pour guide la seconde vie de Ste. Geneviève, et voici le motif qui m'a déterminé, c'est qu'on y trouve qu'il y avoit des portes à Paris, tandis qu'il n'y en a qu'une d'indiquée dans la première, Paris étant de toute part circonscrit par la Seine, cette ville ayant deux ponts, l'un au midi, l'autre au septentrion, il étoit indispensable qu'elle eût deux portes, l'une méridionale, et l'autre septentrionale.

négotians : elle cria aux habitans de se sauver, mais ils la traitèrent de visionnaire. Trois jours après, un marchand demeurant dans la maison qui étoit auprès de la porte du côté du midi, *domus hæc secus portam quæ ad meridiem pendit egressum,* étant entré dans son magasin, laissa de la lumière auprès d'un vaisseau plein d'huile ; le feu y prit, brûla la maison et se communiqua de suite à toutes les autres ; le vent porta l'incendie vers une autre porte ; *appropinquare ad aliam portam cœpit,* où étoit une petite chapelle dédiée à St.-Martin, en mémoire de ce qu'il y avoit autrefois guéri un lépreux. Les flammes environnoient de toutes parts ce petit bâtiment, et on avoit beau crier à celui qui en avoit soin et qui paroissoit braver le péril, qu'il étoit temps de veiller à sa conservation, il crut que Saint-Martin étoit obligé à faire un miracle en sa faveur. Il ne fut pas trompé dans son attente. Le feu, qui avoit commencé à l'un des bouts du pont, et qui de-là s'étoit communiqué au reste des maisons de ce quartier, s'arrêta à cette chapelle de Saint-Martin, que les flammes épargnèrent, aussi bien que les autres Eglises ; mais du côté de la rivière l'incendie fut si violent, qu'il n'y eût que l'eau qui l'empêcha de passer plus loin. Il est aisé de fixer précisément la position de la porte méridionale de Paris, d'après la charte de 558 que je viens de citer tout-à-l'heure ; on y a vu qu'un des principaux objets qui composoient le domaine d'Issi, donné à l'abbaye de St.-Vincent par le Roi Dagobert Ier., étoit les moulins entre la porte de la cité et la tour : *molendini inter portam civitatis et turrim positi,* il y avoit donc de ce côté, porte, moulins, et tour : nécessairement c'étoit en avant des moulins établis sous le pont que devoit être la tour destinée à défendre et le pont et les moulins. La porte de la cité de ce côté n'a jamais pu être qu'à la place où commencent les bâtimens de l'Hôtel-Dieu.

Ce fut à la sortie de cette porte méridionale, que se rompit le chariot chargé d'or de Rigonte, fille de Chilpéric, lorsqu'elle partit pour aller épouser Récarède, Roi des Visigots, ce qui fut pris à mauvais augure : *cum de porta egrederetur uno carrucæ effracto axe omnes male hora dixerunt.* — La position de la porte septentrionale se trouve fixée dans une charte de l'an XII du règne de Dagobert dont j'ai déjà parlé, par laquelle ce Prince a donné à l'Abbaye de Saint-Denys, la porte de la cité près la prison de Glaucin, avec tous les impôts qui jusqu'alors s'y étoient perçus à son profit : dans le même acte sont aussi comprises quelques arches au-dessous et au dehors de la cité : *arcas quasdam infra extraque civitatem Parisii et portam ipsius civitatis quæ posita est juxta carcerem Glaucini.... cum omnibus teloneis quam admodum ad suam cameram deserviri videbatur ad eorum basilicam tradidit.* Le voisinage de la prison de Glaucin, annonce que de ce côté, la porte septentrionale devoit être auprès de l'édifice que nous appelons la tour de l'Horloge du Palais ; quant aux arches au-dessous et au dehors de la cité qui font partie du don de Childebert, il est à présumer qu'elles étoient dans le voisinage de la place où on a vu le Grand-Châtelet. — Depuis Labiénus jusqu'en 548, il n'est pas parlé du pont établi sur *le grand bras de la Seine,* à cause de cette position connue dès les temps les plus reculés sous le nom *de Grand Pont ;* au contraire on trouve

Id. Liv. 6,
c. 45.
Vie de Dagobert par un moine anonime ; Duchesne, t. 1,
p. 582, c. 33,

Ponts de
Paris,

qu'à cette époque, par un violent incendie qui éclata du côté de la basilique de Saint-Laurent, les maisons qui étoient sur ce pont commençoient à brûler : *domos pendulas quœ per pontem constructœ erant exurere cœpit,* lorsque par les prières de Saint-Lubin, évêque de Chartres, le feu fut miraculeusement éteint. Ayant prouvé qu'il existoit en 558 des moulins sous *le petit pont du petit bras méridional de la Seine,* on ne peut douter qu'il ne fût alors couvert des maisons des meûniers qui exploitoient lesdits moulins. *Vita S. Leobini apud Duchesne, t. 1, p. 537.*

Ce fut sur ce pont que Leudastes, comte de Tours, après avoir manqué essentiellement à la Reine Frédégonde, épouse de Chilpéric, ayant voulu s'échapper, se cassa la jambe entre deux solives, ce qui annonce que le plancher de ce pont étoit en bois. *Grégoire de Tours, l. 6, c. 32, Aimoin, c, 42.*

On a vu que sous Julien, il y avoit des faubourgs au septentrion de Paris ; depuis lui, dans cette partie, l'existence d'un grand nombre de maisons outre la Seine, est prouvée par l'incendie de 548 dont je viens de rendre compte, et je n'aurois même plus rien à dire à cet égard, si Hadrien de Valois n'eût expliqué et raconté tout différemment cet événement. Il a voulu : 1°. que l'édifice que nous connoissons encore sous le titre de Paroisse St.-Laurent, ait été trop éloigné et trop isolé, pour que de bâtimens en bâtimens le feu soit parvenu jusqu'à Paris ; 2°. que l'on eût cité pour le point dont le feu est parti, quelqu'endroit plus remarquable que la prétendue église de *St.-Laurent ;* 3°. que vu l'éloignement de Paris, et la hauteur du terrein où l'on voit la Paroisse de St.-Laurent, ce ne soit pas de ce côté qu'ait eu lieu en 583 une grande inondation dont a parlé Grégoire de Tours, et qui suivant lui, occasionna des naufrages entre Paris et l'église de Saint-Laurent ; 4°. que vu que l'église de St.-Laurent a été dite abbatiale, tout ce que l'on trouve dans la vie de Saint-Lubin, soit reporté et attribué à l'église de St.-Séverin qui existe encore au midi de Paris, et qui a été désignée comme abbatiale ainsi que St.-Etienne, St.-Julien et St.-Basche, dans un diplôme de Henri Ier., qui ne porte pas de date : *quarum quœdam olim abbatiarum nomine sublimatœ erant.* *Faubourgs septentrionaux.* *L. 6, c. 25.* *Histoire de l'Eglise de Paris, par Dubois, t. 1, p. 644.*

Avant de discuter le système d'Hadrien de Valois, et de faire voir combien ses idées sont peu fondées, je crois nécessaire d'observer que certainement cet antiquaire auroit été d'un avis différent, si l'incendie dont je m'occupe fût arrivé cent deux ans plus tard, vu qu'il est convenu qu'en 650 il existoit une basilique du titre de St.-Laurent au nord de Paris. La haute antiquité de cette église se trouve constatée par un diplôme de Childebert, de l'an 710, dans lequel ce Roi dit que depuis quelque temps il avoit transféré le marché ou foire de St.-Denys à Paris, dans un *lieu situé entre les églises de St.-Laurent et de Saint-Martin.* Si de l'aveu d'Adrien il y avoit une église de St.-Laurent au nord de Paris en 650, si d'après le diplôme de Childebert, l'existence de cette même église est prouvée en 710, pourquoi n'auroit-elle pas été bâtie antérieurement à 548. Je crois, comme Hadrien de Valois, que lors de l'incendie de 548, il n'y avoit pas au nord de Paris entre cette ville et la basilique de St.-Laurent, une assez grande quantité de maisons, pour que d'édifices en édifices le feu eût pu se porter jusqu'au grand pont ; mais ce n'est pas cela que l'on trouve dans la vie de Saint-Lubin, il y est dit *Def. not. Gal. p. 164. Mabillon diplomatica, l. 6, n°. 28, p. 483.* *Réfutation du système d'Hadrien de Valois.*

que le feu venoit du côté de cette église : *a parte basilicæ Sancti Laurentii.* Au lieu de l'église de St.-Laurent on auroit dit que le feu étoit parti de la célèbre Abbaye de St.-Denys, qu'on ne devroit pas en conclure que le feu étoit venu de St.-Denys même, mais du côté où est St.-Denys. Ainsi sur ce premier objet l'exactitude d'Hadrien n'est pas des plus grandes. Je ne suis pas frappé de l'observation, que si l'église de St.-Laurent eût été la même que celle qui existe aujourd'hui, on auroit dû citer comme le foyer d'où sortit l'incendie quelqu'endroit plus remarquable : je n'en connois pas, et de Valois n'a pas su en indiquer.

C'est sans fondement que de Valois a cru que vu la grande élévation au-dessus de la Seine des terreins entre cette rivière et l'église de St.-Laurent, les naufrages dont Grégoire de Tours a parlé comme ayant eu lieu à cette place, étoient arrivés au contraire entre la Seine et l'église St.-Séverin. Ce n'est pas d'après l'état où étoient les parties septentrionales de Paris au-delà du grand pont, lorsque cet antiquaire écrivoit, qu'il auroit dû se décider : ce qui ne pouvoit plus arriver alors par les grands changemens et élévations que l'on a faits de ce côté sur le premier sol de Paris, étoit possible en 583 : la vérité de cette inondation est prouvée par une autre qui eut lieu en 1236 (*a*), et dont fut témoin un religieux de Ste.-Geneviève ; nous tenons de lui, qu'au-delà du grand pont, tout le quartier étoit devenu comme une espèce d'île ; l'eau ne fut arrêtée que par l'élévation de la chaussée qui conduit à St.-Laurent : *celsioris terris crepido sicut iter* (*b*). On lit dans les grandes chroniques de St.-Denys, qu'en 1373 au mois de janvier et de février les eaux furent si grandes, qu'on alloit en bateau depuis la porte St.-Antoine jusqu'au Roule, et au port de Nuilly (Neuilly).

Le diplôme de Henri Ier. invoqué par Hadrien de Valois, bien loin de dire, comme il l'a pretendu, que St.-Séverin étoit une abbatiale, l'a simplement mis du nombre des églises dont quelques-unes avoient été abbatiales.

Vouloir, quand dans Grégoire de Tours on trouve écrit en toutes lettres, basilique du bienheureux Laurent, que ce soit au contraire de l'église de St.-Séverin qu'il soit question, est une idée peu digne d'Hadrien de Valois, et les plus savans antiquaires, Dom Bouquet, P. Dubois et l'Abbé Le Beuf, se sont tenus au texte précis de Grégoire de Tours.

On voyoit sur cette extension septentrionale dans un cimetière qu'Eloy, Trésorier du *Roi Dagobert* et Evêque de Noyon, avoit destiné à la sépulture d'un grand nombre de Religieuses qu'il avoit établies dans la cité, une chapelle sous le titre de St.-Paul, et qui long-temps a porté le surnom *des Champs*, à cause de sa position hors de Paris.

(*a*) On comptoit alors à Rome, 1237, du premier janvier.

(*b*) Cette chaussée existe encore, et est aisée à retrouver dans la rue du faubourg Saint-Denis : une pareille peut aussi se remarquer rue du faubourg Saint-Martin.

Près de là, s'élevoit la basilique de St.-Gervais et St.-Protais, dont *Fortunat* a parlé deux fois, à cause de deux miracles de Saint-Germain, Evêque de Paris.

De ce même côté, joignant une chapelle St.-Pierre, étoit une cellule dans laquelle aux environs de 691, Médéric, ou Merry, né à Autun, étoit venu habiter.

Enfin à l'extrémité de cette extension vers le levant, on trouvoit la basilique de St.-Germain l'Auxerrois.

Il est constant qu'à la date du 28 mai 586, le mot *ville*, qui nécessairement auroit dû plutôt appartenir à la cité qu'à toute extension de *Paris* hors de son île, commença à être donné à la partie septentrionale, outre la Seine. On trouve dans Grégoire de Tours, que Childéric fit deux entrées dans Paris; la première dans la cité, et la seconde dans la ville : *egrediente autem Childerico rege in urbem Parisiacam sequenti die quam rex ingressus est civitatem*. Depuis, ce titre de *ville* a été le seul nom sous lequel cette extension septentrionale a été et est encore connue.

On auroit tort de croire que cette partie fut ou murée ou fortifiée, et on peut au contraire conclure du silence de Grégoire, qu'elle étoit sans défense. Si cet historien a rapporté avec la dernière précision les bâtimens qui furent élevés, les fondations qui furent faites de son temps, les incendies, les inondations et tous les autres événemens qui avoient été capables de faire changer la face de Paris depuis le commencement de la monarchie françoise, auroit-il oublié de parler d'une nouvelle clôture au nord de Paris, si effectivement il y en eût une ? Tous les historiens qui l'ont suivi de près et qui l'ont imité dans son exactitude, ne disent rien sur cet objet. Le commissaire Delamare a voulu absolument qu'il y eût des murs au-delà des extensions septentrionales de Paris, et le silence des auteurs lui a donné du penchant à croire que cette clôture étoit encore un ouvrage des Romains : conséquence pitoyable, il eût été bien plus naturel de conclure de ce silence, que cette clôture n'existoit pas.

Le premier bâtiment outre la Seine, qui fut construit du côté du midi, date du temps de Clovis : ce prince en guerre avec Alaric, Roi des Visigots, ayant fait vœu, s'il triomphoit, d'élever un temple au vrai Dieu, et ayant réussi, ne crut pas trouver de lieu plus propre à remplir sa promesse, qu'un cimetière sur une montagne appelée *le mont Lucotice*, consacrée par la sépulture de plusieurs saints personnages, et entre autres de *Prudence*, Evêque de Paris. Conjointement avec la Reine Clotilde, son épouse, il y éleva la basilique de St.-Pierre et St.-Paul, et à sa mort arrivée en 511, il y fut enterré : *apud Parisios obiit, sepultusque in basilicá sanctorum apostolorum quam cum Crotechilde regina ipse construxerat*. Depuis, la vierge Geneviève ayant été inhumée au même endroit, les assiduités des peuples à son tombeau, furent cause que l'église de St.-Pierre et St.-Paul prit le nom de Ste.-Geneviève; et le mont Locotice ne fut plus connu aussi que sous le nom de *Montagne Ste.-Geneviève*. — On ne peut douter que dans le voisinage de cette église, il n'y eût des bâtimens pour les particuliers, car on sait que St.-Eloy aimoit tendrement, à raison de sa piété et dévotion, un certain personnage qui demeuroit dans le faubourg de Paris, près de l'église du prince des Apôtres.

Liv. 9, c. 6. Grégoire de Tours, quand il venoit à Paris, logeoit à la basilique du bienheureux martyr Julien. — Tout auprès étoit une cellule dans laquelle a habité pendant quelque temps, 1°. Séverin, abbé d'Agaune, lorsqu'il fut appelé par Clovis, qui se flattoit d'obtenir de Dieu par ses prières, et reçut effectivement la guérison d'une fièvre aiguë qui le tourmentoit depuis long-temps : 2°. Un solitaire aussi nommé Séverin, qui donna à Clodoalde, petit fils de Clovis, l'habit monastique. — Enfin, suivant la

1re. pièce des preuves de l'hist. de St.-Germain des Prés. charte de fondation de l'Abbaye de St.-Vincent, que j'ai déjà citée, ce monastère étoit établi dans les faubourgs des Parisiens proche la Seine, dans un lieu appelé Locotice : *in loco qui appellatur Locotitiœ... in pagis Parisiorum prope alveum*

Caput 56. *sequanœ.* Le mot *faubourg* se trouve encore répété dans Frédégaire, et suivant lui, Clotaire, père de Dagobert, avoit été enterré au faubourg de Paris, dans l'église de St.-Vincent : *in suburbano Parisiorum, ecclesia S^{ti}. Vincentii sepelitur.*

On doit être étonné sans doute de voir le nom de Locotice donné tant au mont où fut élevée l'église de St.-Pierre et St.-Paul, qu'à la place sur laquelle fut établie l'église de St.-Vincent ; on seroit même tenté de croire que le premier nom de Lutèce, *Lucotocia* dans Strabon, et *Lucotutia* dans Ptolomée, loin d'être disparu tout-à-fait, a été conservé à quelques terrcins au-delà de la Seine, vers le midi ;

Notice des Gaules, au mot Lutecia, l'an 427. Danville, très-bon juge sur cette matière, a prononcé qu'on ne pouvoit disconvenir, que *dans Strabon et Ptolomée, le nom de Lutèce paroissoit sous une forme presque semblable à celle que des lieux adhérens à cette ville, conservoient dans*

Notitia Galliarum, p. 440. *le moyen âge.* Mais Hadrien de Valois, duquel pour la première fois j'embrasse complettement l'avis, a démontré victorieusement que *Lucotice étant renfermée dans une île, et aucun auteur ancien ne lui ayant donné d'étendue au-delà, il n'y avoit rien de commun entre le nom de cette ville, et ceux que portoient et le mont Locotice, et le lieu dit Lecotice, sur lequel fut élevé l'Abbaye de St.-Vincent.*

Id. p. 439. C'est au séjour dans Paris, de tous les Rois issus de Clovis, Childebert, Chilpéric, Clotaire, Dagobert, Clovis le jeune, Childéric et Théodoric, que l'on doit attribuer les grands accroissemens des faubourgs au nord de Paris, dont une partie existoit déjà sous l'empire des Romains. C'est aussi la même cause qui a donné naissance par la suite aux faubourgs, vers le midi. Déjà du temps de Charibert, Paris étoit un objet si important, qu'à la mort de ce Roi, ses héritiers Sigebert, Chilpéric,

Mém. de l'Acad. des Inscrip. t. 6, p. 691. Gontran, vouloient chacun que cette ville fût dans leur lot, et qu'enfin il fût arrêté en 570, qu'elle seroit exceptée du partage, et que celui qui y entreroit, perdroit ses droits ; mais ce traité ne fut une loi que pour les foibles.

PALAIS

PALAIS DES ROIS
DE LA DYNASTIE MÉROVINGIENNE.

ON ne peut douter que Childéric Ier., dès qu'il fut maître de Paris, n'ait occupé dans cette ville, le Palais des Proconsuls et des Empereurs Romains : et c'est de là que cet édifice situé dans la cité, a toujours été regardé comme la principale maison du Roi des François : *major domini Regis Francorum palatium, quod est in medio civitatis Parisiacæ.* En 1527, François Ier. ordonna que l'on abattît des maisons et loges bâties dans la cour du Palais (situé dans la cité), parce que *c'étoit son Palais-Royal...... fait et construit pour maison forte, fermant à porte, distinct et séparé des habitans de la ville, ordonné seulement pour la demeure des Rois, leurs domestiques, et familiers.* Enfin on trouve une nouvelle preuve de la seule destination de cet édifice dans un arrêt du parlement du 19 mai 1621, qui a décidé que l'église de St.-Barthélemi dans la circonscription de laquelle étoit ce palais, avoit été la première chapelle de nos Rois lorsqu'ils demeuroient audit palais, qu'ils y avoient rendu le pain béni, comme paroissiens. Des modernes ont voulu que Clovis ait eu un palais proche de la basilique de St.-Pierre et St.-Paul, et ils ont dit qu'à la place de cet édifice, avoit été élevée la maison de l'Abbé de Ste.-Geneviève (*a*). Palais idéal, et dont on ne trouve pas dans Grégoire de Tours, la moindre indication : construction démentie par le bon sens. Peut-on croire en effet, que le maître des Francs eût été fixer sa résidence dans un cimetière public. Il est impossible que pendant un intervalle de moins de cinq ans, écoulé entre la fondation de l'église de St.-Pierre et St.-Paul et la mort de Clovis, ce prince ait pu faire construire une grande basilique, les édifices nécessaires à ceux qui devoient la desservir, et un palais ou monastère ; on sait qu'à la mort de ce Roi, les bâtimens nécessaires à la fondation de St.-Pierre et St.-Paul n'étoient pas achevés.

Il est à présumer que si Clovis avoit eu un palais auprès de l'église de St.-Pierre et St.-Paul, la Reine Clotilde ou Childebert, l'auroient habité ; au contraire on a la certitude qu'ils n'ont jamais demeuré près de cette basilique.

(*a*) Cette maison abbatiale a été abattue aussitôt la mort du Cardinal de la Rochefoucault, arrivée le 14 février 1645. Sauval a dit que le motif de cette démolition, avoit été la crainte qu'eurent les religieux de Ste.-Geneviève, que quelque grand ne fût tenté de la dignité d'Abbé, que le Cardinal leur avoit prise et rendue quelque temps avant sa mort. Rien n'est plus inexact que l'intention que Sauval a prêtée aux Génovefains ; un logement étoit bien peu de chose en comparaison des revenus de la mense abbatiale de leur monastère, et ce qui prouve totalement l'invraisemblance du fait avancé par Sauval, résulte de ce que Louis d'Orléans ayant fait bâtir dans l'enceinte de l'Abbaye de Ste.-Geneviève une maison particulière où il est mort le 4 février 1752, cet édifice qui auroit pu servir à quelqu'un qui auroit eu l'envie d'obtenir en commande cette Abbaye, ne fut pas abattu : il subsiste encore depuis la révolution.

H

On ne peut faire aucun fond sur le fait avancé par Sauval, que de son temps, on avoit détruit dans l'Abbaye de Ste.-Geneviève, la chambre de Clotilde; non plus que sur ce que nous a transmis Jaillot, que lorsqu'il écrivoit vers 1775, on lui avoit assuré *qu'il subsistoit encore* dans cette même Abbaye, *un bâtiment appelé la chambre de Clovis:* ces deux circonstances seroient vraies, qu'on n'en pourroit pas conclure que ces deux chambres ont effectivement été habitées par Clovis et par Clotilde; mais que deux chambres qui étoient dans l'Abbaye de Ste.-Geneviève (pour les distinguer des autres), ont été appelées *chambre de Clovis* et *chambre de Clotilde:* d'ailleurs elles n'ont pu subsister plus de onze cents ans, et dans l'espèce il y a impossibilité, attendu les ravages des Normands, qui notamment le 28 décembre 857, mirent le feu à l'église de Ste.-Geneviève, ce qui annonce assez que tous les bâtimens dépendans de cette Abbaye, ont subi le même sort.

L'histoire nous fournit une preuve de la non-existence de ce palais près de la basilique de St.-Pierre et de St.-Paul; il n'y avoit que quatre-vingt-seize ans que Clovis étoit mort, lorsqu'en 577, un concile fut tenu dans cette église à l'occasion des imputations faites à Prétextat, Evêque de Rouen. Le Roi Chilpéric ayant voulu traiter les pères du concile, fit dresser à la hâte une tente avec des rameaux, et sur un escabelle on mit du pain et différens mets.

Si Clovis avoit élevé un palais en cet endroit, sa construction n'auroit daté que d'un siècle, et tout doit porter à croire qu'il auroit encore dû exister; ce seroit dans ce palais que Childéric auroit *régalé* les pères du concile, et non sous une feuillée.

On a dit, et *de Longuerue* et le *chevalier de Jaucourt* ont répété que Clovis, après avoir tué Alaric, Roi des Visigots, avoit établi en 508, sa résidence au palais des Thermes, idée destituée de tout fondement; c'est bien postérieurement au règne de ce Prince, que cet édifice a été élevé. Après la mort de Clovis, la Reine Clotilde, quand de Tours elle venoit à Paris, logeoit dans la ville: *in ipsa urbe morabatur.* Certainement Childebert Ier. avoit deux palais à Paris, l'un dans la cité, qui avoit été occupé par son père Clovis, où il se retira, après que de son aveu et sur l'invitation qu'il en avoit faite à son frère Clothaire, on eut commis en sa présence, l'exécrable assassinat de ses neveux, fils de *Clodomir:* c'est aussi selon les apparences dans ce même palais que ce Roi résidoit, lorsqu'éveillé en sursaut, par les cris des habitans de la cité, épouvantés de l'incendie de 547, dont j'ai déjà parlé, il envoya un exprès à Lubin, Evêque de Chartres, qui étoit alors à Paris, pour que par ses prières, il secourût les habitans de ladite cité.

L'autre palais de Childebert étoit dans les faubourgs de Paris; il s'y rendit après le meurtre de ses neveux: *Childebertus in suburbanis concessit.*

Tous ceux qui m'ont précédé n'ont point hésité, et ont prononcé affirmativement, que ce séjour de Childebert dans les faubourgs, étoit le palais des Thermes, et il paroit qu'ils se sont déterminés sur ces vers de Fortunat;

Tom. 1, p. 408.

Quart. S. Benoît, p. 85.

Fleuri, Hist. Ecclés. t. 10, p. 125.

Grégoire de Tours, l. 5, c. 18.

Clovis n'a jamais habité le palais des Thermes.
Palais de la Reine Clotilde.
Grégoire de Tours, l. 3, c. 18.
Le Roi Childebert Ier. avoit deux palais à Paris.

Vie de S. Lubin, Duchesne, t. 1, p. 537.

Hinc iter ejus erat cum lumina sancta petebat,
Quæ modo pro meritis incolit ille magis,
Antea nam vicinibus loca sacra petebat amatus,
Nunc tamen assidue templa beata tenet.

Liv.6, c.8.
*De horto Ul-
trogotis Re-
ginæ.*

Ils ont cru trouver dans ce poëte, la preuve que c'étoit de l'église de St.-Vincent, qu'il avoit entendu parler, et à laquelle Childebert se rendoit en passant par le jardin de la Reine Ultrogote.

Je ne puis embrasser cet avis : les vers de Fortunat peuvent s'appliquer à toute autre église aussi bien qu'à la basilique de St.-Vincent. Il y a même impossibilité que ce poëte ait entendu parler de cette église, puisqu'elle ne fut commencée qu'en 656, et dédiée le 23 décembre 658, jour de la mort de Childebert. Ce n'est pas au milieu du tumulte et du bruit des ouvriers, que ce prince a pu aller adresser ses prières à l'Eternel. Il s'agit actuellement de trouver où étoit, et quel étoit le palais que Childebert avoit au septentrion de Paris. Cette opération ne me paroît pas hérissée de difficultés : Hadrien de Valois, sans citer aucune autorité, a voulu qu'il y eût au nord de Paris une maison destinée à servir de maison de campagne aux Rois, et de forteresse pour défendre la rivière et tenir les Parisiens en respect, nommée le *Louvre*, *Luparam*, *luparæ arcem*, *lupræ castrum*, *luperam*.

Château du
Louvre.
*Notitia
Galliarum,*
p. 422.

Le jardin de la Reine Ultrogote, si vanté par Fortunat, ne peut être que celui connu depuis sous le nom de Jardin de la Reine, et enfin sous celui de Jardin de l'Infante (a), dont la position est encore aisée à reconnoître.

L'église où se rendoit Childebert en passant par le jardin de la Reine Ultrogote, est St.-Germain l'Auxerrois. Dès le cinquième siècle on avoit déjà établi des basiliques sous l'invocation de ce saint, non-seulement à Auxerre et dans le voisinage de cette ville, mais même dans des provinces éloignées : en un mot, suivant Duchesne le fils, St.-Germain l'Auxerrois fut une des plus grandes paroisses de *Paris*, voir la paroisse de nos Rois, en tant que leur Louvre en dépendoit, comme jadis l'étoit St.-Barthélemi quand ils demeuroient au palais.

Dissertat.
de l'abbé Le
Bœuf, t. 2, p.
18.
Antiq. de
Paris, p. 53,
de l'édit. de
1668.

On n'a rien de certain sur l'étymologie du mot *Louvre* : les uns ont cru qu'il signifioit *l'ouvrage* par excellence, ou le *chef-d'œuvre*, et que l'on a dit le *louvre*, pour *l'œuvre* ou *l'ouvrage* : d'autres ont eu recours à la langue saxonne, et assurent qu'en saxon, *louvre* signifie *château*; d'autres enfin font venir cette dénomination, de ce que cette maison étoit située dans un lieu propre à la chasse du *loup*, et que c'est pour cela que, dans les anciens titres, ce château est appelé *Lupara*.

Piganiol,
t. 2, p. 231.

J'ai déjà cité Grégoire de Tours, pour prouver que sous Charibert, il y avoit des portes à Paris, et j'employe encore le même passage de cet auteur pour

Le Roi Cari-
bert demeu-
roit dans la
ville.

(a) Ce nom tire son origine du mariage arrêté en 1721 entre Louis XV et une Infante d'Espagne, qui n'avoit guères que sept ans, venue en France et logée au Louvre : le jardin qui dépendoit de son appartement, fut appelé *le Jardin de l'Infante*. Depuis le renvoi de cette princesse en 1725, ce jardin a conservé son nouveau nom jusqu'au moment où les restaurations faites au Louvre, l'ont totalement fait disparoître.

II 2

Liv. 4, c. 26.
La Reine Ultrogote et ses 2 filles n'ont jamais demeuré au prétendu palais des Thermes.

faire voir que ce Roi demeuroit dans *la ville de Paris*, où un prêtre vint le trouver : *presbiter Parisiacæ urbis portas ingressus, Regis præsentiam adiit.* Il est impossible de deviner où le chevalier de Jaucourt a pris que *Charibert, dont les mœurs ne se ressentoient en rien de la barbarie de nos premiers Rois,* céda à la Reine Ultrogote et à ses deux filles, le palais des Thermes, et se retira dans la cité. Je vois un fait plus certain dans Grégoire de Tours, c'est qu'aussitôt la mort de Childebert, Clothaire Ier. envoya en exil Ultrogote et ses deux filles : *Ultro-*

Lib. 4, cap. 20.

gotam vero et filias ejus in exilium posuit; triste position, dont je n'ai trouvé dans aucun auteur, que Charibert, ni aucun autre Roi les ait retirées. Il résulte

Le Roi Dagobert occupoit le Louv.
Histoire de l'Abbaye de S. Den. par Doublet, p. 656.

d'une Charte donnée par le Roi Dagobert, la cinquième année de son règne, que ce prince avoit un palais dans le faubourg septentrional de Paris : par cet acte, un asile, ou franchise est accordé au criminel et malfaiteur qui viendra de Paris à Montmarte, ou qui sortant du palais aura passé le chemin de Louvres (a); *vel ex parte Parisiis veniens montem martyrum præterierit, sive de palatio nostro egrediens, publicam viam quæ pergit ad luparam transierit.* On pouvoit donc aller du palais de Dagobert, à Louvres, sans sortir de Paris. Cette circonstance démontre jusqu'à la dernière évidence que ce prince occupoit le même édifice que celui où avoit logé ses prédécesseurs, le château du Louvre.

Principaux événemens sous la dynastie mérovingienne.

Les conquêtes des Francs et l'expulsion des Romains, occasionnèrent peu de changemens dans les Gaules. Le gouvernement des vainqueurs étant celui des peuples du nord, tous les ans on continua à former une *assemblée générale*, au mois de mars, où l'on délibéroit et régloit toutes les grandes affaires : les Rois étoient les chefs de ces réunions.

Il n'y eut que deux grands événemens sous la dynastie mérovingienne, la destruction du culte idolâtre, et l'usurpation par les maires du palais, d'une partie des droits et des fonctions des Rois.

Destruction du culte idolâtre.

Lors des irruptions des Francs, il y avoit un grand nombre de Gaulois qui étoient chrétiens; mais ceux d'entre eux, qui habitoient des lieux peu accessibles, étoient idolâtres. Grégoire de Tours, dans la vie de St.-Simplicius, nommé évêque d'Autun, le 24 juin 364, a rapporté fort au long un miracle qui fait voir qu'à cette époque, ce culte étoit encore pratiqué dans les Gaules.

Histoire de Paris, t. 1, p. 14.

Sous Childebert Ier., vers l'an 554, la religion chrétienne finit par être la seule autorisée, et tous les monumens du paganisme furent détruits et ruinés.

L'autorité et la puissance des Rois passent dans les mains des maires.

On a vu sous la première race des Rois, leur autorité et leur pouvoir sortir de leurs mains, pour passer dans celles de leur principal officier, originairement connu sous les noms de maire du palais; titre probablement aussi ancien que la monarchie. Si l'histoire n'en fait pas mention du temps de Clovis ou de ses enfans, Grégoire de Tours et Frédégaire, en parlent sous le règne des petit-fils de ce prince, comme d'une dignité déjà établie. Leur institution n'étoit que pour commander dans le palais, mais leur pouvoir s'accrut grandement, ils devinrent bientôt ministres, et l'on vit *ces ministres* sous le règne de Clothaire II, à la tête des armées. Le

(a) Petit bourg du Parisis, à cinq lieues nord-est de Paris.

maire étoit donc tout-à-la-fois le ministre et le général né de l'Etat, il étoit le
tuteur des Rois en bas-âge ; on en a vus qui ont déposé des Rois et en ont mis d'autres
à leur place. De là, le titre de maire du palais, maire de la maison royale, prince,
duc du palais, et duc de France.

Avec de si grands droits, on sent aisément qu'il ne fut pas difficile aux maires,
qui n'étoient d'abord établis que pour un temps, de rendre leur office héréditaire.

Eginard, l'auteur des Gestes des Rois de France, Erchembert et les continuateurs
de Frédégaire, nous ont tracé le tableau des fonctions dont les Rois de la première
race restèrent en possession. Assis sur le trône, ayant de grands cheveux et une
longue barbe, ils jouoient le rôle de Roi, recevoient les ambassadeurs, et leur
donnoient audience à leur départ, les réponses qu'ils devoient faire leur étoient
dictées ; un foible revenu leur étoit accordé pour payer leurs officiers. Lorsqu'ils
paroissoient en public, ou qu'ils se rendoient à l'*assemblée générale de leur peuple*,
ils étoient dans un char traîné par des bœufs, dont un bouvier étoit le conducteur ;
ils revenoient de même à leur maison. Les Rois de la première race finirent donc
par n'avoir plus que le vain titre de Roi.

Un de nos plus illustres poëtes, Boileau, a ainsi exprimé, d'après Eginard, l'état
d'avilissement de nos Rois :

123e. vers
du 2e. chant
du lutrin.

> Hélas ! qu'est devenu ce temps, cet heureux temps,
> Où les Rois s'honoroient du nom de fainéans,
> S'endormoient sur le trône, et me servant sans honte, (a)
> Laissoient leur sceptre aux mains ou d'un Maire, ou d'un Comte,
> Aucun soin n'approchoit de leur paisible cour,
> On reposoit la nuit, on dormoit tout le jour.
> Seulement au printemps, quand Flore dans les plaines,
> Faisoit taire des vents les bruyantes haleines,
> Quatre Bœufs attelés, d'un pas tranquille et lent,
> Promenoient dans Paris le Monarque indolent,
> Ce doux siècle n'est plus !

De Vertot a voulu que tous les faits relatifs à l'agrandissement de la puissance
des maires, que l'on trouve dans les anciens auteurs que je viens de citer, soient
inexacts ; suivant lui, tout ce qu'ils ont pu dire est sans fondement, et la suite ou
de la flatterie ou de la crainte. A l'en croire, Eginard, secrétaire de Charlemagne,
étoit passionné pour ce prince, ce dont il est convenu lui-même : et il n'a voulu
que donner de la défaveur aux Mérovingiens. On ne peut ajouter foi à *l'Auteur* des
Gestes des Rois de France, il a écrit des Fables sous Thierry de Chelles, et
pendant que Charles-Martel faisoit trembler la France. Il en est de même d'Erchembert, adulateur de Charles-Martel. Quant au continuateur de Frédégaire, il
étoit aux gages de Childebrant, frère de Charles - Martel et du moine de Saint-
Arnould, maison fondée par les Pépins : cet analiste n'a pas caché sa passion contre
les princes mérovingiens. Si l'on admettoit sans examen des accusations ou des

Mém. de l'A-
cad. des Ins-
crip. t. 4, p.
704, et suiv.

(a) C'est la mollesse que Boileau fait parler.

Aux mots génie des François.

État des Lettres depuis la conquête des Francs.

récusations de cette nature, on ne pourroit plus écrire l'histoire. *Moreri* a voulu que les Gaulois et les Francs s'étant mêlés ensemble, et n'ayant plus fait qu'un seul peuple, les premiers se soient adoucis par le commerce des Gaulois, et que les seconds au contraire en soient devenus plus ignorans et plus grossiers : suivant lui, ceux qui avoient quelques talens ne les employoient qu'à la conversion des payens et des hérétiques, et à ce qui regardoit directement la religion.... Il ne parut plus de philosophes, de mathématiciens, ni de médecins célèbres.... On ne vit plus que quelques écoles où l'on expliquoit l'Ecriture Sainte, après avoir donné une légère connoissance de la langue latine et avoir enseigné à lire le grec. Tout en convenant avec Moreri que sous la dynastie mérovingienne, on ne peut citer de philosophes, de médecins et de mathématiciens célèbres, je trouve à cette époque, 1°. Euchère, évêque de Lyon en 434, qui entre autres ouvrages, a donné deux traités excellens; l'un de la Solitude, et l'autre du Mépris du Monde; 2°. Remi, (St.) évêque de Rheims, vers l'an 471, loué par Sidonius Apollinaris, comme un des hommes les plus éloquens de son temps; 3°. Ennodius Marcus, ou Magno Felix, né en 473, à Arles, d'une race illustre : nous avons de lui neuf livres d'épîtres, dix recueils d'œuvres diverses, des discours ou déclamations, un recueil de poëmes, etc.; 4°. Césaire, évêque d'Arles, vers l'an 502 ou 503, (St.), recommandable par sa doctrine et sa piété; 5°. Grégoire de Tours (St.), né en Auvergne, évêque de ladite ville de Tours. Sans lui nous ignorerions tout ce qui s'est passé sous les 1ers. Rois de la race mérovingienne; ceux qui l'ont suivi, n'ont fait que répéter ce qu'il avoit dit : aussi est-il regardé comme le père de notre histoire; 6°. Hilaire, évêque d'Arles, en 429 (St.), auteur d'homélies, d'une exposition du symbole et d'un grand nombre d'autres ouvrages; 7°. Frédégaire, dit le Scholastique, qu'*Hadrien de Valois*, le *Père le Comte*, et *de Vertot*, ont dit né en Bourgogne, florissoit au septième siècle; il fut Auteur d'une Chronique; d'un aveu unanime, il est après Grégoire de Tours, le plus ancien écrivain qui se soit occupé de notre histoire. Il faut en convenir, quoi qu'en ait dit Moreri, les noms que je viens de donner, s'ils sont moins éclatans que ceux que j'ai cités du temps des Gaulois, sont encore faits pour illustrer la dynastie mérovingienne.

Quelles étoient les langues usitées dans les Gaules, lors de l'invasion des Francs.

Lorsque les Francs entrèrent dans les Gaules, il y avoit trois langues vivantes, la latine, la celtique, et la Romane, composée de celtique et de latin, et, ainsi nommée, parce qu'il y entroit plus de latin que de celtique. Cette dernière langue fut aussi appelée par quelques-uns, Romance, Romans, ou Romant, et par les Romains, Rustique, ou Provinciale : ce qui sembleroit indiquer qu'elle n'étoit parlée que par les habitans de la campagne. Il est à présumer que la langue dite Gallicane, étoit la Romane; autrement, il faudroit qu'il eût régné *une quatrième langue* dans les Gaules; à moins que ce ne fût un dialecte du celtique non corrompu par le latin, et tel qu'il se pouvoit parler dans quelque canton de la Gaule, avant l'arrivée des Francs. Quelle que soit l'origine des Francs, comme il est certain qu'ils

Langage des Francs.

descendent des anciens Celtes, on ne peut douter que leur langue, si elle n'étoit pas un dialecte de celtique, devoit du moins avoir quelque rapport avec elle. Leur idiôme étoit nommé, *Franctheuch-Théotiste*, *Theutique*, ou *Thivil*, et plus communément *Tudesque*. Les Francs, après qu'ils furent maîtres des Gaules, ayant trouvé toutes les lois et les actes de la religion écrits en latin, et que tous les mystères se célébroient dans cette langue, la conservèrent pour les mêmes usages; mais, sur le surplus, elle ne fut plus usitée, et perdant tous les jours, les Ecclésiastiques furent les seuls qui l'entendoient; ainsi, depuis cette époque, le latin cessa d'être une langue commune.

La langue celtique, qui avoit beaucoup perdu lorsque le latin étoit devenu une langue nécessaire dans les Gaules, finit par n'être plus en usage que dans l'Armorique (la Bretagne), pays où les Romains ont fait peu de séjour et dans lequel s'étoient réfugiés un grand nombre de Gaulois, qui redoutoient leur domination; elle s'y conserve encore (*a*).

Sous la première race, on entreprit de polir et d'enrichir la langue de termes nouveaux. Et comme on s'aperçut qu'on manquoit de caractères pour écrire et pour rendre ces sons jusqu'alors inconnus, suivant Grégoire de Tours, Chilpéric Ier. fit ajouter quatre lettres à l'alphabet. Cet Auteur nous a conservé le fait que sous ce même Rôi, il y avoit à Paris un grand commerce en matières d'or et d'argent. Léodastes, comte de Tours, étant venu dans cette ville pour fléchir la colère de la Reine Frédégonde, femme de Chilpéric, à laquelle il avoit essentiellement manqué, la suivit à la sortie de l'église, jusqu'à la place, où il s'arrêta pour parcourir les boutiques des négotians, et y examina les meubles de prix, le poids de la vaisselle d'argent, et les divers ornemens qui y étoient.

PARIS SOUS LA DYNASTIE CARLOVINGIENNE.

Il est indispensable, si l'on veut se former une idée précise de Paris sous la *race Carlovingienne*, de prendre cette ville à trois époques différentes : au commencement de cette Dynastie, au moment où les Normands en firent le siége, et quelques années après cet événement. Sous Pépin et Charlemagne, Paris eut hors de son île de bien foibles accroissemens, vu les courses et les voyages presque continuels de ces deux princes : aussi Alcuin, contemporain de Charlemagne, n'a-t-il parlé que des faubourgs St.-Germain et St.-Denys. On ne voit rien de nouveau au dehors de cette ville, si ce n'est vers le septentrion, l'abbaye de St.-Martin des Champs, dont la 1ere. fondation est inconnue; et l'hermitage de Notre-Dame-des-Bois-lez-Paris, devenu célèbre depuis que les reliques de St.-Opportune y furent apportées.

L'histoire nous a conservé le fait que dès le quatrième siècle des peuples de la Norvège, de la Suède et du Danemarck, d'où leur est resté le nom de Nor-

____

(*a*) Cet idiôme usité dans la Basse Bretagne, s'est pareillement conservé dans le pays de Cambrie (le pays de Galles en Angleterre) et en Biscaye; Dom Pezron ayant un jour réuni trois habitans de ces différens pays, qui croyoient leur langue inintelligible à tout autre qu'à leurs compatriotes, en ayant fait l'essai, ils furent fort surpris de s'entendre.

Sort, depuis l'invas. des Francs, des différentes langues parlées dans les Gaules.

Liv. 5, c. 32. Commerce de Paris. Liv. 6, c.

Sauval, t. 1, p. 65.

Lettre à l'Abbé Nicolas, dans la Martinière, au mot Celtes.

mands (*a*), se mêlèrent aux autres barbares qui portèrent la désolation jusqu'à Rome et dans l'Afrique. Une population trop nombreuse, l'ingratitude des terres, et le manque de manufactures furent les motifs principaux qui forcèrent ces barbares à se répandre hors de leur patrie. Bientôt le brigandage et la rapine leur devinrent nécessaires, comme le carnage aux bêtes féroces.

Charlemagne prévit avec douleur les incursions qu'ils feroient un jour, si l'on n'employoit des moyens capables de les prévenir et arrêter : à cet effet, il fit construire des vaisseaux qui restoient toujours armés et équipés. Il forma, à Boulogne, un des principaux établissemens de sa marine, et releva près de cette ville l'ancien phare, que le temps avoit détruit.

Louis le Débonnaire eut les états de son père, mais il n'hérita pas de son génie. Ce fut sous le règne de ce foible monarque, plus occupé d'objets religieux que du bonheur de ses sujets, qu'en 845 (*b*) les Normands parurent pour la première fois en France, ils remontèrent la Seine jusqu'à Rouen.

A cette époque, si on peut s'en rapporter aux mémoires de l'académie des inscriptions, les fortifications des villes étoient négligées, on se croyoit dans une sécurité si parfaite, qu'on démolissoit les fortifications pour en faire servir les pierres à la construction des édifices publics.

Les Normands débarquèrent sans aucune résistance : après avoir pillé Rouen, ils s'étendirent de côté et d'autre, en tuant, faisant des prisonniers, et ravageant le long de la Seine, tout ce qui se trouvoit sur leur passage. Paris ne pouvant pas plus résister que Rouen, l'épouvante fut générale. Cette ville se trouva abandonnée de ses habitans, aussi bien que les monastères des environs : les religieux de Saint-Germain ouvrirent le tombeau de leur saint, dont ils tirèrent le corps qu'ils emportèrent à Coulaville (Combs-la-Ville, en Brie). Ainsi, toutes les fois que la foiblesse du gouvernement n'aura prévu à rien, la terreur du peuple augmentera le péril, et le plus grand nombre fuira devant le plus petit.

La veille de Pâques de cette même année 845, les Normands entrèrent dans Paris, dont les habitans éprouvèrent le même sort que ceux de Rouen. On obtint qu'ils se retireroient moyennant sept mille livres d'argent, somme exorbitante que leur donna Charles-le-Chauve. *Des richesses*, a remarqué Hildégaire, *amassées si facilement, ne pouvoient être qu'un attrait bien puissant pour inviter de nouvelles bandes à tenter la même aventure.* Les Normands s'étant toujours servi du cours de la Seine pour se transporter à l'endroit qu'ils vouloient attaquer, on imagina que le moyen d'arrêter leurs incursions, étoit de leur barrer cette voie ; et pour parvenir à cette fin, *Pistes*, aujourd'hui *Pitres*, à l'embouchure de l'Andelle, fut le lieu qui parut le plus propre à cette destination : une fortification fut établie à travers de la Seine, et le nom de pont lui fut donné probablement parce qu'elle pouvoit en même temps servir à traverser la rivière ; soit que cet édifice ait été

(*a*) Hommes du septentrion : nord signifie septentrion, et mann veut dire hommes.

(*b*) Aimoin veut que ce soit l'année suivante.

détruit

Marginal notes:

Les Normands.

Les Normands arrivent en France. Histoire de S. Germ. des Prés, p. 32. Tom. 17, p. 289.

Histoire de S. Germ. des Prés, p. 32.

Id. p. 33.

Pont à Pitres.

Aim. Liv. 1, des mirac. de S. Germ. c. 1.

détruit ou que les Normands aient mis dès-lors en usage le moyen qu'on leur a vu si souvent pratiquer depuis, de tirer à terre leurs barques et de les transporter à force de bras, ils continuèrent de répandre la terreur et la mort au-dessus de Pistes. En 859, ils remontèrent la Seine et mirent tout à feu et à sang dans Paris et ses environs; ils brûlèrent l'Abbaye de Ste.-Geneviève, et n'épargnèrent St.-Etienne (Notre-Dame), qu'en recevant beaucoup d'argent. *(Hist. de St. Germain des Prés, p. 35.)*

En 861, les Normands revinrent pour la troisième fois, ils brûlèrent la basilique de St.-Germain; de nouveaux ravages furent commis par eux en 876, et ils ne les cessèrent qu'après qu'on eût encore composé avec eux. Adréval nous a tracé le tableau de Paris après ces tristes événemens : *Que dirai-je, s'est-il écrié, de cette ville capitale, autrefois si célèbre par sa gloire, par ses richesses et par là fertilité de son territoire, dont les habitans vivoient dans une parfaite sécurité, et que je pourrois à juste titre appeler le trésor des Rois, et le lieu où s'assembloient les nations! C'est maintenant un monceau de cendres, plutôt qu'une ville fameuse :* tel étoit le triste état de Paris lorsque Charles-le-Chauve, sous la date des Ides de juillet, l'an 22ᵉ de son règne, indiction trois, (a) donna des lettres par lesquelles pour préserver Paris des attaques des Normands, du consentement d'Ænée, évêque de cette ville, il déclara que son intention étoit, *pour l'utilité de son royaume et la défense de la sainte église,* d'établir hors de Paris, *extra urbem,* un plus grand pont: *majorem facere pontem,* dont on pût retirer quelqu'avantage, *opportunum.* Cet édifice devoit être sur la terre du monastère de St.-Germain, dans le faubourg appelé depuis long-temps l'Auxerrois : *supra terram monasterii sancti Germani suburbio commorantis, quod à priscis temporibus autisiodorensis dicitur* (b). Aux termes de ces lettres, les arches et moulins de ce pont, *cunctasque arcas aquæ ejusdem pontis ac molendinos,* ainsi que le chemin qui dudit pont, conduit à travers les terres de St.-Germain, furent données audit Ænée, évêque de Paris, et à ses successeurs, sans qu'aucun Comte, Vicomte, ou autre Juge, s'en mêlât. Les piles de ce pont étoient en pierres, et le plancher en bois : *pons pictus.*

Les auteurs ont infiniment varié sur la position du pont de Charles-le-Chauve, l'historien de Paris, Dubreuil et Sauval, l'ont mis où l'on voit le Pont au Change; au contraire, Bonami, membre distingué de l'Académie des Inscriptions et Belles-

(Id. p. 42.)

(Lib. de mirac. Sti. Benedicti, apud Duchesne, t. 3, p. 446.)

(Pont de Charles-le-Chauve. Baluze, capitul. t. 2, p. 1491.)

(Abbon vers 250 du 1ᵉʳ l. Opinions des auteurs sur la place où fut le pont de Charles-le-Chauve.

Mém. de l'Acad. des Inscriptions, t. 17, p. 290.)

(a) Il y a faute dans l'une ou dans l'autre de ces dates, qui ne s'accordent pas ensemble. Bonami a cru qu'elle étoit dans l'année du règne, car outre que l'an 22 du règne de Charles-le-Chauve, tombe l'an 861, Indiction 9, et non 3; c'est qu'il étoit impossible, cette année là et les dix précédentes, de travailler à un pont à Paris, au milieu des troubles qui avoient eu lieu. Il faut donc mieux (a dit cet académicien), laisser l'Indiction 3 des lettres, qui tombe à l'an 870 et à la 31ᵉ. année du règne de Charles-le-Chauve, et placer à cette année, comme a fait Baluze, la perfection du pont de Paris. Il y avoit alors plus de quatre années qu'on jouissoit d'une grande tranquillité, les Normands n'y ayant pas reparu depuis le mois de juin de l'an 866.

(b) Quelques personnes ont avancé et non prouvé, que le mot *autisiodorensis* avoit été ajouté. Si l'on s'arrêtoit à toutes les objections qui ont été présentées contre les anciennes Chartes, etc. il y en auroit fort peu qui ne fussent dans le cas d'être rejetées.

I

Mém. de l'Acad. des Inscriptions, t. 17, p. 293.

Lettres, et savant antiquaire, a voulu que partant près de l'endroit où fut le Fort-l'Evêque, après avoir traversé le grand et le petit bras de la Seine, il vînt aboutir où l'on voit le quai des Augustins. A la tête de ce pont, Bonami a placé deux tours, la plus considérable sur le quai de la Mégisserie, à l'extrémité d'une enceinte septentrionale qui renfermoit de ce côté les extensions de Paris, connues sous le nom de ville, et la plus petite dont on voyoit encore des restes au treizième siècle, sur le quai des Augustins. Ce système ayant été goûté et applaudi dans le moment où il fut présenté, je crois devoir m'arrêter sur chacune de ses parties, et je finirai par examiner s'il est fondé.

Développement du système de Bonami.
Mém. de l'Acad. des Inscriptions, t. 17, p. 294.
Id. p. 292.

Il paroît que le motif qui a déterminé *Bonami* à placer le pont de Charles-le-Chauve auprès du Fort-l'Evêque, a été, qu'aux termes de la charte de 870, il devoit être sur le territoire de St.-Germain des Prés, ce qui ne se seroit pas rencontré plus haut : d'ailleurs, suivant cet Académicien, cette fortification destinée à barrer le passage de la rivière du côté où les Normands arrivoient, devoit être en avant de la ville, *extra urbem* : ce qui se trouve précisément à cet endroit.

C'est aussi parce que le pont de Paris sur le petit bras de la Seine, étoit sur le territoire de St.-Germain des Prés :

Abbon, l. 1, v. 508.

> *Australis gestabat eum vertex ; sed et arcem,*
> *Quæ tellure manet sancti fundata beati ;*

et que les droits de ce monastère ne s'étendoient pas au-delà du lieu où est le pont St.-Michel, que Bonami a soutenu que ce pont du bras méridional de la Seine, arrivoit précisément au quai des Augustins. Ce second pont se trouvant dans la même direction que le premier que Bonami a fait partir du Fort-l'Evêque, il a voulu qu'ils ne fussent qu'un seul et même pont (le pont de Charles-le-Chauve).

C'est la partie de ce pont que Bonami a dirigée sur le quai des Augustins, qu'il a fait écrouler par une inondation survenue en février 886 ; et c'est suivant lui, au pied de la tour qui en défendoit l'entrée, que se sont passés tous les hauts faits, dont l'histoire nous a conservé le souvenir.

Bonami, pour prouver que le pont de Charles-le-Chauve sur le grand bras de la Seine, étoit à la place qu'il a indiquée, s'est servi du fait qu'en 1731 le prévôt des Marchands ayant ordonné qu'on nettoyât le grand bras de la rivière de Seine, et qu'on y enlevât des attérissemens sous le cours de la navigation, on découvrit des *pilotis*, restes du pont de Charles-le-Chauve.

Quart. de la Cité, p. 165.
Id. p. 170.
Id. p. 171.
Id. p. 170.

Rien n'a paru plus naturel à Jaillot, que la direction que Bonami a donnée au pont de Charles-le-Chauve, il a cependant pensé que sa position n'étoit pas tout-à-fait si éloignée à l'occident : il le fait aboutir d'un côté sur le quai de la Mégisserie à la vallée de misère, c'est-à-dire, à-peu-près vis-à-vis la rue de la Sonnerie, et de l'autre, au quai de l'Horloge, entre la grosse tour du Palais et celle qui faisoit le coin de ce *quai* et de la rue St.-Barthélemi. Il a voulu que cette partie de pont qui étoit sur le grand bras de la Seine, ait porté les différens noms de pont aux Colombes, aux Meûniers et Marchand. Enfin, ce géographe n'a point douté que le pont Marchand n'ait succédé à celui de Charles-le-Chauve. Ainsi, dans le même moment que Jaillot trouve naturelle la position que *Bonami* a donnée sur le grand bras de la Seine au pont de Charles-le-Chauve, il admet et présente des idées qui culbutent totalement ce systême, et qui font voir qu'il place le pont de Charles-le-Chauve sur le grand bras de la Seine, comme Dubreuil, l'historien de Paris, et Sauval.

Quant à l'autre partie du même pont que Bonami a posée sur le quai des Augustins, Jaillot a complettement embrassé son opinion, et pour l'appuyer il a cité un fait et rapporté trois pièces. Il veut avoir trouvé, p. 59 du t. 9 de la chronique d'Albéric, une défense faite aux Normands après le siége de Paris, de passer leurs bateaux sous les ponts de cette ville, *per arcta pontium*, en attendant le payement d'une somme de sept cents livres qui leur avoit été promise, ce qui leur fit prendre le parti de tirer à terre leurs bateaux, et de les transporter à force de bras l'espace de deux milles et plus; il a conclu de cette circonstance qu'il falloit qu'il y eût alors deux ponts sur le petit bras de la Seine, l'un près les Augustins, qui avoit été en partie détruit par l'inondation de février 886, dont j'ai déjà parlé, et l'autre au-dessus, qui n'ayant reçu aucun dommage pouvoit seul empêcher le passage. Quart. de la Cité, p. 167.

La première pièce que donne Jaillot, est un bail à cens de 1259, par lequel moyennant treize livres *Parisis* de rente, on accorde une arche du petit pont près les murs de *la maison du Roi*, pour y construire un moulin : *quandam archam sitam in aqua Secanœ Paris.... à parte parvi pontis in gravasio prope muros domus regis Franciœ.... pro molendino à dictis Thoma et Sancelina, et eorum hœredibus, ponendo.* La deuxième, un autre acte de 1300, dans lequel il est parlé de *la maison de Bernard de Beauvais, près le petit pont, rue Hirondalle, touchant par derrière à celle de l'évêque de Chartres (rue Gilles-Cœur), et celle du maître et gouverneur de l'hôpital St.-Jacques du Haut-Pas, tenant vers le petit pont, à la maison d'Henry de la Marche, d'une part ; d'autre à la rue de la Boucherie, aboutissant par devant à la grande rue St.-André-des-Ars.* *Id.* p. 168.

Pour ôter toute équivoque, Jaillot a observé que le pont que nous appelons encore le petit-pont, est désigné dans les baux à cens, contrats et autres actes, le vieux petit pont, afin de le distinguer de la partie du pont de Charles-le-Chauve, simplement nommé le petit pont. La troisième et dernière pièce donnée par Jaillot, est une donation faite par devant l'official, le jour de la Pentecôte 1287, aux religieux cordeliers, d'une maison qui avoit été acquise dans ce dessein par *Mathilde de la Croix :* elle est dite située à Paris au-delà du *premier pont* dans la rue St.-Germain (St.-André-des-Arcs), du côté des frères mineurs : *demum quamdam sitam Parisiis ultra primum pontem, in vico Sancti Germani à parte fratrum minorum.* Dans les mots *au-delà du premier pont*, Jaillot veut qu'on y trouve la certitude qu'il y avoit deux ponts sur le bras méridional de la Seine. *Id.* 169.

Il n'étoit pas nécessaire pour que le pont de Charles-le-Chauve pût arriver sur le territoire de St.-Germain l'Auxerrois, que Bonami le plaçât où fut le Fort-l'Evêque : il pouvoit le laisser comme Dubreuil, Sauval et l'historien de Paris, où l'on voit *le Pont au Change,* puisqu'il est constant qu'avant que ce pont eût été débarrassé Réfutation du systême de Bonami. Plans de la paroisse St.-Germ. l'Auxerrois, en

1633 et 1739.
B. Imp. ca-
binet des gra-
vures, regis-
tre numéroté
1595.
Mém. de
l'Acad. des
Inscriptions,
t. 17, p. 293.

de tous les bâtimens qui l'encombroient, ces trois dernières boutiques à gauche en sortant de la Cité, qui contenoient en tout cinq toises trois pieds, dépendoient de la paroisse de St.-Germain l'Auxerrois.

Bonami a mal traduit par *en avant* les deux mots *extra urbem*, qui dans la charte de 870, fixent la place où Charles-le-Chauve vouloit que le plus grand pont dont il ordonnoit la construction fût établi. *Extra urbem* ne signifie autre chose, si ce n'est que ce nouveau pont devoit être hors de la Cité.

Il est un reproche d'inexactitude et reproche très-bien fondé que l'on peut faire à Bonami, c'est d'avoir voulu qu'en 1731, lorsque l'on enlevoit des attérissemens qui s'étoient formés dans le grand bras de la Seine, on ait trouvé des *pilotis*, restes Mém. de
Vaugondi ,
s. les aggran-
dissemens de
Paris, p. 12. du pont de Charles-le-Chauve : ces *pilotis* n'ont jamais appartenu à ce pont; ils avoient été battus pour élever un moulin qui a porté le nom de moulin de la Monnoie. Et qui devoit mieux le savoir que Bonami? ce titre de moulin de la Monnoie est écrit en toutes lettres sur le plan de St.-Victor, (a) dont il a fait tant d'éloges : ce n'est pas à cette place où il falloit chercher ce qui ne pouvoit y être, et voici où l'on Sauval, t. 1,
p. 225, d'a-
près un de-
vis de 1641,
qui lui a été
communiqu, a trouvé des restes du pont de Charles-le-Chauve. Le Roi Louis XIII ayant permis de faire en 1659, un pont de pierre (le Pont au Change), au même endroit où étoit le pont Marchand, on rencontra dans un des batardeaux qu'il falloit faire, une pile d'une manière toute différente que celle depuis usitée, il y restoit six assises de *pierre de liais*, d'un bout elle finissoit en *avant-bec* ou pointe, et de l'autre en carré ou équerre; sans compter l'une et l'autre, elle avoit quinze pieds de long sur huit ou neuf de large ou d'épaisseur. De ces pierres, quelques-unes faisoient par portion la face et le parement des deux côtés, les autres le dedans ou le remploi du milieu. Celles-ci avoient dix pouces de haut, celles du parpain douze; pour ce qui est de la longueur, les unes étoient de quatre à cinq pieds, les autres de six à sept; aucune n'étoit taillée en ceintre, mais à la façon d'un pont plat de bois, porté sur des piles de pierres. Toutes étoient aussi entières et saines qu'au sortir de la carrière, et même aussi polies que si on n'avoit fait que de les mettre en œuvre. Enfin, elles étoient enclavées et taillées de tout côté en queue d'aronde, comme parlent *les maçons*, outre cela, jointes avec du ciment, remplies d'abreuvoirs, pour user encore de leurs termes; mais toutes attachées avec des crampons scellés en plomb, et liées avec tant d'art, que pour en arracher une seulement, il falloit arracher une assise toute entière. On trouva dessous des morceaux de bois de chêne longs de sept à huit pieds, larges de dix pouces, épais de six ou environ, qui ne ressembloient aucunement à une plate-forme; par dehors ils étoient noirs comme de l'ébène, et par dedans de la couleur qu'ils devoient avoir si on les eut taillés tout nouvellement. D'après *Sauval*, les entrepreneurs de ce pont crurent, et sans doute avec raison, que les autres piles et le pont tout entier étoient de la même fabrique. Autant qu'il a été possible, je me suis astreint à l'ordre chronologique, et voici une des premières occasions où je suis forcé de m'en écarter totalement, pour faire voir

(a) Le nom de ce plan vient de ce qu'il étoit dans la Bibliothèque de St.-Victor. Bonami, originairement sous-Bibliothécaire de cette Maison, a commis une erreur, en annonçant ce plan comme unique.

que le pont de Charles n'a jamais occupé d'autre place que celle où nous voyons le pont au Change.

Depuis le fameux siége que les Normands firent de Paris en 885 et 86, et dont je rendrai compte incessamment, on n'entend plus parler du pont de Charles-le-Chauve qu'en 909; alors Charles – le – simple confirma à Anschéric, évêque de Paris, le don qui avoit été fait par Charles-le-Chauve son aïeul, à Ænée, avant lui évêque de Paris, et à son église du pont de ladite ville, de ses arches et moulins : *pontem jam dictæ urbis cum arcis et molendinis.*

Gallia christiana, t. 7, c. 17, instrumenta.

Par des événemens dont l'histoire ne nous a pas conservé le souvenir, ce pont étoit disparu avant 1140, puisque l'on trouve qu'à cette époque il y avoit près de la place où il avoit été élevé, un autre pont nommé le pont au Change, de ce que le Change y étoit établi.

En 1281, il n'existoit plus d'autre indication du lieu où avoit été le pont de Charles-le-Chauve, que deux moulins, dont l'un appartenoit au chapitre de Sainte-Opportune, l'une des quatre filles de l'archevêché, et l'autre au chapitre de St.-Merry, aussi l'une des quatre filles de Notre-Dame : comme ils gênoient le cours de la rivière et qu'on voulut conserver le pont au Change, leur démolition fut ordonnée, mais six arches de ce même pont n'en tombèrent pas moins. Par la suite ces deux moulins n'ayant pas été rétablis, le chapitre de Notre-Dame fit cesser l'office divin, et il paroît qu'il obtint satisfaction avant 1323, car alors non-seulement les moulins de St.-Merry et de *Ste.-Opportune* étoient rétablis, mais il y en avoit encore neuf autres nouveaux d'élevés : voici l'ordre dans lequel ils étoient, Guillaume le Meûnier possédoit celui qui étoit le plus près de la vallée de Misère. Le second et le troisième appartenoient au chapitre de Notre-Dame. St.-Lazare, avoit le 4e. St.-Germain l'Auxerrois, le 5e. Le 6e. étoit au Temple, le 7e. à St.-Martin, le 8e. à St.-Magloire, le 9e. et le 10e. à St.-Merry et Ste.-Opportune, et le 11e. aux Bons-Hommes de Vincennes.

Histoire de Paris, t. 1, p. 467.

Idem. t. 2, p. 1246.

Le grand bras de la rivière de Seine, sauf un passage réservé pour le commerce du côté de la Cité où a toujours été et est encore le principal cours de l'eau, étoit barré par ces moulins : les maisons au-dessus n'étoient propres qu'à loger ceux qui les exploitoient, à servir de magasins aux marchands du voisinage, et de décharge au pont au Change ; à cet effet du côté du levant, il avoit été établi un passage étroit pour les gens de pied seulement, depuis la vallée de Misère jusqu'à la Cité, et toute cette masse de bâtimens n'étoit plus nommée le pont de Charles-le-Chauve, quoiqu'établie à sa place, mais c'étoit à cause de sa nouvelle destination, le pont aux Meûniers : *propter undecim moletrinas publicas in usum civium ibi constitutas (a).*

Masson, p. 246.

(a) La nécessité où je viens de me trouver d'anticiper sur les faits, laissant peu de choses à dire sur *le pont aux Meûniers*, quand je serai au sol de Paris, me détermine à donner deux images de cet édifice : la première a été prise sur un dessin qui existe à la Bibliothèque Impériale et y est connue sous le nom de *Plan de Tapisserie*, parce qu'il est la fidèle copie d'une tapisserie qui représentoit Paris en 1540. La seconde provient d'un autre dessin que fit faire en 1578, Nicolas Houel, alors Intendant des arts de la Reine Catherine de Médicis, et auparavant apothicaire et épicier.

Deux images du pont aux Meûn.
Cabinet des gravures, n°. 1892.
Id. P. D. 28.

Les preuves s'accumulent pour faire voir que le pont aux Meûniers a succédé et

C'est ici que l'on trouvera les premiers exemples de l'obligation à laquelle je m'astreindrai dans toutes les représentations des monumens de Paris, d'y rappeler un des principaux événemens qui s'y seront passés.

L'histoire nous apprend que le corps d'Isabeau de Bavière, veuve du Roi Charles VI, décédée à l'hôtel de St. Pol le dernier septembre 1455, fut mis le 14 octobre suivant sur un bateau au port St. Landri, d'où deux mariniers le conduisirent jusqu'à St. Denys, et qu'il n'étoit accompagné que d'un ecclésiastique et d'un serviteur; j'ai fait dessiner et graver ce fait : on peut distinguer sur un bateau dirigé par deux bateliers, l'effigie d'une femme tenant un sceptre de la main droite; on voit à la poupe un ecclésiastique, peut-être le frère Jean Hapart ou Frapart, confesseur de la défunte; j'ai placé le serviteur entre ce dernier et les mariniers.

On seroit dans l'erreur si on croyoit que ce fut par mépris que le corps d'Isabeau de Bavière fut ainsi conduit à St. Denys, la guerre seule en fut cause : *les ennemis prenant entre Paris et Saint-Denys, gens et emmenant prisonniers.* Tous les honneurs que le temps permettoit furent rendus au corps de cette Reine, le 13 octobre, il fut porté par ses familiers et domestiques sur une litière, en figure de Reine, de l'hôtel de St. Pol, jusque dans l'église de Notre-Dame : à l'environ et au plus près de la litière étoient les présidens et conseillers de la cour du parlement en chaperons fourrés; les présidens de ladite cour tenoient les quatre cornes du poil, étant sur la litière; arrivé à Notre-Dame on dit les vigiles des morts, et le lendemain après le service les présidens du parlement tenant les quatre cornets de la litière, le corps fut encore porté par lesdits serviteurs au port Saint-Landri, où il fut mis sur un bateau. Dès qu'il fut arrivé vers St. Denys, les religieux de ce monastère revêtus de chapes, allèrent processionnellement le recevoir, et après l'avoir apporté dans leur église, ils le mirent au milieu du chœur sous une chapelle ardente. Le jour de son enterrement, en l'absence de l'abbé de St. Denys et de tout autre prélat, la messe fut chantée par le grand prieur du monastère, et le corps fut mis en sépulture, *en grands pleurs et gémissemens du peuple qui étoit présent.*

Il existe encore une preuve matérielle des honneurs qui furent rendus à Isabeau de Bavière, dans le mausolée de Charles VI et de ladite Isabeau, dont les statues en marbre blanc furent sculptées par Pierre Thori, moyennant douze cênts francs provenus de la vente des manuscrits du Louvre, faite au *duc de Bethford,* régent du royaume pour le roi d'Angleterre. Placées originairement à St.-Denys, ces deux figures par suite de la révolution, ont été transportées au musée de la rue des Petits-Augustins, où on les voit, salle du quinzième siècle, n°. 84.

J'ai fait mettre sur la seconde vue du pont aux Meûniers, une procession de pénitents blancs qui eut lieu en 1583 et dans laquelle ont figuré les trois plus grands personnages qui existoient alors dans la France; le duc de Guise porte la croix, Henri III est aisé à distinguer par un bâton surmonté d'une croix, qu'il tient à la main. Le duc de Mayenne est à la suite du Roi avec un pareil bâton.

Les deux vues du pont aux Meûniers que je viens de donner, peuvent faire décider une question entre Fauchet et Piganiol : le premier a voulu que l'édifice que nous connoissons sous le nom de la Tour de l'Horloge du Palais, ait été originairement *bâti pour fortifier le dedans de l'île et répondre au Grand Châtelet :* et le second y a vu le clocher de l'ancienne chapelle de St. Nicolas, élevé par le Roi Robert; certainement, d'après la vue de 1540, ce n'étoit originairement qu'une tour fortifiée, destinée à défendre de ce côté, l'entrée de la Cité : on sait qu'elle correspondoit avec une autre tour, qui joignoit St. Barthélemi.

Si on rapproche les deux vues du pont aux Meûniers dont, ainsi que je l'ai dit, la première date de 1540, et la seconde de 1578, on peut décider que la Tour de l'Horloge du Palais a été élevée, dans l'intervalle de 1540 à 1578, (fait sur lequel aucun historien ne s'est expliqué.)

La reconnoissance me force de déclarer que c'est à M. Joly, garde des dessins et gravures de la superbe Bibliothèque de la rue de la Loi, que je suis redevable des deux vues du pont aux Meûniers, ainsi que de la procession des pénitens blancs que je viens de donner. Rien n'égale la complaisance avec laquelle cet homme instruit m'a communiqué tout ce qu'il a de plus précieux.

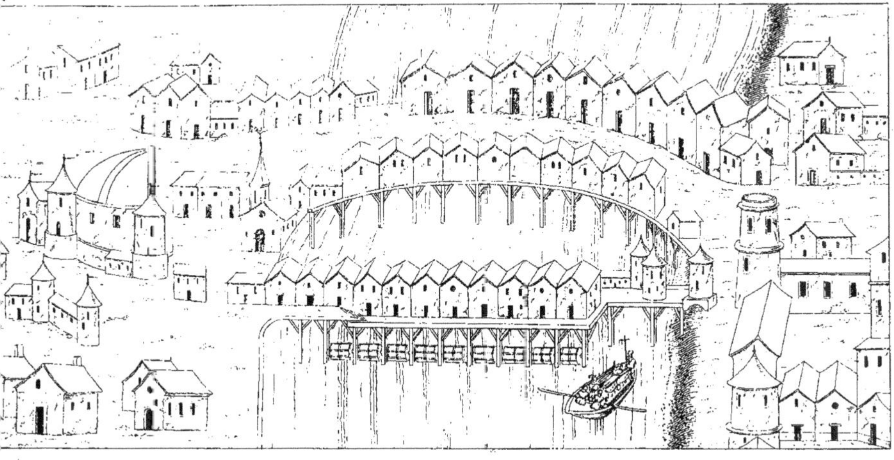

LE PONT AUX MEUNIERS,

Vu au-dessous de Paris, d'après un Plan de 1540.

Le 14 Octobre 1435, le corps d'Isabelle de Bavière, veuve du Roi Charles VI, fut mené dans un batelet à St Denis.

même Pont, vu de la Place où a été établi le Quai de la Ferraille, suivant un Dessin que l'on croit de 1583.

Sur le devant, on a représenté une procession de Pénitents blancs. le Roi Henry III, les Ducs de Guise et de Mayenne y figurent.

Gravé par Gaitte, Rue des Fossés St Germain des prés, N° 13.

remplacé le pont de Charles-le-Chauve, dont le chapitre de Notre-Dame étoit propriétaire ; et c'est par suite de ces droits sur ce premier pont, qu'il a toujours été regardé comme propriétaire du pont aux Meûniers, du pont Marchand et de la moitié du pont au-Change. Un arrêt du parlement, de la Pentecôte de 1273, a maintenu le chapitre de Notre-Dame en la justice des moulins sous le grand pont. (On appeloit ainsi le pont aux meûniers, l'autre étant nommé le pont aux changeurs). Jail. quart. de la Cité, p. 171.

Les droits de la propriété et de la justice de cette même compagnie, sur ce pont et ses moulins, sont encore justifiés par enquêtes expédiées dans le parlement de 1275, qui se trouvent au livre blanc du châtelet. Id. p. 172.

Ce fut en conséquence du droit du chapitre reconnu par une déclaration de Philippe le Hardi en 1284, qu'il ordonna de refaire une arche en pierre au lieu d'un plancher de bois.

En 1549 et 1586, les chanoines de Notre-Dame ayant donné la déclaration des censives qu'ils possédoient, s'expliquèrent ainsi : *pareillement déclarent qu'ils ont droit de haute justice, moyenne et basse et voyerie sur le pont aux Meûniers, autrement appelé le Grand Pont, le chemin duquel n'est voie publique, et aussi ont droit de censive sur les maisons et moulins y étant assis, ainsi qu'il s'en suit : etc.*

Le pont aux Meûniers étant écroulé tout-à-coup le 22 décembre 1596, le nommé Marchand, entrepreneur de bâtimens et capitaine des 300 arquebusiers et archers de la ville, ayant eu le dessein de le reconstruire, traita le 11 novembre 1604, avec le chapitre de Notre-Dame, pour sa seigneurie, voyerie et censive.

Enfin le pont Marchand et le pont au-Change ayant été brûlés dans la nuit du 22 au 23 octobre 1621, le Roi Louis XIII ordonna qu'à leur lieu et place on établiroit un seul pont sous le nom de *Pont au-Change*, et déclara par des lettres-patentes du mois de décembre 1642, enregistrées le 1er. août 1652, que le chapitre de Notre-Dame étoit Seigneur-Censier et direct de la moitié du pont au-Change qu'on bâtissoit alors, cette partie remplaçant le pont aux Meûniers ou Marchand qu'on ne jugea pas à propos de reconstruire. C'est par suite des différens titres et pièces que je viens de citer, que jusqu'à la révolution le chapitre de Notre-Dame a joui des cens et rentes dûs sur vingt-cinq maisons de ce pont. Il est certain que si Jaillot avoit lu Albéric, il n'y auroit pas trouvé p. 59, du t. 9, (a) la preuve que lors du siége de Paris par les Normands en 885 et 86, il y avoit deux ponts sur le petit bras de la Seine : voici le texte du passage qu'il a employé, je pourrois mieux dire décomposé. En l'an 888, les Normands ayant vu que Paris, tant par ses armes, sa situation et le secours d hommes, étoit en état de défense, et que le siége en étoit impossible, et n'ayant pu faire monter leurs barques au-dessus de cette ville, le lit de la Seine étant rétréci par les ponts, *per arta pontium ;* avec des travaux considérables tirèrent lesdites barques hors de l'eau, et à force de bras les transportèrent plus haut. Ce récit annonce bien, comme on l'a vu dans Abbon, qu'il y avoit des ponts sur la Seine, mais rien n'y démontre, comme l'a avancé Bonami, et depuis lui soutenu Jaillot, qu'il y en eut deux sur le petit bras de cette rivière. Réfutation des faits cités par Jaillot. Chronique d'Albéric, p. 218.

(a) La Chronique d'Albéric n'a qu'un seul volume.

Quart. de la Cité, p. 168.

Au lieu de répéter littéralement, d'après Bonami, que les eaux avoient emporté en partie le pont qui aboutissoit sur le quai des Augustins, que sa tour avoit été rasée et qu'il en existoit encore des restes au treizième siècle, Jaillot auroit bien mieux fait de suppléer au silence de cet académicien, et de nous apprendre ce que ce dernier n'a pu faire, l'auteur ancien d'où cette dernière circonstance a été tirée.

Réfutation des pièces données par Jaillot.

Ainsi des deux faits invoqués par Jaillot, le premier est faux, et le second n'étant appuyé d'aucune autorité, ne peut être admis. Si je m'arrête aux trois pièces données par Jaillot, je trouve dans le bail à cens de 1259, que les religieux de St.-Germain des Prés ont donné moyennant treize livres de rente, une arche du *petit pont* pour y construire un moulin, eux seuls le pouvoient, puisqu'aux termes de la Charte de fondation de leur maison en 558 dont j'ai si souvent parlé, ils étoient propriétaires et de ce pont et des moulins qui étoient dessous.

Quart. de la Cité, p. 93.

On trouve dans Jaillot des preuves multipliées que les droits de l'abbaye St.-Germain s'étendoient jusqu'à cette place. Suivant lui la rue de la Huchette qui aboutissoit à la place du petit pont faisoit partie du territoire de Laas, appartenant à l'abbaye St.-Germain, et l'abbé Hugues en ayant aliéné la plus grande partie en 1179, à la charge d'y bâtir, on y construisit des deux côtés du chemin des maisons

Id. p. 111.

Preuv. de l'hist. de S. Germ. 97ᵉ. pièce.

qui formèrent une rue qu'on nomma de *Laas*, et depuis de la *Huchette* : en un mot, suivant l'historien de St.-Germain des Prés, la jurisdiction spirituelle de ce monastère, surtout le territoire de Laas, s'étendoit jusqu'au petit pont. — Si depuis par une transaction de février 1272, entre le Roi Philippe III et les religieux de cette maison, il fut dit que ces derniers n'auroient plus haute, moyenne et basse justice, que depuis le coin de l'abreuvoir Macon, jusqu'à la porte de St.-Germain des Prés, et la Seine à droite ; cet acte postérieur de 714 ans, au titre de fondation du monastère St.-Germain des Prés, n'a pu faire loi que pour l'avenir.

De ce que *Bernard de Beauvais* avoit une maison près le petit pont, et le maître et gouverneur de l'hôpital St.-Jacques du Haut-Pas, une autre vers le petit pont ; on n'en peut conclure qu'il y eut un pont sur le quai des Augustins.

Que résulte-t-il de la donation de 1287 ? Qu'il y avoit un premier pont dans la rue St.-Germain : (St.-André-des-Arcs) *primum pontem in vico sancti Germani :* bien loin que cet édifice se trouve sur le petit bras de la Seine, il étoit probablement en tête de la porte que Philippe-Auguste avoit fait élever à l'extrémité de la rue St.-André-des-Arcs, et destiné à en empêcher l'approche.

Les pièces données par Jaillot, bien loin d'appuyer le système de Bonami, sont donc inapplicables au pont, que cet académicien a supposé avoir existé sur le quai des Augustins.

C'est ici que je devrois m'occuper à examiner si Bonami a eu raison ou tort de placer une partie du pont de Charles-le-Chauve, où nous voyons le quai des Augustins, mais comme la discussion de cet objet dépendra des faits et circonstances du siége de Paris que les Normands firent, ainsi que je l'ai déjà dit plusieurs fois, en 885 et 86, je crois devoir la renvoyer après que j'aurai rendu compte de ce grand événement.

Tous

Tous les dégâts et meurtres occasionnés par les incursions que les Normands avoient faites dans différentes parties de la France, furent cause que pour maintenir le bon ordre dans le royaume, on délibéra au parlement tenu à Quercy, en 877, sur la ville de Paris, sur les châteaux étant sur la Seine et sur la Loire, sur les réparations qui devoient s'y faire et à la charge de qui elles seroient : *de civitate Parisiis et de castellis super sequanam, et super ligerim, qualiter et a quibus restaurantur.*

On ne tarda pas à s'apercevoir que rien n'étoit plus sage , que les mesures qui avoient été prises pour mettre Paris en état de défense : ce qu'avoit prévu Charlemagne, ce qu'avoit craint Charles-le-Chauve, ne tarda pas à arriver.

A peine Carloman fut-il mort, qu'en 885 les Normands, sous le prétexte qu'ils n'avoient traité qu'avec lui, remontèrent la Seine, au nombre de trente à quarante mille hommes : leur flotte étoit de 900 voiles, sans compter les petites barques, la rivière en étoit couverte l'espace de deux lieues, ils arrivèrent devant Paris, le 25 novembre.

Les dehors de cette ville offroient encore l'image des ravages que ces brigands avoient faits dans leurs différentes courses. Vers le midi, rien n'annonce que les églises de St.-Etienne-des-Grés, St.-Marcel, St.-Julien, St.-Basche et St.-Severin, ne fussent pas détruites : des deux abbayes de Sainte-Geneviève et de St.-Germain-des-Prés, la première, quoiqu'elle eût quelques fortifications élevées du temps de Charles-le-Chauve, *nova mœnia nomine Locotio*, et la seconde, dont on ignore l'état, furent regardées comme si dépourvues de moyens de défense, que sur le seul bruit de l'arrivée des Normands, les religieux de ces deux maisons crurent devoir se retirer dans Paris avec les saintes reliques dont ils étoient en possession.

Cette voûte, ces thermes dont j'ai tant parlé, et qui par leur forme et leur solidité, auroient pu arrêter les Normands au moins pendant quelque temps, n'existoient pas encore. Quant aux maisons des particuliers, détruites dans les irruptions des Normands, on ne s'étoit pas occupé à les relever. Ces détails annoncent assez que de ce côté, il n'y avoit aucune enceinte ni fortification qui pût défendre les extensions de Paris, et cette circonstance sera portée jusqu'à la dernière évidence, par le compte que je rendrai du siége de cette ville.

Au nord de Paris, des trois abbayes de St.-Laurent, de St.-Martin et de Saint-Germain-l'Auxerrois, suivant Jaillot, les religieux de St.-Laurent étoient morts ou avoient manqué des moyens nécessaires pour la rétablir ; il n'existoit que des vestiges de l'abbaye Saint-Martin : celle de Saint-Germain-l'Auxerrois étoit sur pied, mais hors d'état de résister. Quant aux deux chapelles de Saint-Paul et de Notre-Dame-des-Bois, l'histoire n'en fait pas plus mention que du *château du Louvre*, dont le nom même n'a pas été cité par Abbon. Enfin, dans cette partie il n'y avoit pas de maisons particulières, d'où l'on peut conclure que Paris étoit encore renfermé dans son île, ainsi qu'il l'avoit été dans son origine : la preuve de cette réduction, se trouve dans la vie d'Alfred, roi des Anglois ; on y lit : que Paris assiégé par les Normands en

K

On délibère pour mettre Paris en sûreté.
Duchesne, t. 2, p. 465.

Les Normands remontent la Seine en 885.

Histoire de Paris, t. 1, pag. 102.

Dehors de Paris, en 885.
Hist. manuscrite de Ste.-Genev. p. 721.
Bibliot. de cette maison.

Quart. St.-Mart. p. 29.

En 885, Paris étoit renfermé dans son île.
Notitia Gal. p. 439.

886, étoit situé dans une petite île formée par la Seine, *in medio fluminis.... in insula parva.*

Cette même position se trouve confirmée par Abbon, suivant lequel Paris étoit dans une île de la Seine ; *medio Sequanæ recubans.* Doit-on être étonné d'après cela, que Michaël Syncellus ait présenté cette ville en 870, comme étant inférieure aux autres villes de la Gaule : *magnitudine cæteris Galliæ urbibus inferiorem.*

Paris étoit alors entouré de murs, et l'on ne pouvoit y entrer que par deux ponts : l'un sur le bras méridional de la Seine, avoit à sa tête une tour de bois ; et l'autre sur le bras septentrional, dont les piles étoient en pierre, le plancher en bois, avoit pour défenses une tour de pierre surmontée de bois :

> *Insula te gaudet, fluvius sua fert tibi gyro*
> *Brachia complexo muros mulcentia circùm ;*
> *Dextra tui pontes habitant tentoria lymphæ*
> *Lævaque claudentes : horum hinc inde tutrices*
> *Cis urbem speculare phalas, citra quoque flumen.*

Les îles au-dessus de Paris, que nous appelons dans le moment les îles Louviers et de Notre-Dame, ainsi que les deux îles au-dessous où fut établie la place Dauphine, étoient alors des prairies.

On peut donc regarder comme certain que depuis la dernière attaque des Normands en 861, les habitans de Paris avoient profité des vingt-trois années de calme qu'ils avoient éprouvé pour rendre leur ville *vénérable.*

> *Sum polis ut regina micans omnes super urbes ;*
> *Quæ statione nites cunctis venerabiliori.*

On y trouvoit toutes les commodités de la vie :

> *Quisque cupiscit opes Francorum, te veneratur.*

Le 26 novembre 885, lendemain de l'arrivée des Normands, Sigefroi, un de leurs Rois, demanda aux *Parisiens* la liberté du passage pour que sa flotte pût remonter la Seine, avec promesse qu'on ne feroit aucun dommage ; refusé, le 27, à la pointe du jour, les Normands commencèrent par attaquer la tour qui défendoit l'extrémité du pont du côté de St.-Germain-l'Auxerrois, et se flattèrent de l'emporter ; mais ils furent repoussés avec grande perte. Pendant la nuit, les Parisiens, avec une extrême diligence, haussèrent de bois cette tour, d'une fois autant qu'elle étoit. Le 28 à la pointe du jour, les Normands s'étant présentés, furent émerveillés, comme en si peu de temps, cette tour avoit été si haut élevée ; ils donnèrent un assaut plus furieux que le précédent, mais qui n'eut pas un succès plus heureux : ils se retiroient, mais moqués de leurs femmes, qui leur reprochoient de n'avoir pu prendre ce four, car ainsi appelloient-elles cette basse tour, ils en eurent une si grande honte, qu'ils recommencèrent l'assaut, et parvinrent à faire un trou dans la tour, par lequel on pouvoit voir ceux du dedans ; ils avoient même mis le feu à la porte, lorsque la fureur opiniâtre des assiégés les obligea de cesser leur attaque. Une partie des Normands se retira vers St.-Denys, et le reste à St.-Germain-l'Auxerrois, autour duquel ils firent un retranchement de pierre et de gazon (a).

(a) De là l'origine du nom de la rue des Fossés St.-Germain-l'Auxerrois.

Ceux des Normands qui étoient restés au siége de Paris, tandis que les autres ravageoient les deux côtés de la Seine, élevèrent sur seize roues trois engins capables de contenir soixante hommes armés, se flattant, au moyen de ces machines, *d'égaler la hauteur et la fermeté de la tour du pont.* Les ayant fait avancer, deux furent rompues par les machines des Parisiens, et ceux qui étoient dedans périrent; la troisième ne put passer outre.

Les assaillants s'étant approchés jusqu'au mur, sous des mantelets couverts de peaux de bêtes fraîchement tuées, pour les garantir du feu; la résistance de la part des Parisiens fut si vive, que le soir les Normands furent obligés de se retirer jusqu'au lendemain, qu'ils recommencèrent, s'efforçant de remplir le fossé de paille, bois, corps morts, et de tout ce qu'ils trouvèrent pour pouvoir approcher les engins, dont ils vouloient battre le mur; ils furent encore repoussés. Enfin, les ennemis présentèrent devant la tour trois béliers, que les gens de guerre appellent Fout^{rs}..... L'un du côté d'Amont, vers l'orient.... L'autre au septentrion.... et le dernier du côté d'occident. Les mangonneaux qui leur furent opposés, ayant empêché qu'on ne pût les faire avancer, les Normands prirent le parti d'emplir de bois trois nacelles qu'ils jetèrent à mont la rivière, et après y avoir mis le feu, ils les traînèrent avec des cordes aval-l'eau, en intention de brûler le pont; heureusement ces bateaux *s'arrêtèrent contre les piles de pierre qui servoient d'arcs-boutants au pont, et furent brisés par ceux de la ville.*

Frustrés de l'espérance de pouvoir emporter Paris de force ou de composition, vu l'opiniâtre défense des habitans, les Normands le dernier janvier 886 se retirèrent sans se donner même le temps de remporter deux de leurs Fout^{rs}.... qu'ils laissèrent au pied de la tour. Le siége fut discontinué, et les Normands se bornèrent à tenir la ville bloquée, et à mettre à contribution tous ses environs.

La nuit du 6 février 886 une violente inondation ayant emporté la partie du pont méridional qui joignoit Paris, ce qui fit que le restant de ce même pont, ainsi que la tour qui en défendoit l'entrée, étoient isolés, les Normands sans perdre de temps passèrent la rivière, et investirent cette tour défendue seulement par douze hommes qui ne pouvoient recevoir aucun secours de la ville.

Les Normands ayant battu sans succès cet édifice, parvinrent à la fin à y mettre le feu qu'on ne put éteindre, le seul vase qui servoit à prendre de l'eau ayant été cassé.

La rupture du pont, l'embrâsement de la tour, ne déterminèrent pas ces derniers à reprendre le siége; ils continuèrent à tenir Paris bloqué, et à envoyer des partis désoler *les pays d'entre la Seine et la Loire.*

Au mois de mars les Normands firent encore une nouvelle attaque. Ils commencèrent par se saisir *des îles étant au levant et au couchant; et de là, pénétrant jusque dans celle de la cité même, ils en firent le tour, le long des murs, pour voir s'ils ne pourroient pas l'escalader, ou forcer le passage à quelque porte.* Le danger étoit pressant, les assiégés tinrent ferme par-tout; Paris dans cette occasion fut sauvé par miracle.

L'état de cette ville étoit critique; attaquée au-dehors par les barbares, elle l'étoit

Annal. de
Duplessis, p.
178.

K 2

au-dedans par la peste et la famine, lorsqu'en personne et avec de bonnes troupes, Charles-le-Gros, roi de France, vint à son secours. Il s'arrêta sur le mont de Mars (Montmarte), mais au lieu d'attaquer les Normands, il se borna à acheter, moyennant sept cents livres d'argent, une trève honteuse.

Telle fut la fin d'un siége dont les attaques furent pressées avec une fureur opiniâtre, mais non destituée d'art.

Depuis cette époque, après plusieurs *perfidies et attaques*, Eudes étant devenu roi, mit fin à la guerre en 887, près de Montfaucon (a), en tuant, blessant, ou mettant en fuite dix-neuf mille Normands, avec mille hommes seulement.

On n'entendit guères parler *des Normands* jusqu'à Rollon ou Raoul, le plus illustre de ces brigands, et qui fut le seul qui cessa d'en mériter le nom. *Charles le simple* lui offrit en 912, et sa fille et des provinces : Rollon demanda d'abord la Normandie, qu'on fût trop heureux de lui céder ; il voulut ensuite la Bretagne : on disputa, mais il fallut lui céder avec des clauses que le plus fort interprète toujours à son avantage : ainsi la Bretagne, qui étoit un *royaume*, devint un fief *de la Neustrie* (b) ; et la Neustrie, qu'on s'accoutuma bientôt à nommer la Normandie, du nom de ses usurpateurs, fut un état séparé, dont les ducs rendirent un vain hommage à la cour de France.

EXAMEN CRITIQUE DU SYSTÊME DE BONAMI,

Sur la seconde partie du Pont de Charles-le-Chauve qu'il a supposé avoir existé où l'on voit le Quai des Augustins.

Aux termes du récit d'Abbon il n'y avoit que deux ponts à Paris, lors du siége que les Normands firent de cette ville en 885 et 86, et aussi Bonami dans le mémoire qu'il a donné sur cette époque remarquable, n'a-t-il parlé que de deux ponts, tandis qu'il en a mis trois, dont un sur le grand bras de la Seine, et deux sur le petit ; en effet, on ne regardera jamais comme un seul pont, deux édifices établis sur deux bras différens de la Seine et séparés l'un de l'autre par un inter-valle de quatre-vingt-dix-sept toises (c).

Verniquet.

(a) Petite butte que l'on aperçoit en sortant de Paris, à main droite de la nouvelle barrière qui est sur la route de Pantin. C'est à cette place que fut établi un gibet, dont il est bien souvent parlé dans notre histoire, et qui existoit encore avant la révolution.

(b) C'est ici la première fois que l'on voit dans mon ouvrage le mot *fief* ; l'origine des biens qui portent ce nom, a paru si peu certaine à Montesquieu, qu'il s'est ainsi expliqué : « Un chêne antique » s'élève, l'œil en voit de loin les feuillages ; il approche, il en voit la tige, mais il n'en aperçoit » pas les racines, il faut percer la terre pour les fouiller. »

Esprit des Lois, t. 3.

Les auteurs de l'Encyclopédie sont entrés sur cet objet, dans les plus grands détails.

(c) Jaillot, sur cet objet, a encore plus mal vu que Bonami, comme lui il a divisé en deux le pont de Charles-le-Chauve, mais au lieu de placer comme cet académicien, la première partie de ce pont vers le For-l'Evêque, il l'a portée où l'on voit le pont au Change, ce qui fait que pour retrouver la seconde partie de ce même pont sur le quai des Augustins, il faut parcourir un espace de 197 toises, 100 depuis le pont au Change jusqu'à la rue de Harlai, et 97 le long de cette même rue.

Il est à présumer que Bonami, une fois qu'il a imaginé que le pont de Charles-le-Chauve devoit être en avant de la ville, *extra urbem*, afin d'empêcher les Normands de faire arriver leurs barques jusqu'à Paris, aura cru par la même raison, qu'il étoit indispensable qu'il y eût une pareille fortification sur le petit bras de la Seine; et telle est, je le pense, la raison qui lui a fait imaginer de diviser en deux le pont de Charles-le-Chauve, et d'en faire aboutir une partie à la place où l'on voit le quai des Augustins, mais cette idée est destituée de fondement et toute opposée au récit d'Abbon, d'après lequel il est très-certain qu'il n'y avoit qu'un seul pont sur le petit bras de la Seine, et à la place où est encore le pont connu sous le nom de *petit pont*.

Le pont de *Charles-le-Chauve* auroit été placé *extra urbem*, il auroit été séparé en deux parties, ainsi que l'a imaginé Bonami, que ce ne seroit pas à ces fortifications que les Normands se seroient adressés; ils s'en seroient emparés, qu'ils n'en auroient pas été plus maîtres du cours de la rivière qui dans le système de l'académicien, leur auroit encore été barré par des ponts supérieurs; c'étoit contre les habitans même de Paris, qui leur avoient refusé le passage sur la Seine, qu'ils devoient diriger leurs attaques.

L'enceinte que Bonami a placée autour des extensions septentrionales de Paris, et qu'il a fait aboutir où fut le For-l'Evêque, n'a jamais existé : on a vu que tous les édifices extérieurs de l'île où fut originairement Paris, avoient été détruits antérieurement à ce siége, et on a la preuve qu'il n'existoit aucune fortification de ce côté; 1°. dans la facilité avec laquelle les Normands parvinrent jusqu'au pied de la tour qui défendoit le pont septentrional, dont ils voulurent et ne purent s'emparer; 2°. dans les moyens qu'ils employèrent pour diriger avec des cordes des barques enflammées, au moyen desquelles ils comptoient brûler les parties de ce pont qui étoient en bois, (*pons pictus*).

Abbon.

Il est bien ridicule que Bonami ait eu la prétention de mieux connoître ce qu'étoit Paris, il y a près de neuf siècles, qu'Abbon qui a vu cette ville avant et pendant le siége des Normands; aussi n'a-t-il commis que des erreurs : c'est bien le cas de dire que si Homère a dormi quelquefois, Bonami a pu rêver.

La paix avec Rollon étant devenue définitive, les habitans de Paris ne tardèrent pas à élever de nouveaux édifices à l'extérieur de l'île, où les attaques des Normands les avoient forcés de se renfermer. Suivant Raoul de Presles, qui vivoit sous *Charles V*, ce fut vers le midi, que furent bâties les premières maisons; c'est ainsi que cet auteur s'est expliqué dans son vieux langage :

Nouvelles
habitations
au midi et au
nord de Paris
Cité de
Dieu, t. 1, l.
5, c. 25.

« *A donc les gens commencerent à édifier maisons à l'environ de ce palais*
» (le Terme), *et à eux y logier : et commença cette partie lors à être premiere-*
» *ment habitée, né encorre, né depuis longtemps, ne fut l'autre partie de vers*
» *Saint-Denys, laquelle est maintenant la plus habitée, mais avoit partout*
» *grants bois et forets, et y faisoit on moult d'homicides* ».

L'historien de Paris ne place pas, comme Raoul de Presles, cette extension méridionale à l'environ du palais des Thermes : il veut que ce petit faubourg de l'église St.-Benoît, s'étendît en large aux environs des églises St.-Severin et Saint-Julien-le-Pauvre.

Quoique rien n'annonce dans le récit de Raoul de Presles, qu'il y ait eu des murs au-delà des maisons élevées au midi de Paris, il a plu à Sauval, Piganiol et Jaillot, de le vouloir, et c'est ainsi qu'ils les ont établis. Du petit pont, dont ils les font partir, ils les conduisent à la place Maubert, qu'ils renferment dans cette enceinte; enfin suivant eux, cette enceinte finissoit au bord de la rivière vis-à-vis de l'endroit où est aujourd'hui la rue de Bièvre. Il y a apparence qu'ils se sont déterminés sur un ancien rôle des carrefours, cité et non rapporté par Sauval, duquel il résulte, que les proclamations que les jurés-crieurs, après la mort des Rois, faisoient pour *avertir un chacun de prier Dieu pour le prince défunt, et le repos de son ame*, finissoient au petit pont et à la place Maubert; (a) ce qui a fait croire, a ajouté cet auteur, que ces deux lieux étoient les limites de cette clôture ; l'usage des jurés-crieurs étant de ne pas sortir de la ville, et tels cris (b) n'ayant jamais été faits dans les faubourgs. Tout ceci n'est que des présomptions, et il n'est pas possible d'en conclure qu'il y eût une clôture au midi de Paris.

L'historien de Paris, Sauval, Delamarre, Piganiol et Jaillot, ont ainsi circonscrit une autre enceinte au-delà des bâtimens élevés vers le septentrion, depuis le siége des Normands. De la place que l'on appeloit alors la porte Baudet, ou *de ses environs* (c), ils la font tourner le long du cloître de l'église de Saint-Jean en Grève, venir à la tour qu'on a nommée la *tour du Pet au Diable*, de là, ils lui font gagner une *tour qui se voit encore dans la rue des Deux Portes*, (d) passer ensuite dans un lieu appelé *l'Archet St.-Merri*, auprès de l'église du même nom, et finir au bout du pont au Change, dans le marché de la Porte de Paris.

Pièces rapportées par Delamarre.

Traité de la police, t. 1, p. 72.

Delamarre est le seul des auteurs que je viens de citer, qui, pour prouver l'existence d'une nouvelle clôture au septentrion de Paris, ait rapporté des pièces et des faits. La première des pièces qu'il a donnée est une charte accordée en 980, par Lotaire et Louis V son fils, aux religieux de St.-Magloire, dans laquelle il

(a) Je n'ai pas trouvé, même aux *Archives Impériales*, un des rôles dont a parlé Sauval. Les membres de la compagnie des jurés-crieurs qui existoient en 1813, ne se doutoient pas de ce que sont devenus leurs papiers.

(b) Du temps de Sauval, mort en 1670, ces cris ne se faisoient plus.

(c) Ces mots ou *de ses environs*, annoncent assez qu'on étoit peu assuré du fait que l'on avançoit.

(d) L'éditeur de Piganiol avroit dû dire : *la place où étoit une autre tour*, puisque lorsque l'ouvrage du commissaire Delamarre a été imprimé en 1722, il y avoit déjà près de vingt ans, que la tour de la rue des Deux Portes avoit été abattue; la dernière édition de Piganiol étant de 1765, il y avoit donc alors 63 ans que cette tour ne subsistoit plus.

est fait mention de la chapelle St.-Georges, (a) située dans le faubourg de Paris, et proche les murs : *in suburbio Parisiaco, non procul à mœnibus.* La deuxième, des lettres-patentes données par Louis VII, en 1140, par lesquelles ce prince accorde aux habitans de la Grève et du Monceau St.-Gervais, pour soixante et dix livres qu'ils payeront, que la place de Grève, l'un des anciens marchés de Paris, demeurera toujours libre de tous bâtimens et autres empêchemens quelconques. La troisième : l'histoire du ministère de *Suger*, dans laquelle cet abbé de St.-Denys, rapporte 1°. qu'ayant été chargé des affaires du roi, les entrées, qui se payoient à la porte de la ville rue St.-Martin, proche St.-Médéric, qui ne rendoient que douze livres, furent par ses soins, portées au profit du roi à cinquante livres ; 2°. que n'ayant pas de maison à Paris, où les affaires du royaume l'appeloient souvent, il en avoit acheté une qui tenoit *à l'église de St.-Médéric, et à la porte de la ville.* La quatrième : un titre du trésor des chartes de l'an 1263, relatif à une maison qui portoit l'enseigne du *Fléau*, sise en cet endroit (la porte St.-Médéric), qui étoit chargée d'une redevance annuelle au domaine du Roi. La cinquième : un traité de 1253, duquel il résulte que les templiers avoient cinquante sous de rente à prendre sur deux maisons joignant la porte Baudet, et les murs du Roi, qui subsistoient encore en ce temps-là, quoique la clôture de Philippe-Auguste fut faite. La sixième : des lettres-patentes de Philippe le Hardi, du mois d'août 1280, pour borner la justice de St.-Eloi, dans lesquelles il est porté, que le territoire de ce prieuré s'étendoit jusqu'à une maison des environs de la porte Baudet, par où passoient autrefois les vieilles murailles de la ville : *prope portam Bauderii... quæ est de... territorio Sancti Elegii, per quam muri veteres Parisienses ire solebant.*

Le texte se trouve dans l'hist de Par. t. 1, des preuves, p. 95.

Voici les faits dans lesquels Delamarre a cru trouver la preuve que les extensions que Paris avoit eues au septentrion, étoient renfermées par des murs. Le premier, est que ces murs subsistoient encore sous *St.-Louis*, d'après un titre de 1253, qui les nomme *les murs du Roi*, ou *les murs le Roi*, suivant le langage du temps. Le second : qu'en 1280, ces mêmes murs étoient appelés les vieux murs de Paris : *muri veteres Parisienses.* Le troisième : que dans une des maisons de la rue des deux Portes, n°. 1, qui appartenoit au sieur de Barentin, on y voyoit une tour très-antique ; qu'une tour semblable subsiste encore dans la maison du cloître St.-Jean, n°. 20, connue sous le nom d'hôtel St.-Mesme, *restes de l'ancienne clôture qui étoit de ce côté, et qui, suivant lui, en marquent toujours la vérité.*

Registre du châtelet, second vol. des merciers, fol. 44.

Faits cités par Delam.

La Charte de 980 ne porte pas que la chapelle de St.-Georges fut auprès de nouveaux murs, mais qu'elle n'étoit pas éloignée des murs de la cité (b). On ne trouve

Examen critique des pièces rapportées par Delamarre.

(a) C'est où étoit cette chapelle qu'en 1138 on transféra les religieux de St.-Magloire : on y a vu ensuite les filles Pénitentes, qui prirent le titre de filles de St.-Magloire ; dans le moment, la plus grande partie du terrein où furent ces divers établissemens, est occupée par une maison de roulage de la rue St.-Denis, n°. 166. Depuis quelques années pour rendre plus précieux ces terreins, une nouvelle porte a été ouverte sur la même rue St.-Denis, n°. 152.

(b) L'expression proche les murs de la cité, avoit déjà été employée en 558, dans l'acte de fon-

rien autre chose dans les lettres-patentes de 1140, que la preuve qu'à cette époque, la place de Grève étoit un marché de Paris, tandis que pour admettre les idées du commissaire Delamarre, il auroit fallu y voir que de ce côté, il y avoit des murs; si Delamarre avoit lu les ouvrages de Suger, il se seroit aperçu que ce n'est pas dans l'histoire de son ministère, mais dans le compte qu'en 1145 il a rendu à ses religieux, des revenus de l'abbaye de St.-Denys, qu'il a parlé 1°. d'une porte de Paris; 2°. d'une maison qu'il avoit acquise à ladite porte, vers St.-Médéric : *domum quœ super est portœ Parisiensi versus Sanctum Medericum.* C'est une fausseté insigne qu'a avancée ce commissaire, quand il a prétendu que c'étoit au profit du roi, que le revenu de douze livres de cette porte, avoit été porté à cinquante : les expressions de Suger sont bien différentes, c'est au profit de son abbaye (*nobis*) que cette augmentation avoit été faite, et il ne pouvoit en être autrement, puisque la porte de Paris dont il est ici question, appartenoit à ladite abbaye par le don que Dagobert lui en avoit fait, ainsi que je l'ai dit ci-devant; et on sait que cette porte étoit auprès de la prison de Glaucin : *juxta carcerem Glaucini,* dont j'ai précédemment fixé la position. La maison de Suger étant près la porte de Paris, ne tenoit donc pas à l'église de St.-Médéric, mais étoit vers ou du côté de cet édifice. Raoul de Presles, lorsqu'il nous a appris tout ce que le temps où il vivoit l'a mis à portée de savoir sur l'ancien état de Paris, a voulu que cette ville « *depuis fût* » *habitée et fermée...... jusqu'au lieu qu'on dit à l'Archet St.-Merry.* » L'Archet Saint-Merry existoit donc avant que Paris se fût étendu et eût été fermé de ce côté, et ce nom d'Archet St.-Merry, prouve que ce n'étoit pas une porte de Paris, mais selon les apparences une porte du cloître de l'église de St.-Merry. Personne n'étoit plus en état de nous instruire sur cet objet que Raoul de Presles, puisqu'il demeuroit rue Neuve St.-Merry, au coin de la ruelle Pierre Espaulart, ou plutôt Pierre au Lard. De ce que le domaine du roi, d'après un titre du trésor des chartes de 1263, percevoit une redevance annuelle à la porte St.-Merry, il n'en résulte pas que cet édifice fut une porte de Paris, ni qu'il y eut des murs de la ville dans cette partie. Il est très-certain qu'en 1233, les templiers avoient cinquante sols de rente à la porte Baudet, mais cet édifice ne fut jamais où l'on voit la place Baudet, il fut élevé par suite de la clôture ordonnée et commencée en 1190, par Philippe-Auguste, et on voit encore rue St.-Antoine, dans le lycée Charlemagne, n°. 120, en entrant à droite, cet ancien mur qui tenoit et aboutissoit à cette porte. L'existence d'une porte de Paris à la *place Baudet*, a paru si peu justifiée à Jaillot, quoiqu'il ait adopté le système de Delamarre, qu'il a voulu qu'elle ait été où l'on voit *la place Baudet*, (Baudoyer.); dans la suite, il est convenu d'après un plan de Mérian, que cette même porte étoit près la rue Geoffroi-l'Asnier : ce qui est quatre-vingt toises plus bas que la première position qu'il avoit indiquée. Il est indubitable que les murs élevés par les ordres de Philippe-Auguste, devoient subsister en 1280,

dation de l'abbaye de St.-Vincent, quoique ce monastère fût à 415 toises du petit pont, tandis qu'entre le pont au Change et les terreins dépendans des filles de St.-Magloire, il n'y a que 248 toises.

puisqu'il

puisqu'il n'y avoit alors que 63 ans qu'ils avoient été élevés, et c'est à ces murs qu'appartenoit le titre de murs du roi ; s'ils eussent existé en 1253, Raoul de Presles, qui est mort en 1382, en auroit fait mention ; au contraire, cet auteur nous a transmis que de ce côté, *fut abattue la vieille muraille, et que s'étend la ville jusqu'à la Bastille St.-Antoine.* Dans le système de Delamarre, ce n'étoit pas une muraille, mais deux murailles qu'il auroit fallu abattre. Les lettres-patentes de 1280, ne peuvent être entendues, comme le veut le géographe Jaillot, jamais le prieuré de St.-Eloi n'a eu de droits aux environs de la *place Baudoyer*, mais entre le lieu où fut l'église de St.-Paul et la rue St.-Antoine. On voit encore sur pied dans cette *rue St.-Paul*, [n°. 40], la grange de St.-Eloi, et en avant, lors de la révolution, il y avoit tout près de cet endroit la prison de St.-Eloi.

C'est aux murs construits par Philippe-Auguste, qu'en 1253, on a donné le titre *des murs du roi*, ou *les murs le roi*, et il en existe encore une partie saine et entière dans le lycée Charlemagne : elle est à droite, lorsque l'on entre dans cet établissement par la rue St.-Antoine. En 1280, on pouvoit appeler ces constructions vieux murs, puisqu'il y avoit alors quatre-vingt-dix ans qu'ils avoient été élevés. Ce qui est à remarquer, c'est que dans ces deux premiers faits, on ne trouve rien qui annonce l'existence d'une clôture au-delà des extensions septentrionales de Paris. Critique des faits rapportés par Delamarre.

Delamarre auroit dû dire sur quoi étoit fondée l'opinion qu'il a eue que les deux tours de la rue du Coq et du cloître St.-Jean, sont des restes d'une ancienne clôture, et en marquent toujours la vérité. Il est impossible de fixer l'antiquité de la première par les matériaux dont elle étoit construite, puisqu'elle est disparue vers 1702 ; quant à la seconde, les gros quartiers de pierre dont elle est composée, indiquent qu'elle n'est pas à beaucoup près aussi ancienne que la clôture de Philippe-Auguste ; en effet, on peut juger, d'après des parties des murs de ce prince, qui sont encore dans leur entier le long du clos, où furent avant la révolution *les Jacobins du faubourg St.-Jacques*, qu'on n'employoit alors que de très-petites pierres noyées dans un ciment qui devenoit d'une extrême dureté. (*a*) Jamais les deux tours dont je m'occupe n'ont été élevées pour défendre une clôture, c'étoit les donjons de deux hôtels. Quand j'en serai aux quartiers, je ferai voir que dans la rue des Deux Portes, il y avoit une maison ou palais occupé par ce que la France a eu de plus grand. La maison du cloître où est la seconde tour, a aussi appartenu à des gens considérables, notamment aux templiers. Au milieu.... des palais royaux, a dit Sauval, anciennement on bâtissoit une grosse masse de pierres, flanquée d'autres tours plus hautes qu'on appeloit donjon, où le roi logeoit le plus souvent. Les tours autrefois passoient pour un droit royal, dont nos rois étoient si jaloux, qu'ils ne l'accordoient pas même aux princes, et l'on sait enfin que Philippe - Auguste Tom. 3, p. 41.

(*a*) Je n'ai pu me déterminer à rapporter l'opinion de l'abbé Le Bœuf, tant elle m'a paru ridicule : après avoir estimé que la bâtisse de la tour du cloître St.-Jean ne datoit pas de plus de cinq cents ans, il la reconnut volontiers pour être bâtie sur les fondemens d'une ancienne tour de la ville septentrionale et peut-être même pour une des deux tours qui devoient former la porte Baudet. Dissertations, t. 2, p. 29.

en 1310, n'écouta pas là-dessus la comtesse de Troies. Cet ornement de tours, au reste, que les Rois sembloient s'être réservés à eux seuls et qu'ils envioient aux autres, est devenu si public, que non-seulement les princes et les grands seigneurs, mais encore les religieux en bâtirent, comme à l'envi, alentour de leurs hôtels et de leurs monastères.

D'après cette discussion trop longue sans doute, on peut conclure que Delamarre, bien loin d'avoir prouvé qu'il y eut une *clôture* au-delà des extensions septentrionales de Paris, n'avoit pas même lu les pièces dont il a voulu appuyer son système. Quant aux faits qu'il rapporte, ils sont inapplicables, il semble que cet écrivain, dans ce qu'il a dit sur l'ancien état de Paris, s'est plu à tout décomposer, même dans les plans qu'il a donnés de cette ville; pour les tracer, il n'a consulté que son imagination, les rues et les monumens sont déplacés, et comme l'a dit Jaillot, ils fourmillent de fautes.

Discours prélim., p. 18.
Sauval, t. 1, p. 65.

Un seul fait est échappé à Delamarre, c'est que l'on trouve dans la maison du cloître St.-Merry, [numérotée 14,] *un reste de rempart qui tient audit cloître :* effectivement, il y a dans cette maison, un petit jardin élevé d'environ six pieds au-dessus du sol et qui par sa forme est assez semblable à ces voieries que l'on voit sur les plans premiers de Paris, notamment vers les portes du Temple et St. Antoine, et qui par la suite furent converties en fortifications : mais rien ne prouve, comme l'a avancé Sauval, que ce fut un rempart; il est à présumer que cet exhaussement aura été produit par des immondices de Paris, et c'est peut-être ce qui fut cause que la rue de la Verrerie, qui est tout près de cet endroit, a été appelée, vers le treizième siècle, la rue de la Voirerie et Voierie, depuis de la Verrerie; pour éviter les frais de transport et conserver la vue sur les champs et jardins voisins, on aura laissé en place cet amas de terre.

Jaillot, quart. St.-Avoie, p. 38.

Quoiqu'il soit constant que Pépin, Charlemagne et leur postérité n'ont pas occupé Paris, il a plu à De-Saint-Foix, d'avancer que les princesses Gisla et Rotrude, filles de *Charlemagne*, avoient été reléguées par Louis le Débonnaire, dans le palais des Thermes. Cet auteur auroit dû commencer par prouver l'existence de cet édifice, et c'est ce qu'il n'a pas tenté, et ce qu'il n'auroit pu faire. Je ne sais où il a trouvé que *ces princesses* résidoient aux Thermes, certainement ce n'est pas dans l'histoire de France par le père Daniel, qui paroît cependant avoir été son guide, sur une partie de ce qu'il a dit : bien loin de voir le prétendu palais des Thermes accordé pour domicile à ces princesses, je trouve qu'à la mort de *Charlemagne, qui n'avoit jamais voulu qu'elles s'éloignassent de lui,* Louis le Débonnaire assigna à chacune d'elles *leurs demeures dans des monastères,* en leur donnant de bons avis pour leur conduite.

Les filles de Charlemagne n'ont jamais demeuré au palais des Therm. Essais sur Paris.

Tom. 2, p. 188

Peu de grands événemens se sont passés sous la deuxième dynastie, et voici les principaux. Les Rois devinrent Empereurs d'Occident. — Le pouvoir des maires fut anéanti aussi-tôt que le maire Charles – Martel eut fait asseoir ses deux enfans sur le trône. Les assemblées générales qui sous les Rois de la *Dynastie Mérovingienne,* s'étoient tenues au mois de mars, commencèrent du

Grandsévénemens sous la dynastie Carloving.

Hénault, années 767 et 768.

temps de Pépin, à ne plus s'ouvrir qu'au mois de mai, par la raison que l'usage de la cavalerie dans les armées s'étant introduit, la nécessité d'avoir des fourrages exigea ce changement. Enfin le nom de Francs qui appartenoit à tous les peuples près la source du Véser jusqu'aux mers des Gaules, fut restraint depuis le congrès de Verdun en 843, la Germanie et la Gaule ayant été séparées, on n'appela plus Francs que les habitans de la France occidentale, qui retint seule le nom de France.

Expilli a remarqué que les noms de Francs et François ont toujours été si chers à nos Rois, que rarement dans les *titres en latin*, ils prennent celui de *Roi de France*, plutôt que celui de *Roi des François*: c'est sans doute, a dit ce géographe, parce qu'il est plus satisfaisant de régner sur une nation que sur un pays.

Charlemagne fut amateur des sciences, et comme sous le règne de Pépin son père, la France n'avoit vu naître que deux écrivains médiocres, Childégrand et Firmin (St.), dont le premier a donné une règle pour les clercs, et le second une vie de St.-Césaire, que sous son règne on ne peut citer que *Théodulphe*, auteur de l'hymne *Laus et honor*, dont le commencement est encore chanté *le jour des Rameaux*, et Usuard qui nous a laissé un martyrologe, il appela des savans de toutes les nations, et établit des écoles monastiques et épiscopales, dont une fut ouverte dans son palais. De ce que ce prince a protégé et encouragé les sciences, on auroit tort d'en conclure que l'Université de Paris (a) ait pris naissance sous son règne, et qu'elle dut son origine à quatre Anglois disciples du vénérable Bède, qui donnèrent des leçons à Paris dans des places que l'Empereur leur avoit assignées à cet usage. Cette opinion émise par Gaguin et adoptée dans les derniers temps par Du Boulai et l'historien de l'Université de Paris, se trouve démentie par le silence des auteurs contemporains, Éginard, Aimoin, Réginon, Sigébert, ne parlent pas de cet établissement. Au lieu d'être regardé comme le créateur de l'Université, Charlemagne ne mérite que le titre de restaurateur des lettres, par l'établissement qu'il fit, ainsi que je viens de le dire, d'une école dans son palais.

Jusqu'à la fin de la dynastie Carlovingienne, les guerres presque continuelles qui eurent lieu, furent cause que l'application aux lettres ne fut plus regardée par les françois que comme *l'occupation des gens oisifs et superstitieux*; les ecclésiastiques seuls les cultivèrent, aussi presque tous les ouvrages de ce temps qui nous sont parvenus, n'ont-ils rapport qu'à la religion, tandis qu'il n'y en a qu'un petit nombre sur notre histoire, c'est seulement des historiens dont je parlerai. Nous avons d'Adon, archevêque de Vienne, né dans le Gâtinois, une chronique; d'Hilduin abbé de St.-Denys, les aréopagites; de Loup abbé de Ferrières, qu'on croit de la province de *Sens*, des lettres qui donnent de grands éclaircissemens sur

État des Lettres sous Charlem.

N'est pas fondateur de l'Université.

Iere. Lettre de Loup de Ferrières, à Einard.

Noms de quelques auteurs du tems de Charlem.

(a) Le titre d'Université veut dire Ecoles universelles, parce que l'on a supposé que les quatre facultés dans lesquelles la théologie, le droit, la médecine, les humanités et les arts, [ce qui comprend aussi la philosophie,] étoient enseignés, faisoient l'université des études, ou pour mieux dire, de toutes celles que l'on peut faire. Sauval a voulu que le nom d'université fût un mot barbare et même inconnu avant Innocent III, qui le premier l'a donné aux écoles et aux écoliers de Paris.   T. 2. p. 353.

les affaires de son temps ; de Nithard, petit-fils de Charlemagne par sa mère, l'histoire des divisions des enfans de Louis le Débonnaire ; d'Abbon né en Normandie, la relation en vers du siége de Paris par les Normands en 885 et 86 ; de Troddart ou Froddart, une chronique : enfin, d'Hincmar, religieux de St.-Denys, et depuis archevêque de Rheims, un Traité de la personne du Roi et de ses fonctions.

Il paroît que Charlemagne s'occupa de perfectionner et de polir la langue tudesque ; il ne se flattoit pas qu'elle seroit parlée dans toute la monarchie, mais il espéroit qu'elle seroit employée dans les traités pour la rédaction des lois. Les soins que prit ce prince sur cet objet, n'eurent pas le succès qu'il s'en étoit promis.

Duclos a voulu que le plus fort obstacle ait été l'intérêt des gens d'église, qui faisant seuls leur étude du latin, dont on se servoit dans les actes publics, craignirent que leur ministère ne devînt inutile, si l'on parvenoit à les rédiger en langue vulgaire. Suivant lui, loin de concourir à un projet si utile pour le public, et si préjudiciable pour eux, ils ne songèrent qu'à le traverser, et la volonté de l'Empereur par-tout absolue, céda à l'intérêt des moines et des prêtres. On continua donc de se servir du latin dans les lois, les traités, et même dans beaucoup de contrats particuliers. On trouve la preuve dans un canon du 3e. concile de Tours, tenu en 813, que la langue romane-rustique et la langue théotisque ou tudesque, étoient les idiômes usités dans la France : il y est ordonné aux évêques *de choisir à l'avenir de certaines homélies des pères et de les faire traduire en langue romane rustique, et en langue théotisque ou tudesque, afin que le peuple puisse les entendre.*

Le plus ancien monument qui nous reste de langue romane, est un traité de paix de 842, entre les deux Rois, Louis de Germanie, et Charles-le-Chauve, contre les entreprises de Lotaire, leur frère aîné.

La langue tudesque subsistoit à la cour en 948 : des lettres d'Artaldus, archevêque de Rheims, ayant été lues au concile d'Ingelheim, on fut obligé de les traduire en théotique afin qu'elles fussent entendues par Othon, Roi de Germanie, et par Louis d'Outre-Mer, Roi de France, qui se trouvoient à ce concile. La langue romane continua à être parlée par le peuple.

Sous Louis le Jeune, il n'y avoit encore pour entrer et sortir de la cité qu'un grand et un petit pont : ce qui est prouvé par des lettres de 1153, aux termes desquelles ce prince à admorti trente livres de rente qu'il transportoit à l'abbaye de Mont-marte, au lieu de deux maisons que les religieuses de ce monastère avoient à Paris, l'une à la porte du grand pont, *ad portam magni pontis*, et l'autre dans la rue du petit pont dans la cité, *in vico parvi pontis intra insulam.*

Voici des circonstances qui nous font aussi connoître qu'à cette époque à l'extrémité du clos de l'abbaye Sainte-Geneviève, vers le midi, il y avoit une porte connue sous le nom de *porte Papale.* Le Pape Eugène IV, ayant été forcé en 1147, de se réfugier à Paris pour éviter la persécution de ses ennemis, on lui fit une entrée magnifique : *et par une distinction toute particulière, on résolut de le faire entrer dans la ville par une porte faite exprès; pour cet effet, on en construisit une sur les fossés de St.-Marceau, qui fut murée aussi-tôt son passage.*

Cette solemnité devoit se faire un jeudi, mais une pluie excessive étant tombée ce jour, on fut obligé de la remettre au lendemain vendredi : le pape ordonna que ce jour on mangeât de la viande, et cette semaine fut appelée la semaine des deux jeudis. A la suite de cette entrée il y eut une rixe : le St. Père étant allé à l'église de St.-Pierre et St.-Paul (Ste.-Genev.), pour y célébrer la messe, les chanoines firent étendre devant l'autel un riche tapis de pied, que le Roi Louis le Jeune leur avoit envoyé pour faire honneur au Pape ; le St. Père se prosterna sur ce tapis pour faire sa prière, mais il ne fut pas plutôt retiré dans la sacristie, que ses officiers voulurent s'emparer du tapis, comme de chose qui, selon l'usage, leur appartenoit. Les domestiques de l'abbaye voulurent aussi l'avoir ; des paroles on en vint à tirer le tapis chacun de son côté, puis des coups furent donnés ; le tumulte fut si grand, que le Roi qui étoit pour lors dans l'église, crut qu'il n'avoit qu'à se présenter pour tout pacifier. En effet il le fit, mais il fut frappé par les domestiques de l'abbaye.

Piganiol,
t. 6, p. 59.

Surius.

Sous le règne de Louis le Jeune, il y avoit deux Palais à Paris.

D'APRÈS le fait que je vais rapporter, on ne peut douter que Louis le Jeune n'ait eu deux palais à Paris. Les religieux de Vézelay ayant essuyé en 1165, de la part de Guillaume, comte de Nevers, des vexations qui furent poussées à un tel excès, qu'ils se virent obligés de quitter leur maison pour venir à Paris implorer la justice de Louis le Jeune, arrivèrent en bateau au nombre de soixante dans cette ville, commencèrent par aller à l'église de Notre-Dame faire leurs prières, et de là, se rendirent au palais du roi, *ad palatium regis,* où ils furent reçus avec distinction et leur demande accueillie : sortis de chez le Roi, ces moines prirent leur chemin jusqu'au vieux palais, *usque ad vetus palatium,* ils y trouvèrent les frères du monastère de St.-Germain-des-Prés, qui pleuroient et poussoient de grands gémissemens, ils s'embrassèrent avec beaucoup de charité et d'affection, puis marchèrent deux à deux jusqu'à l'abbaye, où ils furent conduits dans l'appartement de l'abbé pour y prendre leur réflexion. D'après ce récit adopté littéralement par *l'historien de St.-Germain-des-Prés,* c'est certainement au louvre, relevé depuis le siége de Paris, (a) qu'à la sortie de Notre-Dame, les religieux

Histoire de
l'abbaye de
Vézelay, t. 3,
p. 626, du
privilége de
Dom Luc
d'Acheri,
éd. in-4°.

P. 94.

(a) On ne peut douter que le Louvre n'ait été rétabli avant Philippe Auguste, puisque Rigord nous a conservé le fait que ce prince fit enfermer Ferrand, comte de Flandres, dans la tour neuve hors des murs: *in turri nova extra muros.* Le nom du Leu où étoit cette tour ne se trouvant pas dans Rigord, Guillaume le Breton dans la Philippide, a suppléé à son silence et nous a appris que c'étoit au Louvre que Ferrand fut emprisonné.

Apud Du-
chesne p. 64.

Id. p. 243.

Parisianis
Civibus offertur Luparæ claudendus in arce.

Page 900.

de Vézelay se sont rendus ; le vieux palais où les attendoient les moines de Saint-Germain des Prés, étoit la plus grande maison du Roi des François dont j'ai déjà parlé ; Mathieu Paris a fixé sa position au milieu de la cité. Pour un moment on supposeroit l'existence du palais des Thermes en 1165, que la raison seule s'opposeroit à ce que l'on crût que ce fut près de cet édifice que les religieux de St.-Germain-des-Prés sont venus au-devant de leurs confrères pour leur offrir l'hospitalité :

Verniquet.

en effet, du petit pont à l'abbaye de St.-Germain-des-Prés, si on tire une ligne droite sur les terreins où furent depuis établies les rues de la Hucette, St. Germain [St.-André] et de Bussi, on trouve 407 toises, tandis qu'on en compte 593 en suivant les places où sont les rues St.-Jacques, des Mathurins, des Boucheries. Par cette dernière direction, on auroit donc fait faire aux religieux de Vézelay, 186 toises de plus que par la première, ce qui auroit été aussi pénible qu'inutile.

Tom. 1, p. 91, des preuves de l'hist. de Paris.

J'ai déjà fait voir sous le règne de Louis le Jeune, que l'endroit où furent depuis établis les Thermes, n'étoit encore que le lieu appelé les Thermes, et voici la preuve que ce ne fut que postérieurement à ce prince, qu'on éleva l'édifice connu sous le nom de palais des Thermes ; je la trouve dans un accensement fait par

Trésor des Chartes, règne de Philippe-Aug.

Philippe-Auguste, au Pont de l'Arche, en mars 1218, au profit d'*Henri*, son chambellan et *concierge du palais* de Paris, et à ses héritiers, *du palais des Thermes*, ainsi que du pressoir en dépendant, qui avoit appartenu à Simon, de Poissi : *palatium de terminis, quod fuit Simonis de Pissiaco, cum pressorio quod erat in eodem palatio.* Tout ici est précieux, si je rapproche l'accensement de 1138, de celui de 1218, trouvant dans le premier l'énonciation *lieu* appelé *les Thermes*, et dans le second celle du *palais des Termes*, je suis encore de nouveau fondé à croire qu'en 1138, il n'y avoit à la place dont il est ici question, aucun bâtiment qui méritât d'être cité, tandis qu'au contraire dans l'intervalle de 1138 à 1218, Simon de Poissi, qui possédoit on ne peut dire à quel titre cette propriété, y a élevé un palais dont dépendoit un pressoir. Jamais ce ne put être de cet édifice venu on ne sait comment avant 1218, dans les mains de Philippe-Auguste, et par lui aliéné au profit d'Henri, que De Hauteville a entendu parler dans la description

Architienius, l. 4, c. 8.

magnifique qu'il a donnée du palais que nos Rois avoient à Paris, aussi bien que de ses jardins (*a*) dans lesquels il se commettoit des désordres où la pudeur n'étoit guère épargnée.

État des lettres depuis le règne d'Hugues-Capet, jusque et compris celui de L. le Jeune.

Depuis Hugues Capet, jusques et compris le règne de Louis le Jeune, il s'est encore trouvé bien peu d'écrivains qui se soient occupés d'objets étrangers à notre sainte religion. De même que je l'ai fait sous la dynastie Carlovingienne, je ne donnerai que les noms des auteurs qui ont travaillé sur notre histoire. Adémar ou Aimar de Chabanois, Limosin, nous a laissé une Chronique : Aimoin, religieux de Fleuri, une Histoire de France : Glabert (Rodolphe), une Histoire de notre

Mém. de l'Acad. des Inscrip. t.15, p. 81.

(*a*) Bonami a avancé et De Jaucourt a répété d'après lui dans l'Encyclopédie, au mot Paris, que les jardins du palais des Thermes devoient occuper les terreins des rues de la Harpe, Pierre-Sarrazin, Haute-Feuille, du Jardinet et autres : comme ce qu'ils disent n'est qu'une supposition, je suis étonné qu'ils ne leur aient pas donné une plus vaste étendue, il ne leur en auroit pas coûté davantage.

Monarchie en latin , qui est fort utile : Helgaut, moine de l'abbaye de Fleuri, autrement St.-Benoît sur Loire , la vie du Roi Robert : Hildevert de Lavardin, évêque du Mans, 83 Lettres très-bien écrites sur des points importans de morale, de discipline et d'histoire.

Il n'est pas possible de fixer précisément l'époque où une école pareille à celle que Charlemagne avoit établie dans son palais, fut ouverte à Paris; tout ce qu'on sait, c'est que du temps d'Abailard, l'école de cette ville, *schola Parisiaca*, étoit près de l'église cathédrale, et elle ne paroit pas différente de celle de l'évêché.

Le chapitre de Notre-Dame représenté par un de ses membres, décoré du titre de chancelier, avoit la direction de cette école; c'est ce qui fait que vers 1244, on eut besoin de la permission de cette compagnie, pour que les sciences pussent être enseignées par-tout où l'on voudroit et dans les maisons que l'on trouveroit les plus commodes : on vit alors s'ouvrir des écoles à Ste.-Geneviève, St.-Germain-l'Auxerrois, St.-Germain-des-Prés et St.-Victor, et la première école, *schola Parisiaca*, fut transportée d'abord à St.-Julien le Pauvre et ensuite rue du Fouare. Malgré ce changement, le chancelier de Notre-Dame conserva le droit de confirmer les nouveaux docteurs dans les sciences.

Dans ces différentes écoles, on enseignoit les belles-lettres et la dialectique, on s'y appliquoit à l'écriture sainte, mais on l'expliquoit, plutôt par des raisonnemens que par la tradition et les ouvrages des SS. Pères, ce qui donna naissance à la théologie scolastique.

Les écoles de la rue du Fouare ayant, dans la suite, été transportées sur le territoire de l'Abbaye de Ste.-Geneviève, les religieux de cette maison prétendirent être en droit de faire conférer par leur chancelier la licence d'enseigner les sciences dans l'étendue de leur seigneurie, tandis que de son côté, l'évêque de Paris ou son chancelier, sous peine de censures ecclésiastiques , ordonna aux docteurs de venir enseigner entre *les deux ponts*, et obligea les nouveaux docteurs à lui prêter serment de ne point professer ailleurs : cette contestation fut probablement terminée à l'amiable , car chacune des deux parties conserva quelques droits : le chancelier de l'église de Paris, qui n'est proprement qu'un officier commis par l'évêque et depuis par l'archevêque de cette ville, a, jusqu'à la révolution, conféré la licence d'enseigner la théologie, le droit et la médecine, quoique les écoles de ces sciences ne soient pas revenues dans l'île du palais, tandis que le chancelier de l'Abbaye Ste.-Geneviève, qui auparavant instituoit des docteurs de toutes les sciences, n'a plus eu que le droit de donner le bonnet de maître-ès-arts.

Pasquier et Dutillet ont avancé que les premiers fondemens de l'université avoient été jetés par Louis le Jeune.

Si on peut juger d'après une circonstance qui me semble un hommage et la reconnoissance d'un bienfait, on ne peut douter que Pierre Lombard, (le maître des sentences et évêque de Paris en 1159 ou 1160), n'ait été le fondateur de ce corps célèbre; en effet, jusqu'à la révolution, les bacheliers en licence étoient obligés d'assister tous les ans, le jour de St.-Pierre, à un service pour le repos de son ame, dans l'église de St.-Marcel, lieu de sa sépulture.

Langage des Francs sous Louis le Jeune

La langue tudesque ayant long-temps régné à la cour, on auroit dû croire qu'elle auroit fait disparoître la langue romane, puisque ce fut toujours le désir du peuple d'imiter les grands. Sous Louis le Jeune, c'est précisément le contraire qui est arrivé : la langue romane l'emporta insensiblement, et le nom de roman ou récit, fut donné au récit qu'on faisoit des exploits des anciens chevaliers, en langue vulgaire. Enfin le françois se forma, on écrivit en françois au commencement du douzième siècle, mais ce françois tenoit plus du roman rustique, que du françois d'aujourd'hui. Depuis la grande époque du partage de 843, le tudesque Mém. de l'Acad. des Inscrip. t. 17, p. 176. est demeuré la seule langue de l'Allemagne. Duclos a présenté une idée infiniment ingénieuse sur la cause qui a fait régner en France la langue romane. Suivant cet académicien, les premiers poëtes parurent en Provence, où on parloit la langue romane. Rien n'est si contagieux que la poésie. — On voulut les imiter. — On se servit de la langue romane pour les vers et pour la prose : si les premiers poëtes, *a dit encore Duclos*, eussent paru à la cour ou dans la capitale, où l'on parloit tudesque, cette dernière langue auroit fait des progrès, et se seroit étendue dans les provinces.

Je viens de rappeler à mes contemporains que la ville par nous habitée, connue Page 30. dans son principe sous le nom de LUTÈCE, étoit renfermée dans une île de la Seine, contenant quarante arpens. Qu'en l'an 52 avant Jésus-Christ elle étoit en- *idem*, p. 31. core un objet d'une si médiocre importance, que CÉSAR, (proclamé si souvent un grand homme, tandis qu'aux yeux des gens raisonnables il ne fut et ne sera jamais qu'un de ces êtres jetés sur la terre pour la désoler et dépeupler) dédaignant d'en former personnellement le siége, en confia les opérations à LABIENUS un de ses lieutenans. Que brûlée par ses habitans (PARISII), elle fut bientôt relevée et rétablie. Qu'à la suite des temps, elle s'étendit au-delà des rives méridionales et septentrionales de la Seine. Qu'enfin, tous ces accroissemens ont été détruits *idem*, p. 54, 55, 64 et 65. lors des incursions des Normands dans notre malheureux pays en 845, 859, 861 et 876.

La tâche que j'entreprends est de décrire, depuis qu'en 912 la paix fut jurée entre Charles V et Rollon, chef des Normands, et religieusement observée, (dernière circonstance dont les annales des peuples les plus policés ont laissé si peu d'exemples), 1° les fortifications élevées successivement pour mettre les nouvelles extensions de Paris à l'abri des attaques des ennemis extérieurs et de la malveillance des régnicoles ; 2° les moyens employés pour empêcher que de certains objets utiles, indispensables même pour les habitans de cette ville immense, n'y fussent introduits qu'après avoir payé au fisc des sommes destinées à soutenir l'éclat dont le trône doit briller, et les dépenses journalières qu'exige la défense de l'Etat.

Dans la vaste carrière où je m'engage, je serois inintelligible si tout ce que je vas dire n'étoit appuyé sur des plans de la ville dont j'écris l'histoire.

PLANS DE PARIS.

Voici, à partir de 1540, date du plus ancien plan de Paris, à nous parvenu, et jusqu'à la fin du dix-huitième siècle, les noms de ceux que j'ai particulièrement consultés (a) ; j'y joins quelquefois le jugement que j'en ai porté.

LES PLUS ANCIENS PLANS DE CETTE VILLE (b).

A mesure que Paris se répandit au-delà de son île, les fonctions des Nautes de 1°. Plan de Paris en 1540, connu sous le nom de Plan de Tapisserie. cette ville (*Nautæ Parisiaci*), à peu près bornées dans le principe au commerce

____

(a) Cette expression annonce que je suis bien loin de chercher à insinuer qu'il faut rejeter les Plans dont je ne parle pas ; car, parmi eux, j'en connois d'infiniment estimables.

(b) Si la grande quantité de lettres et les inscriptions dont la copie du plan de Tapisserie, dé-

avantageux que la Seine et les rivières y affluentes les mettoient dans le cas de faire avec les plus grandes facilités, dûrent nécessairement s'augmenter, et on les a vus sous les titres d'*officiers municipaux*, depuis sous ceux de *prevôt des marchands* et d'*échevins* (par eux portés jusqu'au moment où des novateurs sont parvenus à faire croire qu'il importoit au bonheur des François que tout fût changé et bouleversé) : on avoit vu nos rois, entre autres objets, les charger de la conduite des travaux les plus importans, pour l'agrandissement, la propreté, la sûreté et la décoration de Paris.

Pour faire face à ces différentes dépenses, des octrois leur étoient accordés ; et la confiance dans ces *magistrats plébéiens* étoit si grande, qu'ils faisoient, entre leurs concitoyens, la répartition des sommes que, dans les nécessités de l'Etat, chacun d'eux devoit payer.

Je pourrois aussi citer différentes occasions où, pour et au nom du roi, ils ont été autorisés à aliéner des domaines et terres appartenans au fisc.

De pareils détails demandoient qu'une image, qu'un plan de la ville, dans laquelle nos représentans exerçoient un aussi grand ministère, fût dressé ; et on ordonna que cet ouvrage, dont chez nous on n'avoit pas encore vu d'exemple, seroit exécuté en Tapisserie (d'où lui est resté le titre de *Plan de Tapisserie*) ; ce n'a été qu'en 1540 qu'il fut commencé *(a)*.

Je crois trouver la certitude que ce Plan n'avait pas encore paru en 1550 ; en

posée à la bibliothèque royale, ne s'étoient opposées à ce qu'on en pût donner une représentation dressée sur une échelle beaucoup plus petite que celle de son modèle, c'est ici qu'elle auroit dû être placée.

Gêné par cette circonstance, et bien plus encore déterminé par le respect que j'ai toujours eu pour ce qui porte une date ancienne, j'ai pris le parti de faire calquer et graver strictement *la première image de Paris*, et telle qu'elle existe dans le superbe dépôt que je viens de citer ; j'ai même poussé l'attention jusqu'à ne pas permettre que l'on y corrigeât les erreurs et les fautes d'orthographe que l'on pourroit remarquer dans son original.

Le Plan que j'ai donné, portant vingt-deux pouces et demi de largeur sur dix-sept de hauteur, est détaché de mon ouvrage, dans lequel il n'auroit pu être inséré qu'avec des plis et replis, ce qui, après qu'on l'auroit consulté plusieurs fois, en auroit bientôt occasionné la ruine totale. Par ce moyen, sans le détériorer, le lecteur pourra l'avoir sous les yeux toutes les fois qu'il en aura besoin.

J'observerai ici que je n'ai pas cru devoir employer le burin des plus fameux artistes : habitués à tracer des chefs-d'œuvre, leurs mains n'auroient pu se prêter à représenter Paris avec la rudesse, je dirai même avec la brutalité connue et prouvée des ouvriers du seizième siècle ; je n'aurois pas obtenu d'eux une copie exacte et fidèle d'un Plan tel qu'il fut exécuté en 1540, mais une image tracée avec l'art des graveurs de 1819 : travail nullement fait pour remplir l'objet que je me proposois.

(a) J'ai en main un certificat signé *Pavillet* (avant la révolution archiviste de la ville, et dans le moment chef de la section historique des archives du royaume), attestant avoir lu sur la Tapisserie la date de 1543. Malgré cette date précise, on peut reconnaître qu'il fut fait sur un dessin antérieur à 1538, attendu qu'on y voit la tour de Billy, détruite le 10 juillet de cette année, par l'explosion que produisit une grande quantité de poudre à canon qui y étoit renfermée. Une circonstance plus remarquable encore,,

effet les habitans des trois faubourgs, Saint-Germain, Saint-Jacques et Saint-Marcel, Preuves de l'Histoire de Paris, T. II, p. 379 et 380. ayant demandé que les lieux par eux habités fussent fermés de murailles, on ordonna que des dessins de cette nouvelle clôture seroient dressés (Opération aussi superflue qu'inutile, si le Plan ordonné par la ville, qui auroit pu servir de base, eût été antérieurement publié.).

Il est prouvé que ce ne put être que postérieurement au 9 septembre 1551, ou 24 juillet 1557, que la Tapisserie fut finie, parce qu'on y voit deux fois représentées les armes du cardinal Charles de Bourbon (a) aux deux différentes époques que je cite, nommé lieutenant général au gouvernement de Paris et Ile de France.

Il faut le publier : Dieu daigna inspirer les prévôt des marchands et échevins de Paris, lorsqu'ils ordonnèrent que le Plan de leur ville seroit exécuté en Tapisserie.

Mérite de la Tapisserie.

S'ils eussent employé la gravure, ils n'auroient obtenu qu'une croûte (b) ; tandis que par le charme des couleurs, eu égard au temps, par l'art avec lequel, pour ne point obstruer les plus petites rues, on avoit écrit les noms sur des rouleaux (c) par le soin enfin qu'ils ont eu d'y faire tracer une échelle, perfection si rare dans les anciens plans, ils se sont procuré un chef-d'œuvre, dont l'authenticité et la parfaite ressemblance avec Paris ne furent jamais attaquées.

D'après ce que j'ai dit précédemment sur une partie des fonctions attribuées aux officiers de ville, et sur les ordres que journellement ils étoient dans le cas de donner, on devoit présumer qu'une pièce aussi essentielle que le Plan de Paris qu'ils avoient fait lever, ne sortiroit pas de leurs mains ; c'est précisément tout Aventures de la Tapisserie. le contraire qui est arrivé. On a la certitude que cette antique image fut long-temps à l'hôtel de Guise ; mais on ignore complétement les motifs qui furent cause qu'elle y fut transportée, et on ne sait pas davantage l'époque où ce déplacement eut lieu.

---

c'est que ce plan offre l'aspect de Paris, tel qu'il étoit en 1350 (cette ville sous les cinq règnes, entre Charles V et Louis XI, n'ayant pas été augmentée).

(a) C'est cet illustrissime à qui, pendant quelques instans, on fit croire que sous le titre de Charles X, il pouvoit régner au lieu du bon Henri IV, notre vrai souverain.

(b) On en peut juger 1° par un *Saint Jérôme* (dont la date est portée à 1423), que l'on voit dans le cabinet des gravures de la bibliothèque du roi (Dépôt dans lequel il ne peut figurer que comme un témoignage de l'excessive supériorité des artistes modernes sur ceux du quinzième siècle ; 2° bien plus encore sur un petit plan de Paris, production détestable, jointe aux éditions que, postérieurement à 1555 et 1559, on a fait imprimer *de la Cosmographie universelle* du cordelier Munster.

(c) C'est le nom que l'on donne aux écriteaux ou bandes chargées d'écriture, que les peintres ignorans faisoient autrefois sortir grossièrement de la bouche de leurs personnages, afin d'aider à connoître ce qu'ils n'avoient pas eu l'art d'exprimer.

Ces rouleaux ne sont plus guère employés que dans les caricatures, charge, espèce de libertinage d'imagination, dans lequel nous sommes bien loin d'égaler nos voisins les Anglois.

Malgré cette proscription presque générale, on ne peut nier que dans la Tapisserie, les rouleaux font un très-bon effet.

Voici sur ce déménagement une conjecture que je crois devoir présenter.

Nés sujets, les de Guise, ayant poussé l'audace jusqu'à tirer l'épée contre leur légitime souverain, auront probablement regardé comme indispensable d'avoir sous leurs yeux, toutes les fois qu'ils pourroient en avoir besoin, le Plan de la ville, dans laquelle, pour le malheur de nos aïeux, ils ont si long-temps joué un trop grand rôle.

Ce qui fut dans le principe un prêt, aura fini par devenir une propriété.

Jusqu'à ce qu'on me rapporte des faits détruisant ce que j'avance, je ne changerai pas d'idée.

Tome 1, page 252. Les historiens de Paris nous ont transmis qu'un auteur, se livrant à des recherches curieuses sur les antiquités de cette ville, dans le siècle antérieur à celui où ils écrivoient, avoit avoué que la vieille Tapisserie, qui étoit de son temps à l'hôtel de Guise, avoit été vendue depuis; mais peut-on ajouter la moindre confiance au dire d'un homme dont on n'a pas même cité le nom?

Archives du royaume. Une circonstance sur laquelle je défie les plus habiles critiques de me donner un démenti, c'est que la Tapisserie qui étoit à Paris en 1737, avec quatre autres pièces de tenture (portant ensemble vingt-huit à vingt-neuf aunes de cours), et représentant Rome, Jérusalem, Venise et Constantinople, furent adjugées, pour la somme de 2,360 livres, à la fille du doyen des conseillers au parlement de Paris *(Morel)*, lors de la vente qui, en 1737, après la mort de ce magistrat, eut lieu en cette ville.

Cette héritière Morel ayant proposé aux prévôt des marchands et échevins de leur faire le don de ces monumens historiques, ils arrêtèrent, le 17 juillet dudit an 1737 : 1° qu'on lui rendroit ses 2,360 livres *(a)*; 2° qu'il seroit pourvu au rétablissement en entier de la doublure desdites cinq pièces de Tapisserie qu'on venoit d'acquérir; en sorte qu'étant en bon état elles pussent être transmises à la postérité la plus reculée, afin que leurs successeurs y ayant recours, pussent constater et fixer les époques utiles au public, et à chacun des citoyens en particulier.

Les municipaux parisiens furent si flattés d'avoir recouvré ces cinq vieux monumens, et principalement celui que l'on regardoit avec raison comme étant la première image de la ville où ils exerçoient leurs fonctions, que tous les ans ils Journal de Paris, du 20 mai 1788, p. 1646. les faisoient tendre sur la façade de leur hôtel, pendant toute la journée de la Fête-Dieu, et jusqu'à midi à son octave.

idem. Lors de l'exposition qui eut lieu en 1787, le Plan de Paris étoit moins endom-

---

(a) Comme on ne trouve dans cette décision aucune trace que les officiers de ville ayent voté un remerciment à la demoiselle Morel, de ce qu'elle avoit bien voulu leur céder l'objet que leurs prédécesseurs n'avoient pas eu le courage de conserver, et dont elle étoit bien et légitimement propriétaire, ne doit-on pas en conclure que les ex-marchands, alors échevins, n'étoient pas fort polis? J'incline à croire que cette inconvenance, n'est qu'un oubli de rédaction; et mon opinion, à cet égard, est fondée sur ce que le prévôt des marchands d'alors, avoit été pris dans l'ordre des chevaliers françois.

magé que les quatre autres pièces de Tapisserie ; aussi depuis cette époque, ces quatre derniers morceaux n'ont-ils plus reparu.

Cette conservation du premier Plan de Paris peut être regardée comme un miracle, attendu l'usage auquel on l'avoit employé le 21 janvier 1782.

Trait de
vandalisme.

Ce jour, la reine ayant été à Notre-Dame, rendre grâces de la naissance d'un dauphin, et étant venue à l'hôtel-de-ville recevoir des hommages vrais et mérités ; dans un superbe salon que l'on avoit élevé pour cette fête, on y avoit poussé le vandalisme *(a)* jusqu'à employer ce Plan comme tapis de pied *(b)*. Je n'ai pas besoin de faire remarquer jusqu'à quel point les clous qu'il fallut employer pour en réunir les parties éparses, combien les sauts et les bonds que pendant une nuit entière y fit la noblesse, y essaya le timide bourgeois, dûrent dégrader cette vieille relique que les moindres soins auroient conservée encore pendant bien des années.

Le 21 mai 1788, le Plan de Tapisserie fut tendu pour la dernière fois à la porte de l'hôtel-de-ville ; mais depuis que les anarchistes, qui ne voulurent plus, ni du Dieu que leurs pères avoient adoré, ni des princes augustes sous l'empire desquels nous avions le bonheur de vivre, bouleversèrent notre malheureux pays et y commirent des crimes sans nombre, il étoit, pour la deuxième fois, totalement oublié.

En 1809, j'eus l'idée que je pourrois le retrouver chez le tapissier, qu'avant la révolution, les prévôt des marchands et échevins chargeoient de serrer, nettoyer et veiller à la conservation des meubles appartenant à leur établissement.

Avec un almanach antérieur à la révolution, je découvre bientôt que cet ouvrier s'appelant *Choiseau*, demeuroit rue Saint-Jacques, hôtel de la poste : je pars, et après bien des démarches, j'apprends dans la maison que je cherchois, et qui portoit alors le N° 30, que Choiseau est mort, et qu'il a laissé un fils fort jeune, occupant son ancien appartement : j'y monte, et l'ayant trouvé, je le prie de me dire ce qu'étoit devenu l'objet de mes recherches ; il m'apprend que, vu son état de pourriture, il l'avoit jeté dans le ruisseau : c'est donc ainsi qu'a fini (peut-être) *(c)* cette pièce précieuse.

Cette perte, très-certainement, sera beaucoup plus regrettée par les antiquaires que ne pourroit l'être celle des plus beaux morceaux que journellement on admire aux Gobelins ! La raison en est simple, c'est qu'il est impossible de se procurer une seconde représentation de cette si antique Tapisserie ; tandis qu'au contraire

(a) L'insouciant Lefèvre de Caumartin étoit alors prévôt des marchands.

Note à la
page 90.

(b) Je suis en possession d'un certificat de l'ancien archiviste de la ville, dont j'ai déjà cité le nom, attestant qu'il servit à cet usage.

(c) C'est avec bien de la peine que je me sers de cette expression : elle ne m'est même échappée que parce que tout dépositaire ne peut seul, et sans ordre, disposer d'un objet confié à sa garde, quelque dégradé qu'il puisse être : en agir autrement, c'est s'exposer à des reproches, toujours très-difficiles à détruire.

dans nos manufactures royales , les dessins et patrons des objets remarquables y sont conservés : ce qui met les artistes à même de reproduire aisément ce qui a pu être détruit.

Qu'on ne dise pas qu'il est de toute impossibilité, qu'une idée précise des objets représentés sur la Tapisserie, ne nous ait été conservée , attendu que chez nous dès 1663 , il existoit une compagnie (l'académie des inscriptions), dont les premiers travaux *(a)* furent les desseins *(b)* des tapisseries du roi , et les seconds la description de toutes les antiquités et monumens de France : c'est précisément tout le contraire que l'on a vu.

Ce que *le devoir soldé* n'avoit pas su faire, a été exécuté par le zèle d'un simple particulier, non académicien, Roger de Gaguières , gouverneur du château et de la principauté de Joigny, et écuyer d'une princesse de la maison de Guise *(c)*.

La représentation , l'image parfaitement exacte de la Tapisserie qu'il avait fait tracer est passée en 1711 , à la bibliothèque du roi ; et c'est d'après elle qu'a été gravé le Plan de Paris , sur lequel j'appuierai principalement ce que j'ai à dire sur la première clôture (exécutée par Philippe Auguste) des parties de Paris, placées au-delà de son île, et sur celles faites sous les règnes de Jean II et de Charles VI (époques des guerres civiles du seizième siècle).

Si aucune voix ne s'est jamais élevée contre l'authenticité de la Tapisserie, ne doit-on pas , par cela même , regarder comme infiniment exacte sa copie, que nous devons à de Gagnières , puisque depuis le dépôt , ainsi que je viens de le dire , qu'en 1711 il en a fait à la bibliothèque, jusqu'en 1818 (intervalle de cent-sept ans), il n'a pas été mis en avant qu'elle différât en rien de son modèle?

A cette époque, au contraire , un savant architecte (tel est le titre qu'on lui a donné) a fait imprimer, non pas qu'il avoit vu sur la tapisserie un ruisseau (la petite Seine) tombant dans la Seine au-dessous du collége des Quatre-Nations, mais que le Beuf ayant dit *qu'il l'avoit vu*, il se pourroit que *sa non représen-tation* sur le Plan de Gagnières , fût un oubli de dessinateur.

Cette attaque, à laquelle je ne m'attendois pas , me met dans la nécessité d'observer à cet artiste inconnu, qu'eût-il saisi, avec un grand succès, la règle et le compas de Vitruve , il auroit dû , avant d'emboucher la trompette de Clio, peser

Preuves de l'Histoire de Paris, T. II, page 395, article 19 du réglement du 16 juillet 1701.

Copie de la Tapisserie.

Cabinet des Gravures.

Annaliste, 25 juin 1818.

Articles 45 et 47 du réglement de 1701.

(*a*) Cet illustre rassemblement étoit animé dans ces travaux, par des pensions ordinaires , des gratifications extraordinaires, et des jetons à eux donnés deux jours par semaine.

(*b*) La manière dont est ici écrit le mot *dessein*, annonce que les fonctions de ces académiciens se bornoient à fixer les idées que devoient présenter les Tapisseries, et non en faire les dessins.

Ils y auroient été très-inexperts ; excepté Claude Perrault, je n'ai jamais entendu dire que nul d'entre eux sût tirer un grand parti d'un crayon.

(*c*) Si, lorsqu'il exerçoit cette fonction, la Tapisserie étoit encore à l'hôtel de Guise (circonstance dont je n'ai nulle certitude), il pouvoit mieux que tout autre, surveiller le dessinateur qu'il avoit chargé de figurer la copie du Plan de Tapisserie, si intéressante pour les antiquaires.

si l'autorité de l'auteur qu'il citoit (fût-il membre de toutes les sociétés littéraires), méritoit quelque confiance. La plus petite ne peut être donnée à le Beuf, et j'ai preuves sur preuves que dans les courses que jusqu'aux extrémités du royaume son confrère le Beau, pour trouver le chemin plus court et plus commode, lui fait faire à pied, il admettoit et écrivoit tout, sans prendre seulement la peine de vérifier si ce qu'il avoit ou lu ou cru apprendre, étoit vrai et même possible *(a)*. *(Oraison funèbre de le Beuf. Mémoires de l'Académie des Inscriptions, T. XXIX, page 374.)*

Ruisseau, mot indiquant un cours d'eau suivi et continu, n'a pu être représenté sur la tapisserie, non plus que sur aucun autre ancien Plan de Paris, attendu que ni rivières ni sources capables de l'alimenter, n'ont existé au-dessus de la place où le Beuf a imaginé qu'il l'avoit vu couler. *(La vérité des faits rétablie.)*

Si on prend en main les titres anciens de l'abbaye Saint-Germain-des-Prés, et notamment une Vue de ce monastère, gravée vers 1724, sur un dessin de 1368, on aura la certitude que dès 1292, les deux prés aux Cleres, le Grand vers Paris, appartenant à l'université ; et le Petit, du côté de la campagne, dépendant de l'abbaye Saint-Germain, au lieu d'être séparés par un *ruisseau*, ne l'étaient que par un *fossé (b)*, lequel, sur une largeur de treize à quatorze toises, partoit du bord de la Seine pour arriver où depuis fut établie la rue Saint-Benoit : *Juxta* *(Histoire de l'Abbaye St-Germain des Prés, par Lobineau, page 160.)* *(Note à la page 145 de la même histoire.)*

(a) Je ne parle ici que d'après son *Histoire du Diocèse de Paris*, pleine de fausses applications de titres et d'inexactitude dans les descriptions qu'il y a faites, de quelques lieux remarquables. Entre une infinité d'exemples que je pourrois citer, voici ceux auxquels je m'arrête pour le moment.

Il y fait donner par Philippe-le-Bel à Enguerrand de Marigni la haute justice de Noisy le Sec, village à peu de distance de Paris, et sur lequel cet arrogant et si malheureux ministre n'eut jamais aucun droit, tandis qu'il s'agissoit de Noyon le Sec (*de Noyone sicco*) l'une des dépendances de sa superbe terre d'Ecouy, près Gisors. *(Fausse application de titres. Tome VI, page 288.)*

Très-certainement le Beuf n'avoit pas arrêté ses regards sur la montagne de Juvisi, l'un des plus beaux points de vue de la France, non plus que sur les fontaines que l'on y admire comme deux des principaux monumens par lesquels le règne de Louis XV a été illustré, lorsqu'il les a placées presque tout au bas de cette côte, sur une haute arcade formant un pont sur la rivière d'Orge, de laquelle, au moyen d'une pompe, il fait parvenir l'eau à ces deux édifices. *(Erreurs de le Beuf. Histoire du Diocèse de Paris, t. XII, page 112.)*

C'est à une très-grande élévation que sont les fontaines de Juvisi ; au lieu d'une seule arcade indiquée par cet académicien, il y en a deux l'une sur l'autre, et dont la supérieure, d'une hauteur considérable, soutenue par des arcs de pierre, a été destinée à empêcher l'éboulement des terres jectices avec lesquelles, en 1728, on a formé une nouvelle route royale. Jamais eau de l'Orge, assez médiocre pour la boisson, n'a alimenté les fontaines de Juvisi ; et jamais, pour l'y conduire, pompe ne fut établie. *(Première inexactitude de le Beuf.)* *(Deuxième.)* *(Troisième.)*

Le Beuf n'auroit-il pas dû songer que cette opération dispendieuse, auroit été en pure perte : ces deux édifices étant dominés par la superbe et immense plaine de Longroyau, de laquelle Dieu a voulu que de la grande quantité de sources qu'il lui a fait produire, quelques larmes pussent en être dirigées sur les fontaines de Juvisi ? J'ai vu cette eau y couler jusqu'en 1789 ; mais à cette époque, un ami du bien public, comme il y en avoit tant alors, en coupant et volant dans un regard dont la couverture avoit été brisée, le tuyau de plomb par lequel cette eau étoit amenée, a tari et desséché ces deux fontaines.

C'est ainsi qu'écrivoit l'Histoire un des illustres de l'ancienne académie des Inscriptions et Belles-Lettres.

(b) Je n'en ai jamais vu d'autre indication, (et encore ce n'est que que de la partie aboutissant à l'abbaye Saint-Germain-des-Prés) que sur ce Plan de 1368 que je viens de citer.

Pièces jus-
tificatives de
cette histoire
page 71.

pratum nostrum, versus locum, in quo cum Sequana conjungitur, prædictum fossatum.

Sur ce fossé, sans éprouver la moindre contradiction, les religieux de Saint-Germain avoient le droit de passer à cheval, en chariot ou de toute autre manière, quand ils vouloient s'acheminer, à Paris, vers la Seine, aux fermes, censes et closeries de leur territoire : *Exeundo, intrando, eundo, agendo, cum equis et quadrigis, et sine eis libere versus Parisios vel Sequanam vel villam sancti Germani* (a) *ubi se viderint expedire, alicujus contradictione non obstante.*

On commettroit une lourde erreur, si on alloit présumer que le sol de ce fossé étoit le même que celui de la Seine : au contraire il étoit beaucoup plus élevé (on en a la preuve par l'égoût passant sous l'hôtel et jardin du ministre de la police, et sous le monastère des petits Augustins, dans lequel il a été conservé).

Par le grand exhaussement de ce fossé on voit 1° qu'au lieu d'être rempli d'eau toutes les fois que la Seine sortoit simplement de son lit, il ne l'étoit que dans ses inondations *(b)* (événemens qui, bien loin d'être fréquens, étoient souvent bien des années sans arriver). 2°. Que cet amas d'eau jectice (j'ose me servir de cette expression) au lieu de séjourner long-temps dans ce fossé, presque toujours s'écouloit et retomboit dans la Seine avec une telle rapidité, que l'observateur qui l'avoit vu le matin ne le retrouvant plus le soir, pouvoit dire avec Racine :

Dernière
scène d'Es-
ther, vers 14.

Je n'ai fait que passer, il n'étoit déjà plus.

J'en conclus que ce fossé étant couvert des mêmes herbes que les prés au milieu desquels il passoit et n'en différant en rien, n'a jamais dû ni pu, quoique quelquefois on lui ait donné le nom de *petite Seine*) *(c)*, être représenté sur aucun des anciens Plans de Paris.

J'ai rencontré quelquefois des gens ayant des prétentions à la plus vaste érudition (ils avoient lu le journal de Verdun, dont *Bonami* fut rédacteur), soutenant que la représentation de la Tapisserie due à de Gagnières, n'auroit pas été conservée, que tous regrets sur cette perte seroient très-mal fondés, attendu qu'il y avoit dans la bibliothèque de l'abbaye Saint-Victor une image gravée de notre ville *(d)*, appelée par les chanoines réguliers de cette maison le Plan de Saint-

Année 1757,
t. 1, p. 177.
II° Plan de
Paris, appelé
le Plan de S.
Victor, at-
tendu qu'il
appartenoit
aux religieux
de ce nom:

Histoire de
l'Abbaye St.
Germain, p.
255 et 256.

(a) J'ai peur d'être accusé d'avoir mal traduit, ou au moins donné trop d'extension au mot *Villa.*

(b) Alors une partie de cette eau étoit employée à renouveler celle du fossé ou vivier de l'abbaye Saint-Germain, situé le long du terrein où nous voyons la rue du Colombier, et totalement disparu depuis qu'en 1640 les religieux de cette maison l'ont vendu à titre de bail à cens à plusieurs particuliers : l'arche par laquelle l'eau de ce fossé tomboit dans le vivier de l'abbaye, est parfaitement marquée dans le Plan de 1368.

(c) Très-certainement les géographes auront regardé ce titre comme une dérision ; en effet, quel rapport peut-il y avoir entre un fleuve aussi imposant que la Seine, et un fossé presque toujours à sec ?

(d) Je préviens que ce que je dis ici doit être reporté avant la révolution ; le Plan que l'on voyoit à l'abbaye Saint-Victor étant alors disparu.

Victor

Victor *(a)* et le même que la Tapisserie de la ville de Paris. L'erreur dans laquelle on a voulu les faire tomber est facile à démontrer ; car il existe entre ces deux monumens historiques de grandes dissemblances : voici les plus remarquables.

1°. Les quatre points cardinaux de l'horizon n'étoient point indiqués sur la Tapisserie, et on a représenté sur le Plan de l'abbaye Saint-Victor quatre têtes de vents, portant les noms de *Subfolanus*, *Favonius*, *Oriens* et *Septentriones*.

2°. Les inscriptions renfermées dans les trois cartels que l'on voyoit dans le bas de la Tapisserie, étoient en françois, et elles sont en latin dans le Plan de Saint-Victor.

3°. Les noms de toutes les rues étoient écrits dans la Tapisserie sur des rouleaux, jetés avec art dans les massifs des édifices, ainsi que je l'ai déjà dit ; moins nombreux dans celui de l'abbaye Saint-Victor, ils le sont dans les rues.

4°. On n'apercevoit pas dans la Tapisserie d'inscription sur la montagne de Montmarte pour y indiquer la cause qui y fit élever à demi-côte un oratoire, tandis que sur le Plan de l'abbaye Saint-Victor on trouve que c'est dans cette chapelle que Saint-Denis fut décollé ainsi que ses compagnons : (fait dont j'ai démontré l'inexactitude).

5°. On remarquoit, sur la Tapisserie, les hôtels de la reine (Saint-Paul), de Flandre et de Bourgogne ; et ces maisons ne sont ni dessinées ni indiquées sur le Plan de l'abbaye de Saint-Victor.

6°. Les portes de Bussy et de Nesle ne sont point sur le Plan de Tapisserie, et ne pouvoient y être, puisque ce ne fut que le 13 avril 1550, que le roi Henri II donna ordre aux prévôt des marchands et échevins de faire rouvrir ces portes condamnées depuis quelques années. On les voit, au contraire, sur le Plan de l'abbaye Saint-Victor.

Bouami en a donc imposé lorsqu'il a annoncé que le Plan de Saint-Victor étoit le même que la Tapisserie.

Que l'on n'ait jamais vu de chanoine régulier de l'abbaye Saint-Victor, nous donner des renseignemens sur l'origine du Plan de l'ancien Paris, dont leur maison étoit en possession ; qu'aucun d'eux ne nous ait dit, si c'étoit de du Bouchet, de Cousin, de Détralage, ou de quelques autres bienfaiteurs de leur abbaye, qu'ils le tenoient, ou si au contraire, il avoit été dressé et gravé à leurs frais : c'est une suite et un effet de ce que bien des années avant leur destruction, au lieu de ces génies célèbres, tels que Guillaume de Champeaux, Hugues et Richard de Saint-

____

(a) Si, de retour dans son pays, on eût demandé à un étranger : « Lorsque vous étiez à Paris, avez-
» vous vu, à l'hôtel où les municipaux de cette cité exerçoient leurs fonctions, leur Plan de Tapisserie ? »
il auroit fort bien compris ce qu'on lui demandoit, sachant que le mot Tapisserie n'est que l'indication
de la matière avec laquelle le premier Plan de Paris fut tissu. Mais si une pareille question lui eût été
faite sur le *Plan de Saint-Victor*, il auroit pu se trouver embarrassé, croyant qu'on lui parloit d'une
représentation de cette abbaye, et non de celle de Paris.

N

(98)

Victor, Santeuil, et un grand nombre d'autres que je pourrois citer, ces saints ecclésiastiques ne s'occupoient plus journellement qu'à implorer et pour nous *et sur eux* la miséricorde et les grâces de l'Eternel.

Ne doit-on pas regretter que leurs pieuses fonctions ne leur ayent pas laissé quelques momens de relâche, pendant lesquels, s'ils eussent seulement pris la peine d'ouvrir *la Cosmographie universelle de tout le monde, par Belleforest* (1575), Tome **I**, page 174. ils y auroient trouvé un vieux Plan de Paris *(a)*, ne différant, au premier coup-d'œil, de celui si vanté dans leur bibliothèque, qu'en ce que ce dernier fut dressé sur une plus grande échelle?

S'ils se fussent livrés ensuite à un examen plus approfondi de ces deux productions; après les avoir rapprochées l'une de l'autre et comparées, ils auroient reconnu : 1°. Que c'est à tort, et en altérant la vérité, que le graveur du Plan de Saint-Victor, *(probablement pour donner une date plus ancienne à sa copie du Plan de Belleforest)* s'est permis d'y représenter ouverte la couronne de nos rois, fermée sur son modèle *(b)*.

2°. Que ce fut très certainement par le même motif, que cet ouvrier a indiqué les Tuileries comme un édifice, dont le nom seul annonce l'antique destination, *(tegularum officina.)* Tandis que sur le Plan de Belleforest, on voit déjà à cette place la première partie des bâtimens d'une maison royale, dont Catherine de Médicis, dès le mois de mai 1564, avoit fait asseoir les fondemens.

Enfin, si les derniers Victorins, au lieu de négliger les recherches historiques, en eussent au contraire poussé l'amour jusqu'à chercher à se mettre en état de nous apprendre lequel de ces deux Plans étoit le plus ancien, il leur auroit suffi de voir que sur le premier, on n'y a pas indiqué *à gauche*, en sortant de Paris par la porte Saint-Antoine, la moindre élévation, résultat des immondices et décombres de cette ville, (voirie) tandis que sur leur plan de Paris, on en remarque deux immenses et si fortifiées, que le titre de *Bastillon* leur y est donné, pour prononcer sans appréhension que l'on appelât de leur jugement, que leur Plan étoit d'une date bien postérieure à celui de Belleforest, la raison seule les assurant qu'il

---

(*a*) Cette image antique de notre ville est le seul objet fait pour passer à la postérité qui soit dû à Belleforest; il fut un écrivain si médiocre, que La Popelinière a dit : Qu'il n'y avoit ni langue, ni science qu'il n'eût profanée, ainsi que Thevet. Il n'en fut pas moins historiographe de France.

Au seizième siècle, le plus incapable pouvoit donc, comme un homme instruit, obtenir des places qui n'auroient dû être données qu'à des gens d'un grand mérite : il n'en est plus de même de nos jours.

(*b*) Il n'y a rien de certain sur l'époque où la couronne des rois de France fut fermée : on a souvent dit que ce changement avoit eu lieu sous Charles VIII, après qu'en 1495 il eut pris la qualité d'empereur d'Orient; mais ce fait n'est pas exact, car ce n'étoit pas encore un usage ordinaire, puisque l'on trouve souvent des écus d'or et d'autres monnoies de Louis XII, où la couronne n'est pas fermée. Il est à présumer qu'on doit rapporter cette nouvelle habitude au siècle de François Ier. Ce prince, ne voulant céder en rien à Charles-Quint et à Henri VIII, aura pris la couronne fermée.

a fallu que bien des années se soient écoulées avant que des masses de terre aussi considérables ayent pu être rassemblées et amoncelées.

Si sur la véritable origine du Plan de Saint-Victor, que *très-certainement* aussi bien que moi connoissoit Bonami, ce savant a gardé le silence, en voici la raison : c'est qu'ayant l'intention d'en faire faire une copie à son profit ou à celui de gens avec lesquels il s'étoit associé, il se trouvoit forcé à donner un plus grand mérite à l'original qu'il vouloit renouveler.

Ce fut en 1756 que sous le nom de Dheulland (dessinateur et graveur du Roi, pour la marine) parut cette copie, et on la dédia à l'archevêque de Paris *(Christophe de Beaumont)*, dont les armes furent empreintes en tête de remarques qu'on y avoit jointes.

Copie moderne du Plan de St-Victor, par Dheulland.

Tombée dans le plus grand oubli, la planche de cette gravure fut proposée aux officiers de la ville de Paris ; et ils en firent l'acquisition en 1766. (a)

Par suite de ce traité, les armes du prélat furent planées, et on grava sur la place qu'elles occupoient celles de la ville de Paris.

A la révolution, ce cuivre a passé à la chalcographie.

On ne peut nier que Dheulland ne nous ait laissé une gravure moins mauvaise ; je pourrois même dire beaucoup mieux exécutée que son modèle (le Plan de Saint-Victor, qu'il vouloit multiplier). Mais je l'ai déjà dit, l'image nouvelle d'un Plan ancien n'a de mérite qu'autant que, calquée avec le plus grand soin, elle rend parfaitement l'aspect de l'objet qu'on a le projet de retracer.

Idée sur la manière dont Dheulland a exécuté la copie du plan de St-Victor.

Je vais plus loin : il faut qu'elle soit si parfaite, qu'elle mette l'antiquaire à même de pouvoir décider et fixer, tout comme il l'auroit fait sur son original, l'époque précise où elle fut dressée.

Dheulland, en traçant un plan ancien de Paris, sur lequel tout annonce qu'il ne fut fait qu'en 1756, n'a donc nullement atteint le but qu'il avoit en vue.

C'est dans les remarques jointes au Plan de ce géographe, que Bonami a fait imprimer dans le journal de Verdun, que je trouve la certitude que cet académicien étoit associé à ce graveur.

Bonami étoit intéressé à l'entreprise de feu Dheulland.

Comme Dheulland s'étoit borné à dire qu'il croyoit le Plan de St-Victor unique *(b)*,

---

(a) J'étois curieux de connoître, si la grande influence que Bonami devoit avoir au bureau de la ville, aux deux titres d'historiographe et de bibliothécaire, n'avoit pas fait porter le prix de la planche de Dheulland, bien au-dessus de sa vraie valeur : au bout de dix ans qu'elle avoit été employée, elle ne valoit pas beaucoup plus que le prix de son cuivre. Quelques recherches que j'aie faites aux archives du royaume et au département, je n'ai pu trouver aucune trace des conventions qui eurent lieu en cette occasion.

(b) Si Dheulland eût seulement pris la peine de se transporter à l'arsenal, pour y consulter un homme distingué, recevant parfaitement tous ceux qui venoient le consulter (le marquis de Paulmy), il lui auroit fait voir qu'il étoit propriétaire d'une seconde épreuve du Plan de l'ancien Paris, dont les chanoines réguliers de l'abbaye Saint-Victor s'étoient imaginé avoir possédé l'original sans copie.

il a plu à Bonami d'ajouter : *ou au moins très-rare.* Une pareille licence ne peut appartenir à un journaliste dont le ministère, en fait de littérature, se borne à recevoir, louer ou blâmer l'ouvrage qu'on lui adresse : un propriétaire seul peut en altérer ou changer le texte. D'après sa conduite, Bonami doit donc être regardé comme ayant un intérêt personnel à l'entreprise de Dheulland.

Sans ce motif, ne se seroit-il pas élevé avec force contre l'inattention ou l'ignorance de Dheulland, lorsque dans ses remarques il a averti qu'il y avoit sur la Tapisserie de la Ville trois cartouches renfermant trois inscriptions latines, tandis qu'elles étoient en françois (je les ai fait graver).

Pour échapper à ce reproche, Bonami, sans en avertir, a pris un parti fort simple et très-expéditif, c'est de finir la copie qu'il a donnée des remarques dudit Dheulland, avant le passage que je viens de citer.

Très-certainement si Bonami n'eût été associé de Dheulland, il n'auroit pas mis en avant que le travail de ce dessinateur avoit été dispendieux : ce fait n'auroit quelqu'apparence, que s'il se fût agi d'une nouvelle image de notre ville qui n'auroit pu être mise à exécution qu'après des courses et un nombre infini d'opérations géométriques ; mais il n'auroit pas dû être présenté quand tout le travail du graveur a été borné à calquer.

Montesquieu, 75e. Lettre persanne.

En faut-il davantage pour que l'on ait l'assurance que les mains de Bonami, comme celles de tant d'autres, étoient avides ? aussi, l'a-t-on vu profiter grandement de la licence accordée anciennement aux membres des corporations savantes, de cumuler sur leur tête un grand nombre de fonctions de toutes espèces ; il fut historiographe de la ville de Paris, antérieurement à 1740 ; peu après commissaire au trésor des chartes ; par la suite bibliothécaire de la ville, et pendant bien des années rédacteur du journal de Verdun.

Si cet abus eût été détruit par la révolution, on pourroit bien dire que ce seroit le seul bien qu'elle auroit produit.

Troisième Plan de Paris publié en Allemagne par Sébastien Munster. Bibliothèque royale, in-fol. G. 45.

Il y avoit plus de trois années que l'on travailloit à la Tapisserie, lorsqu'un allemand, l'ex cordelier Sébastien Munster, regardé avec raison, en égard au siècle où il écrivoit comme un homme infiniment savant, fit imprimer (Bâle, 1544 *(a)*) en la langue de son pays, une Cosmographie pleine de notes historiques et de quelques renseignemens géographiques.

Ce Plan de l'ancien Paris appartient, dans le moment, à Monsieur, frère du Roi, qui, avant la révolution, avoit acquis la superbe bibliothèque du marquis de Paulmy, et qui a bien voulu permettre que le public y fût admis. Cette image est devenue d'un prix inestimable, depuis que des citoyens actifs ont fait disparoître le plan de la bibliothèque de Saint-Victor.

(a) Très-certainement Bruzin de la Martinière étoit distrait, lorsque dans son Dictionnaire Géographique, édition de 1732, page 116 du tome IV, au nom Ingelheim ; il a daté de 1614 cette première Cosmographie de Munster.

POTERNE BARBETTE
POTERNE DU CHAUME
PORTE S.T AVOYE
POTERNE BEAUBOURG
PORTE S.T MARTIN
POTERNE BOURG-L'ABBÉ
PORTE S.T DENIS
Donjon
l'Hôtel de Bourgogne
POTERNE COMTESSE D'ARTOIS
PORTE MONTMARTRE
POTERNE COQUILLIERE
PORTE S.T HONORÉ
H.E PORTE S.T HONORÉ
PORTE BAUDET
TOUR DE BARBEAU
Moulin des Barres
Les Chambres
Maistre Hugues Restore
Pont Notre Dame
Pont au change
Pont aux Meuniers
Moulin de la Monnaie
LE LOUVRE
TOUR DU LOUVRE
PORTE DU LOUVRE
TOUR DE BOIS
ILE AUX VACHES
Rivière de Bièvre
TOURNELLE
ILE N.RE DAME
TOUR NOTRE DAME
ILE DE BUCY
ILE AUX TREILLES
TOUR DE NESLE
PARTIE SEPTENTRIONALE
DE PARIS
D'après un
Allemand (1572 et
Sur lequel est parf
Tracé l'Enceinte
Philippe - Auguste

Elle eut plusieurs éditions, dont il y en a trois sur lesquelles je me suis principalement arrêté.

La première, *texte latin*, accompagnée d'un privilége de l'empereur Charles-Quint, de 1550.

La deuxième, au moins je la crois telle, car elle n'est pas datée *(traduction italienne)* imprimée à Venise chez François Thomassin.

La troisième *(en françois)* qui n'a paru qu'en 1556, quoique sa publication eût été permise par lettres de Henri II, du 20 janvier 1552.

Dans ces trois chétives productions, je ne vois qu'un ancien Plan de Paris que j'ai déjà apprécié, qui puisse pendant quelques instans fixer l'attention des personnes qui ignoroient que ces éditeurs, au lieu d'en vanter le mérite, se sont bornés à dire qu'il suffisoit pour faire voir *comment la ville de Paris étoit divisée en trois parts par la rivière de Seine et conjointe par les ponts qui y sont.*

Sans se pourvoir de priviléges, et sans annoncer l'époque de son travail, Jean Sansson, imprimeur à Amsterdam, a donné en latin un gros volume in fol. dans lequel aux Tableaux des villes les plus illustres de la partie septentrionale de l'Europe, il a joint un Plan de Paris.

Cette même image a depuis reparu dans le premier des trois volumes, aussi in-fol., dus à Brouin et Hogemberg, portant le titre : *des Cités de l'Univers*, imprimés à Amsterdam, avec privilége de l'empereur du 28 août 1572, et du roi catholique, du 22 novembre 1574.

Un fait infiniment remarquable, est que pour donner un air de nouveauté à cette deuxième Carte, on a imaginé d'y ajouter dans sa partie basse du côté gauche, trois petits personnages costumés comme on l'étoit sous Charles IX : supercherie mise assez souvent en usage par quelques-uns des anciens graveurs que je pourrois citer.

Ces deux Plans n'en formant qu'un, circonstance dont on peut avoir la certitude, si seulement on prend la peine de les rapprocher, sont infiniment précieux, attendu qu'on y voit aussi bien indiquée que parfaitement tracée la partie septentrionale de l'enceinte de Philippe Auguste, dont l'aspect, par la hauteur des édifices, ne pouvoit être suivi sur le Plan de Tapisserie.

Bibliothèque de M***.

Bibliothèque royale.

Page 103.

4ᵉ Plan de Paris, d'abord sans la date, et ensuite accompagné de priviléges, de 1572 et 1574. Bibliothèque du Roi. G 226.

PLANS MODERNES DE PARIS,

Depuis le commencement du dix-septième siècle jusqu'à la fin du dix-huitième.

DIX-SEPTIÈME SIÈCLE.

Plans de 1°. Quênel . . . . 1609 *(a)*
       2°. Boisseau 1652
       3°. Gombaut 1665
       4°. Bullet 1676
       5°. Defer. 1692
       6°. Jovin de Rochefort. 1697
       7°. Nollin. 1699

DIX-HUITIÈME SIÈCLE.

Plans 1°. de de Lamarre . . . . 1705 *(b)*

(a) Ce Plan, le premier dressé sur plusieurs feuilles, représente les Edifices de Paris avec autant de précision et d'exactitude que le permettoit son antique date.

Le seul défaut que j'y trouve est qu'au-delà des extensions septentrionales de Paris, on y voit, comme parfaites et achevées, des fortifications, qui n'étoient alors que projetées, et ne furent depuis jamais complettement exécutées.

Premier exemple de la folie, si souvent répétée pendant la révolution, de représenter notre Capitale non telle qu'elle est, mais comme elle pourroit être, et plus vraisemblablement comme elle ne sera jamais.

(b) Que le traité de la Police, formant trois énormes volumes in-folio par *de Lamarre*, ait eu l'approbation de deux grands Magistrats, le premier Président de Mesme, et le Procureur général Daguesseau, c'est un fait dont on ne peut douter, attendu qu'on le trouve consigné dans l'Eloge de ce Commissaire, par Lecler Dubrillet, son continuateur; cependant je crois:

Que si de Lamarre, au lieu d'essayer ses forces dans la carrière historique, genre de travail auquel il n'avoit pas la moindre aptitude ;

Que si, au lieu d'avoir fait dresser sous ses yeux et fait mettre son nom à six plans, par lui destinés à nous représenter à différentes époques l'état ancien de Paris, tandis qu'il ne nous a laissé que des images unanimement méprisées par les antiquaires ;

Qu'enfin, s'il se fût borné à nous transmettre sans réflexions et sans notes et apostilles de sa façon,

2°. Jean-Baptiste Constantini, postérieur à   1708 *(a)*

une collection de lois et réglemens relatifs à la Police, sa mémoire avec raison seroit encore en grande estime chez les Parisiens.

Voici les preuves de mon accusation.

On n'est ni antiquaire, ni historien, parce qu'à la tête des chapitres d'un ouvrage fort bien imaginé, mais mal exécuté, on y a indiqué les noms d'anciens auteurs et les autorités qu'on prétend avoir consultées.

Pour pouvoir obtenir l'un de ces deux titres, il est indispensable de faire voir qu'on a lu, et ce qui est beaucoup plus difficile, qu'on a compris et saisi le sens et l'esprit des titres et livres que l'on implore.

Si l'on trouve des différences notables dans des copies des mêmes pièces, si un fait est raconté de deux manières tout opposées, il faut tâcher de découvrir la vérité, et, si l'on n'y peut parvenir, faire jaillir de sa discussion des traits de lumière; c'est ce que n'a fait, ni tenté de Lamarre : un pareil travail étoit au-dessus de ses forces.

On peut juger de la médiocrité de ses talens : 1°. par la trois ème partie de la savante Dissertation sur l'origine de l'Hôtel-de-Ville de Paris, dans laquelle son auteur (le Roi), a si bien réfuté, je pourrois même dire pulvérisé l'opinion de ce commissaire sur l'origine de son commerce par eau, et sur ses privilèges.

2°. Par les erreurs que je lui ai déjà reprochées.

J'ai fait voir jusqu'à quel point Jaillot méprisoit les Plans de de Lamarre, et le jugement d'un auteur d'un mérite aussi distingué et le moins fautif de tous les historiens de Paris, est du plus grand poids.

Je pourrois citer beaucoup de jugemens pareils, mais je me bornerai à rapporter celui de Dheulland, qui a voulu que les Plans donnés par ce connoisseur, ne fussent que des images de pure invention, et auxquelles on ne peut se fier pour tout ce qui concerne le local de Paris.

Entre mille exemples que je pourrois citer de l'*ignorance crasse* du commissaire de Lamarre, sur l'ancien état de notre capitale, en voici un bien remarquable!

Au lieu d'avoir fait représenter dans ses cinquième et sixième Plans, sur la rive gauche de la Seine, où nous voyons la Monnoie, un des hôtels de Nesle, si souvent cité par les événemens qui s'y sont passés; mettant à sa place l'hôtel de l'Abbé de Saint-Denis, si ué dans son voisinage vers le midi; de sa pleine, entière et unique autorité, il a transporté cet hôtel de Nesle hors de Paris, au-delà de l'enceinte de Philippe Auguste, dont je parlerai bientôt, sur sept arpens ou environ qu'en 1365, le duc de Berry, oncle de Charles VI, propriétaire de l'hôtel de Nesle, avoit acquis, pour y établir ses écuries, connues sous le titre de Séjour de Nesle.

Crimine ab uno, disce omnes.

C'est cependant ce de Lamarre que le premier Président de Lamoignon avoit cru devoir prendre pour guide, lorsqu'il eut l'idée de connoître Paris comme sa maison. (Comme il s'étoit trompé; cet homme si célèbre!)

On a vu quelquefois, nous a transmis Jaillot, nos derniers prédécesseurs citer les Plans du Commissaire de Lamarre dans des contestations et souvent les consulter pour les décider; si ce fait est vrai, des citations faites et des jugemens rendus sur des Plans, *fourmillans de fautes*, ce sont les expressions même de Jaillot, ne devoient pas toujours être conformes à la vérité et à la justice.

Une circonstance que l'on ne pourroit croire, si l'on n'en avoit la preuve écrite, c'est que quelque médiocre et inexacte que fût dans le Traité de la Police, la partie que l'on en peut regarder comme l'ouvrage personnel du commissaire de Lamarre, cependant, par ordonnance du roi de 1716, pour le récompenser de ses services, le dédommager de ses avances, et le mettre en état d'achever un travail si utile, on lui a accordé une gratification à prendre sur une augmentation qu'il avoit conseillé de faire au prix des places aux spectacles, elle lui a valu trois cent mille francs.

(a) J'ai fixé cette date à ce Plan des bureaux d'entrées, barrières de renvoi, routières et postes

Delamarre n'a jamais été ni antiquaire ni historien.

Pag. xlvii et suivantes.

Page 82.

Énéide l 2, vers 65.

Discours préliminaire page 18.

de garde de Paris, qui n'est pas sans mérite, parce qu'il fut dédié à Desmarets, nommé Contrôleur-général le 17 février 1708, par Constantini, se qualifiant Contrôleur-général ambulant des aides et domaines.

Le nom de ce commis me rappelle qu'étant encore fort jeune, sous le titre d'Octave, il avoit eu quelques succès dans la troupe de l'ancien théâtre Italien, et que son frère Angelo y avoit brillé comme doublant le célèbre Dominique dans l'emploi d'Arlequin, et comme ayant créé le rôle de Mézetin.

Cette société comique fut dissoute le 13 mai 1697, non pas, quoi qu'en aient dit alors les nouvelles publiques, parce qu'on y jouoit des pièces licencieuses, et que l'on ne s'y étoit point corrigé des obscénités et gestes indécens, mais véritablement parce qu'on y avoit mis à l'étude *la Fausse Prude*, pièce si inconnue, que nous ignorons si elle étoit écrite ou destinée à être jouée à l'improviste.

Il paroît certain que dans cette production on avoit eu le dessein d'y faire des applications, que des lazzis, facéties dans lesquelles les italiens ont toujours excellé, et des costumes ingénieusement imités auroient pu rendre très-criminelles.

Histoire des 5 Théâtres, par Des-sessarts, pag. 190, art. 2. Il faut qu'à la dissolution de leur théâtre, les bouffons italiens ayent regardé les Constantini comme en ayant été la principale cause ; car dans une requête que peu de temps avant leur retour en France où ils reparurent, le 13 mai 1716, Riccoboni, dit Lelio, regardé comme leur chef, avoit, en leur nom, présentée au duc de Parme, en même temps qu'ils lui offroient leurs services comiques, ils demandèrent que nul de la famille de Constantini ne fût reçu dans leur troupe, comme étant les auteurs des disgrâces de la cour aux comédiens italiens, leurs prédécesseurs.

(a) Depuis assez long-temps j'avais les yeux attachés sur le grand Plan à vue d'oiseau de Paris, commencé sous les yeux de nos officiers de ville en 1734, et terminé en 1739, par le dessinateur Bretez et le graveur Lucas ; j'en considérois avec satisfaction tous les détails, lorsque je fus tiré de mes réflexions par un ingénieur qui m'avertit que j'avois tort de m'arrêter devant cette image détestable, suivant lui, parce qu'on ne s'y étoit astreint, à aucune règle géométrique.

Je laissai dire cet homme, et continuai mon examen.

Il n'en est pas d'un Plan à vue d'oiseau comme d'un Plan géométral. Dans le second tout est de rigueur, tandis que dans le premier, non-seulement des licences y sont permises, mais même nécessaires, si elles donnent l'aspect d'objets, que sans elles on n'auroit pu apercevoir.

Il faut laisser raisonner et critiquer la médiocrité.

Le Plan de Lucas est devenu infiniment utile, depuis que les révolutionnaires ont détruit un si grand nombre de temples de l'Eternel, dont il nous a si parfaitement conservé les représentations extérieures, qu'en le prenant pour guide, le dessinateur peut encore les figurer.

Ce Plan finira par être d'un prix inestimable, lorsque le maître des maîtres (le Temps) aura fait disparoître le reste des magnifiques constructions dont Paris étoit orné avant 1789.

11°. Motthey . . . .   1770 *(a)*
12°. Verniquet . . . .   1795 ou 1796 *(b)*

Les diverses Enceintes, ou clôtures faites au-delà du premier Paris (LA Cité.) *(c)*

Si l'on s'en rapportoit aveuglément à un Tableau, que Verniquet a fait imprimer, des époques où furent faits les divers accroissemens de Paris, ainsi que du nombre d'arpens, perches et toises dont cette ville a été successivement augmentée, on devroit regarder comme certain que :

La première clôture, sous Jules César, cinquante-six ans avant Jésus-Christ . . . .   *Renfermoit :* 44 arp. 54 perc. 8 toises.

La deuxième clôture, en 358 et 575, sous Julien . .   113 arp. 44 perc. 3 toises.

La troisième clôture, en 1190 et 1211, sous Philippe Auguste . . . .   739 arp. 61 perc. 1 toise.

(a) Est infiniment précieux, attendu que quelque petit qu'il soit, les différentes enceintes de Paris, y sont cependant parfaitement indiquées.

Je n'en ai jamais rencontré que deux épreuves, dont l'une en blanc, et l'autre coloriée, toutes deux au cabinet des gravures de la bibliothèque du Roi : inutilement j'ai tenté de m'en procurer une troisième au dernier domicile connu de ce graveur, rue du faubourg Saint-Jacques, vis-à-vis le ci-devant séminaire Saint-Magloire : on m'a dit que, disparu depuis long-temps, on croyoit qu'il étoit mort.

(b) Au dire d'un moderne, le Plan de Paris, donné par ce graveur sur soixante et douze grandes feuilles, auquel, quoiqu'aidé par un grand nombre d'ingénieurs, il a employé trente années, est reconnu par tous les savans et artistes qui en ont vérifié les opérations, pour être de la plus grande exactitude, et le seul dont on ait pu se servir pour tracer les alignemens des travaux des rues, quais et places, ainsi que pour déterminer des changemens et embellissemens.

J'ai trouvé au contraire en la présente année 1819, un architecte qui m'a assuré que Verniquet, *homme sans génie*, avoit souvent choisi pour ses aides, des jeunes gens d'une médiocre capacité, et ne mettant pas dans les commissions dont il les avoit chargés, tous les soins qu'elles exigeoient, d'où il étoit résulté que Verniquet ne nous avoit laissé qu'un ouvrage imparfait.

Jusqu'à ce que l'architecte qui attaque si cruellement son confrère, dont il ne redoute plus la réponse, nous donne un plan supérieur à celui qu'il blâme (ce que très-certainement il n'entreprendra pas) ou qu'au moins, il le fixe de la manière la plus précise et ne prouve les erreurs qu'il a cru y remarquer, je crois qu'il faudra continuer à partager l'estime de Prudhomme pour l'œuvre de Verniquet.

(c) Je ne parle ici que des extensions ayant causé des augmentations considérables, et non de ces foibles changemens produits par les reculemens assez souvent répétés des barrières, et principalement de ces petits bureaux (dits *Roulettes*) dont le nom seul annonce la mobilité.

Par le déplacement de ces édifices destinés à abriter les percepteurs des impôts dûs à l'entrée de notre ville, l'homme qui, le soir, s'étoit couché près de ses murs extérieurs, étoit à son réveil tout étonné de se trouver Parisien.

O

Prudhomme, dictionnaire historique, au nom Verniquet.

<table>
<tr><td>La quatrième clôture, en 1367 et 1385, sous Charles V et Charles VI . . . .</td><td rowspan="12">Renfermoit :</td></tr>
</table>

La quatrième clôture, en 1367 et 1385, sous Charles V et Charles VI . . . . 1284 arp. 55 perc. 3 tois.

La cinquième clôture, en 1553 et 1581, sous François Ier et Henri II . . . . 1414 arp. 50 perc. 6 tois.

La sixième clôture, en 1634, sous Henri IV. . . . 1660 arp. 83 perc. 5 tois.

La septième clôture, en 1671 et 1686, sous Louis XIV. 3228 arp. 83 perc. 8 tois

La huitième clôture, en 1715 et 1717, sous Louis XIV et Louis XV . . . . 3910 arp. 86 perc. 3 tois.

La neuvième clôture, en 1785 et 1788, sous Louis XVI. . . . . 9858 arp. 8 perc. 3 toises.

Dans ce détail, publié de 1794 à 1796, quatre erreurs grossières.

Première erreur de Verniquet, article 1 de ses Clôtures.

(Page 7c.)

Très-certainement, si Verniquet eût un peu connu l'ancienne histoire de notre ville, que pendant trente ans il a si souvent toisée, il ne nous auroit pas laissé ignorer que dans son principe, l'île sur laquelle elle fut élevée, ne contenoit que quarante arpens, et il nous auroit en même temps transmis que les quatre arpens cinquante perches huit toises qu'il y a trouvées de plus, étoient le résultat de la réunion qu'on y a faite de deux petites îles vers le nord, et d'anticipations sur la Seine.

Deuxième erreur.

Ce n'est pas chez les anciens que Verniquet a trouvé que sous Julien, en 358 et 375, au moyen d'une nouvelle clôture, Paris contenoit alors cent treize arpens quarante-quatre perches trois toises, car il n'en est pas un seul qui ait parlé ni de ces nouveaux murs, ni de cette augmentation dans l'étendue de notre ville. Les premiers de nos historiens, Corroset, Belleforest, Bonnefons, Dubreuil, Malingre et tant d'autres, s'étant occupés de la Topographie de Paris, et ayant gardé le silence, comme leurs prédécesseurs ; ce ne peut être que les modernes Sauval, de Lamarre, les historiens de Paris, Piganiol et Jaillot, que Verniquet a pris pour guides, et il ne pouvoit faire sur cette partie un plus mauvais choix.

(Page 78.)

J'ai déjà prouvé leurs méprises ; et s'ils n'eussent été dans un accès de délire, après un intervalle d'environ quatorze siècles, ils n'auroient pas eu la prétention de mieux connoître notre pays, que les historiens contemporains, Jullien, Marcellin, etc. qui en ont écrit l'histoire.

Troisième erreur.

Les clôtures qu'en 1538 Verniquet attribue à François Ier, n'ont jamais existé. Amateur des beaux arts, pendant tout le temps que ce roi fut libre et *non guerroyeur*, il ne s'occupa qu'à embellir sa capitale, et jamais à en reculer les limites : l'ignorance la plus crasse a pu seule lui attribuer des augmentations dans les clôtures de Paris en 1553, attendu qu'il étoit mort le 21 mars 1547.

Quatrième erreur.

Même faute, même inadvertance dans la clôture partielle, dont Verniquet fait honneur à Henri IV, en 1634. Il y avoit alors déjà vingt-quatre ans que Louis XIII régnoit.

Quand on a le courage de vouloir écrire l'histoire, il faut au moins citer exactement les époques auxquelles ont vécu les grands personnages.

Voici la vérité des faits rétablie.

Il y a eu autour de Paris huit enceintes ou circonscriptions remarquables, dont quatre générales et quatre particulières.

Les quatre Enceintes générales de Paris.

Je suis entré dans les plus grands détails sur la première, contenant quarante arpens *(page* 3o*)*. *[Plan des clôtures, lettre A.]*

La deuxième, commencée sous Philippe Auguste, en 1190, et terminée en 1211, a porté l'étendue de notre ville à 739 arpens 61 perches une toise. *[Idem, lettres BB.]*

La troisième fut ordonnée par deux arrêts du conseil des 16 juin 1670, 11 mars 1671, et lettres patentes de juillet 1676; le motif qui détermina ces différentes lois, fut d'établir, sur les anciennes fortifications septentrionales de Paris, *un cours planté d'arbres destiné à décorer notre capitale, et à procurer des promenades à ses habitans.* *[Idem, lettres FFFF.]*

Ce ne fut qu'en 1684 et 1685 qu'on s'occupa de cette opération.

Aux termes d'un arrêt du conseil d'état du 18 octobre 1704, on voulut que ce même cours fût continué au-delà des extensions méridionales de Paris; mais on mit tant de lenteur dans les travaux alors ordonnés, qu'ils ne furent terminés que sous le règne de Louis XV.

Par ce nouvel établissement, Paris s'est trouvé renfermer 3910 arpens 86 perches 3 toises.

Enfin, la quatrième et dernière circonscription générale de Paris, formée par un mur assez solide, a été commencée en 1785, et a porté la surface de notre ville à 9858 arpens 8 perches 3 toises. *[Idem, lettres GGG.]*

Les quatre Enceintes partielles de Paris (*a*), dont les trois premières vers le nord et la dernière entre le levant et le midi.

La plus ancienne des clôtures partielles de Paris, commencée en 1367, sous Jean II, *[Idem, lettre C.]*

(*a*) J'aurois dû ici, en même temps que je parlois des défenses faites en novembre 1549, par Henri II, le premier de nos princes qui voulut arrêter les trop grandes extensions de Paris, d'élever aucun édifice nouveau dans les faubourgs de notre ville, sous peine de confiscation du fonds et des bâtimens, rendre compte des différentes circonscriptions et bornages ordonnés, notamment sous Louis XIII et Louis XIV; mais comme tous ces réglemens ont été si peu exécutés, que Henri II lui-même, neuf ans après son édit de novembre 1549, permit aux habitans du faubourg Saint-Jacques, de continuer comme par le passé de faire de nouvelles constructions, et que depuis lui, en payant au Fisc, une somme assez forte, les propriétaires ayant élevé des bâtimens condamnés par la loi, étoient sûrs de les voir subsister et d'en jouir, j'ai cru et crois encore devoir garder le silence sur ces circonscriptions et bornages, qui n'ont eu qu'une existence très-momentanée.

achevée par Charles VI, en 1383, a porté l'étendue de Paris à 1284 arpens 55 perches 8 toises.

Idem, lettre D.

La première pierre des fondemens de la deuxième, consistant en un grand boulevard (fortification) au-delà des jardins du palais de la Reine-mère, (les Tuileries) destinée à renfermer cette maison royale dans Paris, et à défendre la rivière, fut posée par Charles IX le 11 juillet 1566, et alors Paris s'est trouvé contenir 1660 arpens 83 perches 5 toises.

Idem, lettre E.

Louis XIII est l'auteur de la troisième clôture partielle de Paris ; et le marché des dépenses qu'elle occasionna, ainsi que les conditions faites avec le nommé Froger, qui en fut l'entrepreneur, a été arrêté le 23 novembre 1633. Par cette opération, l'étendue de Paris s'est alors trouvée de 1666 arpens 83 perches 5 toises.

Idem, lettre H.

Enfin, dans ce moment (1819) on élève un mur partant de la barrière des Gobelins, et coupant à peu près par la moitié les terreins sur lesquels on avoit eu le projet, du temps de Louis XV, d'établir une Garre pour arriver à la Seine.

C'est la quatrième clôture partielle de Paris, dont l'étendue, par cette opération, se trouve augmentée de 108 arpens 96 toises.

Ainsi le résultat des huit enceintes de Paris est que cette ville contient, dans ce moment, neuf mille neuf cent soixante-six arpens une perche.

Avis de l'Auteur.

Il étoit indispensable, dans l'énonciation que je viens de donner des différentes clôtures et enceintes de Paris, que je commmençasse par les générales, comme ayant occasionné de bien plus grands changemens que les particulières. Dans ce moment, au contraire, la raison et le désir d'être plus aisément entendu, exigent que je suive l'ordre chronologique de leurs établissemens.

Première enceinte générale, décrite p. 30, lettre *A.*
Deuxième idem, en 1190, lettres *BB.*
Troisième, partielle de 1367 à 1383, lettre *C.*
Quatrième idem en 1566, lettre *D.*
Cinquième idem en 1666, lettre *E.*
Sixième générale, de 1670 et années subséquentes, lettres *F F F.*
Septième idem en 1785, lettres *G G G.*
Huitième partielle, idem lettre *H.*

} du plan des clôtures.

Deuxième Enceinte générale de Paris, sous le règne glorieux de Philippe Auguste.

Ce fut en 1190 que Philippe Auguste ordonna que toutes les extensions de sa

PLAN
des huit Enceintes de Paris
dont Quatre Génerales
et Quatre Partielles
G
F
E
D
C
F
B
A
B
G
G
F
B
F
H
H
Les Quatre Génerales
Les Quatre Partielles
A
BB
FFFF
GGG
C
D'
E
H

chère ville de Paris *(a)*, avec la plus grande diligence seroient renfermées dans un mur très-fort : que des tournelles proportionnées y seroient ajoutées, ainsi que des portes : *(Præcepit etiam civibus Parisiensibus, quod civitatem Parisii, quam rex multum diligebat, muro optimo cum tornellis decenter aptatis et portis diligentissime clauderetur).* Ces expressions sont littéralement répétées par Guillaume Lebreton, dans les *Gestes* de Philippe Auguste.

En 1211, le roi Philippe fit renfermer par des murailles, les extensions de Paris à partir du midi de cette ville jusqu'à la Seine, *anno eodem (1211) Philippus, rex magnanimus. . . . . . in circuitu circumsepsit a parte australi, usque ad Sequanam fluvium :* ce même fait se trouve détaillé d'une manière précise dans Guillaume de Nangis, qui veut que ce prince ait réuni à Paris, et fait entourer de murs très-forts, des jardins et des champs à partir du Petit-Pont jusques et par-delà l'abbaye des chanoines réguliers de Sainte-Geneviève : *A parvo ponte, usque ultrà abbatiam regularium canonicorum Sanctæ Genovefæ... in circuitu muris fortissimis præcingens.*

Ainsi, il est aussi constant qu'avéré, que ce fut la partie septentrionale de Paris qui fut murée la première.

En faisant ces constructions, ajoute Guillaume de Nangis, on s'arrangea de manière que, quoique dans les terreins nouvellement réunis à Paris, il y eût et champs et vignes, toute la ville, jusques à ses murs de clôture, paroissoit couverte de maisons.

Une circonstance bien remarquable, fut que ce prince, quoiqu'il eût pu, vu l'avantage public, sans payer d'indemnité, élever des murs et creuser des fossés *(b)* sur des terreins appartenans à des particuliers, écoutant plus *la justice* que son droit, voulut que tous les propriétaires, sur les fonds desquels passeroit cette nouvelle enceinte, fussent dédommagés de son propre trésor : *Mira et laudanda justitia principis, qui licet de jure scripto, posset propter publicum regni commodum in alieno fundo muros erigere et fossata, ipse tamen juri præferens æquitatem, damna sua quæ in hos homines incumbebant de fisco proprio compensabat.*

Guillaume Lebreton, dans sa *Philippide*, gazette aussi longue que rampante, que l'on peut regarder comme la continuation de l'histoire de Philippe Auguste par Rigord, va plus loin, et il nous apprend que ce prince en agit de même dans toutes les villes et les bourgs de son royaume.

(a) Ce titre de *chère ville*, dont se sert le roi en parlant de *la capitale de ses États*, avoit, plus de huit siècles auparavant, été employé par Julien, lorsqu'il nous a transmis qu'en l'an 358 de de l'ère chrétienne, il étoit en *quartier d'hiver dans sa chère Lutèce.*

(b) Il ne faut pas ici, par le mot Fossés, présumer qu'à l'époque de 1190, Philippe Auguste eût l'intention de faire creuser des fossés au pied des murs de la seconde clôture générale de Paris, dont il ordonnoit la construction. Ce prince n'a fait ici qu'annoncer ce que, ce cas avenant, on auroit pratiqué.

C'est bien postérieurement au règne de ce roi que des fossés ont été ajoutés aux murs de Paris.

Bientôt on en aura la preuve.

Rigord, apud Du-chesne, t. V, p. 30.

Idem, p. 75.

Idem, p. 51.

Spicilège, t. III, p. 24.

Rigord, apud Du-chesne, t. V, p. 52.

Quotquot enim fiscus urbes habet, oppida, vicos,
Ad proprios sumptus muravit........

Vers 1., apud Du-chesne, t. V, page 219.

De suite il répète ce que nous avoit déjà dit Rigord, que ce prince, n'écoutant que sa munificence, avoit voulu que les dommages et les pertes qu'elles avoient pu occasionner dans les maisons, terres ou vignes fussent supportés par son fisc.

Idem vers 22e.

Cujuscumque domus, fundus, seu vinea propter
Fossas aut turres periit seu mœnia, damni
Totius pretium patiens a rege recepit,
Et licet hæc regni emendatio publica cunctis
Civibus et populo communiter utilis esset,
Noluit ut fieret aliis onerosa, sed omne
Sola subivit onus pia munificentia regis.

Noms des terreins sur lesquels les historiens de la ville de Pa-ris ont voulu que passât la clôture de Philippe Au-guste, t. 1, p. 242.

Les historiens de Paris ont fait commencer l'enceinte de Philippe Auguste, au fossé du vieux Louvre, vers le milieu de la cour du nouveau ; de là ils la font venir à la rue Saint-Honoré entre celle du Louvre et celle du Coq, à travers la maison des prêtres de l'Oratoire ; ensuite passer entre la rue d'Orléans et celle de Gre-nelle, par des logis où l'on en voyoit encore des restes dans le siècle antérieur à 1725 ; puis aller à la rue Coquillière entre la rue de Grenelle et celle du Four, en traversant l'hôtel de Soissons ; après ils l'étendoient vers la rue Montmartre entre la rue du Jour et la rue Plâtrière, la faisoient passer entre la pointe Saint-Eustache et la rue *Quiquetonne*, régner entre la rue Maucouseil, la rue Pavée, celle du Petit-Lion, la rue aux Oües, le grand et le petit Heuleu, entre la rue Grenier-Saint-Ladre et la cour du More, entre la rue Michel-le-Comte et Geoffroy-l'Angevin; et après avoir traversé les Blancs-Manteaux et l'hôpital St-Gervais ou Saint-Anastase, avancer du côté de la maison professe des Jésuites et de l'*Ave-Maria*, et la terminoient au bord de la rivière.

em, p. 255.

La même clôture du côté du midi, suivant eux, commençoit à l'autre bord de la Seine, où est aujourd'hui la Tournelle, et continuoit en tournant derrière les colléges du cardinal le Moine et des Bons-Enfans, montoit de là par derrière Sainte-Geneviève, et faisoit tout le tour qu'on a depuis appelé *les fossés,* et venoit finir sur le bord de la rivière, à l'endroit où se trouve aujourd'hui le collége Mazarin. S'il falloit croire sans examen tout ce qu'ils disent, l'enceinte, de ce côté là, avoit sept portes, connues sous les noms de portes de *la Tournelle (a)*, de Saint-Victor, de Saint-Marcel, de Saint-Jacques, de Gibard nommée depuis d'Enfer, et plus tard de Saint-Michel, de Saint-Germain ou de Bussy et de Nesle.

Cette description, principalement pour la partie septentrionale de l'enceinte de Philippe Auguste, me paroît si difficile à reconnoître, qu'elle ne pourroit que très-difficilement être suivie par des lecteurs qui n'ont pas devant eux des plans anciens de Paris.

(a) Fausseté exécrable : cette porte a été ouverte bien des siècles après Philippe Auguste.

C'est ce qui me fait regretter que Lobineau, successeur de Félibien pour son Histoire de notre ville, mais nullement son héritier (J'en donnerai des preuves multipliées), au lieu de surcharger son ouvrage d'un grand nombre d'estampes inutiles, (a) puisqu'elles ne nous offrent que la représentation d'édifices ornant encore notre capitale, ne se soit pas borné à faire calquer et à nous transmettre, 1°. une copie de la tapisserie déposée à la bibliothèque royale onze ans avant qu'en 1725 il publiât son œuvre ; 2°. une autre copie d'un second plan, ayant d'abord paru sans date, et depuis postérieurement à 1572 et 1574, dans lequel l'enceinte septentrionale de Paris, ainsi que je l'ai ci-devant dit, est parfaitement indiquée.

Avec la première de ces images, l'homme qui auroit désiré connoître les différens contours et les formes vers le midi, de la clôture commencée et terminée sous le règne de Philippe Auguste, auroit pu aisément les suivre.

Avec la seconde, il lui auroit été facile de reconnoître toutes les opérations qu'à cette même époque ce prince fit faire pour enclore la partie septentrionale de sa capitale.

La longueur de la partie méridionale de l'enceinte de Philippe Auguste étoit de douze cens toises (b) et celle de la partie septentrionale de onze cent trente-toises. Ainsi, l'étendue générale des murs élevés par ce prince étoit donc de 2330 toises.

Si on ajoute à cette mesure, cent soixante toises, largeur de la Seine entre la Tournelle et la tour de Barbeaux, et cent trente pour le cours de la même rivière entre la tour de Philippe Hamelin et celle du Louvre, on trouve que la circonférence totale de Paris étoit alors de deux mille six cens toises.

Le temps et, ce qui est plus difficile à croire, les mains destructrices des hommes ont respecté et laissé presque dans son premier état une portion assez considérable de l'enceinte de Philippe Auguste le long de la rue des Fossés Saint-Victor (c).

Malgré les grandes dégradations qu'à sa cime elle a éprouvées, on voit encore des

---

(a) Bonami les a trouvées exquises : ce dernier mot sent beaucoup la plus vile adulation, puisque tous les jours, nos marchands d'estampes au plus vil prix en offrent de beaucoup mieux gravées que celles fournies par Lobineau, et dont cependant aucune n'a mérité ni obtenu le titre pompeux d'exquise.

J'ai l'idée que cet académicien aura outré les éloges, persuadé qu'on en agiroit de même à son égard toutes les fois qu'il pourroit en avoir besoin.

« Qu'il me passe mon émétique pour la maladie dont il s'agit, disoit des Fonandrés, et je lui passerai » tout ce qu'il voudra pour le premier malade dont il sera question. »

(b) Cette étendue est portée à douze cent soixante toises dans un devis de la dépense qu'occasionna ce mur, devis que Bonami a prétendu avoir vu dans le trésor de nos chartes, dont la garde, je l'ai dit, lui avoit été commise.

(c) La conservation de cette si ancienne bâtisse, est due à la manière infiniment solide dont, surtout dans ses parties inférieures elle a été établie ; au peu de valeur du terrein, et aux frais énormes qu'à peu près en pure perte elle auroit occasionnés : ce sont ces circonstances qui sont cause que nous avons chez nous des preuves de la manière dont au douzième siècle on fortifioit les cités.

restes infiniment imposans de cette même clôture ; *vestigia gloriæ deletæ*, dans le clos des ci-devant Jacobins de la rue Saint-Jacques.

Placé en 1669 sur les collines vers Ménil-Montant, Bercy n'ayant pu qu'apercevoir les créneaux dont étoit couronnée la partie du mur de Philippe Auguste, existant encore rue des Fossés Saint-Victor, s'est borné à nous en offrir l'aspect ; je les ai fait calquer.

Mémoire de l'Académie des Inscriptions et Belles-Lett , tom. XXXII page 801.

L'académicien Bonami, lorsqu'il a parlé de cette antique construction (que, comme sous-bibliothécaire de l'abbaye Saint-Victor, il a dû voir tant de fois), dans un mémoire lu à ses confrères, et avec leur approbation transmis au public, ayant avancé qu'à sa cime elle n'avoit que quatre pieds d'épaisseur, tandis qu'elle en a neuf, en a imposé. Je suis le premier qui vas donner une description de ce mur datant de plus de six siècles.

Tout le monde pouvoit vérifier que le mur de la clôture de Paris, dans la rue des Fossés Saint-Victor avoit au-dessus de terre trente-quatre pieds d'élévation, non compris un parapet de trois pieds et demi de hauteur (nouvelle bâtisse).

La cime de ce même mur étant à découvert dans la partie haute du jardin du collége de Boncourt, on voyoit que son épaisseur étoit de neuf pieds. Mais l'ouverture d'une nouvelle rue, à laquelle avec assez de raison on a donné le nom de Clovis, attendu qu'elle passera sur le terrein où étoit l'église de Sainte-Geneviève, dans laquelle ce prince avoit été inhumé, ayant été ordonnée en 1807, et dirigée en 1808 de manière que partant de la rue Bordet, après être arrivée au mur de Philippe Auguste, dans lequel une coupure devoit être faite, on la terminoit rue des Fossés Saint-Victor, vers la partie basse du collége des Écossois, on a eu la certitude que le mur originairement construit sous Philippe Auguste, avoit depuis son règne été exhaussé à deux différentes époques.

Je crois ici devoir rendre compte des motifs qui ont fait déterminer l'ouverture de la rue de Clovis.

Fondation du collège de Navarre.

Par le testament qu'à Vincennes, le 25 mars 1304, Jeanne de Navarre, épouse de Philippe-le-Bel, avoit fait, et qui fut ratifié par le roi son époux et par Louis son fils aîné, il paroît que cette princesse ordonna que son hôtel de Navarre, situé rue Saint-André-des-Arcs, seroit converti en collége.

A sa mort il arriva ce que l'on a presque toujours vu. Ses exécuteurs testamentaires oubliant les ordres que, depuis leur acceptation de la fonction dont on les avoit honorés, ils n'auroient pas dû enfreindre ; ou peut-être se regardant comme mieux inspirés, jugèrent à propos de vendre l'hôtel de Navarre pour, avec les fonds qui en proviendroient, acheter à la Montagne Sainte Geneviève des maisons et jardins qu'ils décorèrent du titre du Collége de Navarre, le seul dans lequel à Paris, on ait vu exercice public de théologie, philosophie et humanités, et le seul en même temps qui ait pu se glorifier d'avoir eu à la fois au nombre de ses pensionnaires deux princes qui devinrent successivement rois de France, Henri III et le bon Henri IV.

Vers

Vers le midi, au-delà de cette maison de fondation royale, dans des édifices et sur des terreins qui n'en étoient séparés que par une petite rue portant le nom de Clopin, deux particuliers, à l'exemple de Jeanne de Navarre, eurent la fantaisie d'établir l'un et l'autre un collége.

Le premier fut celui de Boncourt *(a)* ainsi appelé à cause qu'il fut créé par Pierre DE BÉCOUR, suivant des lettres des 12 septembre ou 10 décembre 1353 (car cette date est différemment rapportée).

Quoiqu'il y eût dans ce lieu d'étude *plein exercice ;* quoiqu'on nous ait conservé le nom de deux de ses professeurs, *Bossulus* et *Marcassus*, il n'est guères cité que parce que ce fut là que, vers 1552, JODELLE, l'un des plus anciens de nos poètes, essayant le cothurne sur un théâtre qu'il y avoit fait dresser, eut et le bonheur de voir son maître Henri II au nombre de ses spectateurs, et la gloire d'obtenir ses applaudissemens ainsi que ceux des seigneurs de sa cour.

C'est aussi de cette école qu'est sorti le célèbre *Voiture*.

Le second fut celui DE TOURNAI *(b)*, dont le nom du fondateur n'est pas bien certain, et la date de l'établissement diversement fixée.

On a souvent vu que, lorsque des établissemens de cette espèce se trouvoient assez voisins les uns des autres pour pouvoir se nuire, les plus faibles disparoissoient bientôt, et que, quel que fût le nombre de ceux qui survivoient, presque toujours, un seul, dirigé par des gens d'un grand talent, peut-être par des personnages n'ayant d'autre mérite que celui d'être heureux, et bien plus souvent par des intrigans, finissoit, après avoir éloigné des concurrens incommodes, par devenir le maître de leurs ci-devant propriétés. C'est là précisément ce qui est arrivé aux colléges de Boncourt, Tournai et Navarre.

Le collége de Boncourt ayant plein exercice s'est, petit à petit, emparé des bâtimens et terreins du second (mal défendue par quelques boursiers); et le troisième voyant son ancien emplacement, immense dans son principe, devenir cependant

(a) On a bien l'indication du collége de Boncourt sur la Tapisserie, mais le nom de celui de Tournai ne s'y trouve pas, non plus que sur aucun des autres Plans de Paris. Quelle peut être, me dira-t-on, la cause de cet oubli ? Voici celle que je regarde comme certaine : il y avoit plein exercice dans Boncourt, tandis que les boursiers de Tournai, lorsqu'ils désiroient s'instruire, étoient obligés d'aller à Boncourt, et s'y rendoient effectivement (c'est un point constant) pour y prendre des leçons ; en faut-il davantage pour que l'on n'ait pas la présomption que le titre de collége de Tournai, d'abord *délayé* dans celui de collége de Boncourt, a dû à la longue totalement disparoître : c'est ce qui est arrivé.

(b) Je ne pense pas me tromper en annonçant que je suis persuadé que le collége de Tournai occupoit précisément le terrein indiqué sur la tapisserie le long de la rue Clopin, et aboutissant en pointe sur le collége de Boncourt, et dont il n'est séparé que par un mur, attendu que DUBREUIL, né en 1528, et qui a fait imprimer ses *Antiquités de Paris* en 1612, nous a transmis que *le collége de Tournai étoit joignant celui de Boncourt, et qu'il y avoit une grande porte pour entrer de l'un à l'autre sans sortir en la rue par les portes qui y tendent ;* ce qui avoit été fait suivant lui pour la *commodité des étudians dudit collége de Tournai.* Ces deux établissemens n'étoient donc séparés que par un mur.

Page 711.

P

trop étroit par le grand nombre de ses directeurs, professeurs et l'immensité de
ses écoliers ; en même temps qu'il a cru qu'il étoit de toute nécessité d'en augmenter l'étendue, a trouvé que le collége de Boncourt n'étant séparé de celui de
Navarre que par la rue Clopin (dont on pouvoit peut-être obtenir la suppression)
pourroit seul remplir le but qu'il se proposoit.

A force de démarches et de sollicitations, les administrateurs du temporel du
collége de Navarre, obtinrent de Louis XIII, en mars 1638, des lettres-patentes,
par lesquelles ce roi déclara que son intention étoit que les colléges de Boncourt
et de Tournai fussent réunis et incorporés à celui de Navarre, pour ne plus former
qu'un même établissement.

Preuves de l'histoire de Paris, t. III, page 102.

Les colléges de Boncourt et Tournai, réunis au collége de Navarre.

Pour débarrasser les Navarrois de la rue Clopin, qui arrêtoit tous leurs projets,
par autres lettres d'avril 1639, il leur fut permis de la faire clore sur la longueur
de soixante-quatre toises, et d'enfermer la rue du Bon-Pays ou Bon-Puits, à l'extrémité de leurs maisons (les grand et petit Navarre) après avoir dédommagé les
seigneurs censiers ainsi que les particuliers dont il seroit besoin d'acheter les
maisons, ou qui y auroient droit. Cette dernière clause infiniment juste, puisqu'elle
étoit un hommage au droit de propriété, qu'avant la révolution personne n'avoit
presque jamais attaqué sans subir le châtiment prononcé par la loi contre les voleurs,
a été cause que la rue Clopin, restant dans l'état où elle étoit avant 1639, a continué
à être une voie publique. Pour ne point payer l'indemnité voulue par la loi de 1639,
et cependant profiter des bienfaits qu'elle leur avoit accordés, les régisseurs du
collége de Navarre ne s'occupant plus de la fermeture de la rue Clopin, se bornèrent à solliciter, et le gouvernement leur accorda permission d'y établir un pont *(a)*
par lequel, sans sortir de chez eux, ils pourroient aller aux ci-devant colléges de
Boncourt et de Tournai, et en revenir.

Tout resta dans cet état, tant que les Navarrois demeurèrent en possession de leur
si ancienne, et par cela même si respectable propriété ; mais, comme tant d'autres,
en ayant été expulsés, et leurs terreins et bâtimens donnés à cette célèbre institution
connue sous le nom d'École Polytechnique *(b)*, les chefs de cette administration
obtinrent aisément que la rue Clopin fût fermée à dix toises de la rue Bordet,
ce qui forme un cul-de-sac, et à l'autre bout à l'extrémité de leurs possessions ; par
ce changement, l'École Polytechnique a obtenu ce que vainement avoit sollicité,
pendant plus de cent cinquante années, les grand-maître, proviseur ou procureur,
principal des Artiens et principal des grammairiens du collége de Navarre.

Pour arrêter les réclamations des voisins qui se trouvoient lésés par la suppression
de cette voie publique, il fut entr'autres choses arrêté que l'on ouvriroit la nouvelle rue de Clovis, dont j'ai parlé ci-devant.

(a) Sa position est parfaitement indiquée dans le Plan Jaillot ; et Lucas l'a représenté établi de manière que ceux qui y passoient ne pouvoien. apercevoir les voisins, ni en être vus.

(b) Ce mot est composé de Πολὺ *beaucoup*, et de Τέχνη *art* (beaucoup d'art).

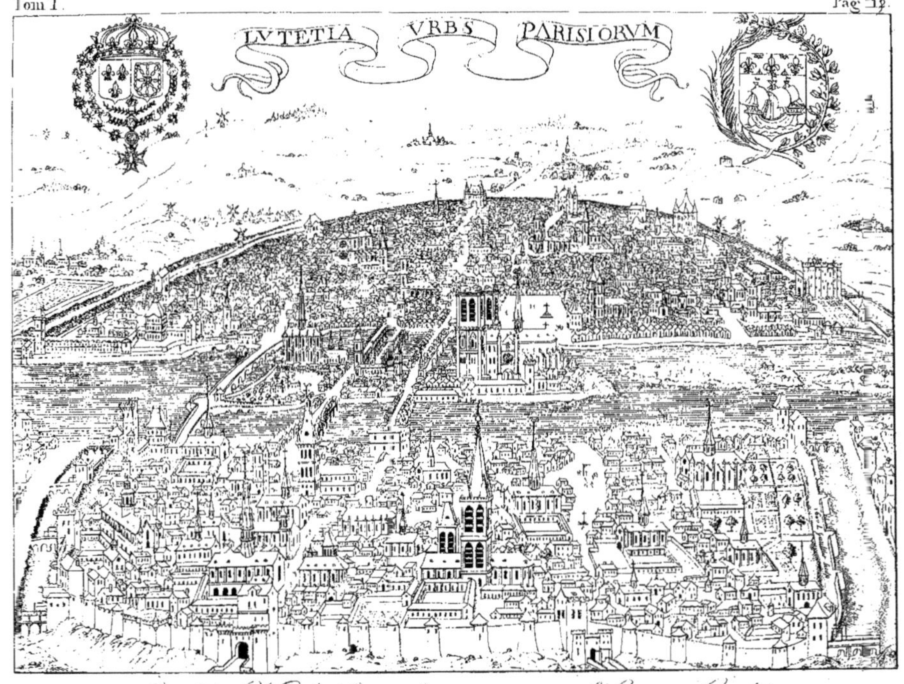

Copié d'une Vue de Paris, donnée en 1607 par le Graveur Gaultier.

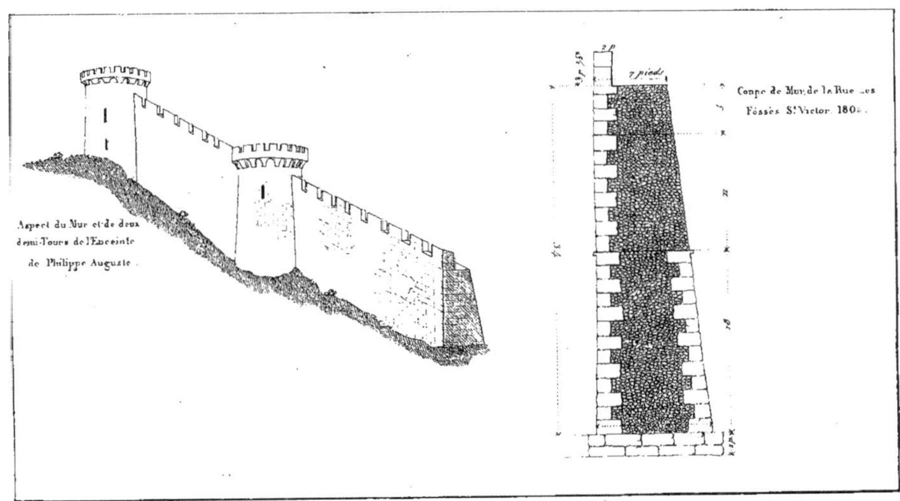

Cette opération, ordonnée en 1807, fut commencée en 1808.

J'ai journellement suivi les travaux alors faits, et voici ce que j'ai vu.

On commença d'abord par enlever les terres et immondices avec lesquelles, du côté de Paris, on avoit butté cette muraille, dans le dessein de la rendre plus forte. Une fois qu'elle fut déterrée, on s'occupa à sa démolition sur une largeur suffisante pour pouvoir y établir une rue de trente et un pieds six pouces de largeur, ainsi que les deux murs de clôture qui la suivent à peu près dans toute sa longueur.

Une coupure est faite dans le mur de Paris, rue des Fossés St Victor.

Le premier effet de cette opération, aussi longue que pénible, a été que le jardin du collége de Boncourt a été séparé en deux parties.

Dès que ce travail fut fait, rien ne devint plus facile que de reconnoître que ce mur, dont les fondations avoient deux pieds sur une épaisseur de onze, s'élevoit à trente-quatre pieds *(a)*, là il se trouvoit réduit à neuf pieds *(b)*, surmonté du côté de la campagne, par un parapet moderne et mal construit, de deux pieds d'épaisseur sur trois pieds et demi de haut, remplaçant d'antiques créneaux dont j'ai fait graver l'aspect, d'après une Vue de Paris, que Berey a donnée en 1669.

Une circonstance infiniment précieuse que nos antiquaires et historiens modernes ont très-certainement ignorée, c'est qu'il n'y a qu'une partie de cette immense construction, dont la démolition, je l'ai dit, fut commencée en 1808, qui doive être portée au règne de Philippe Auguste.

Un massif de cailloux, réunis avec un ciment si dur et si ferme, que le maçon, avec la pince et le marteau, éprouvoit les plus grandes difficultés avant d'en arracher quelques portions, formoit la base et la fondation de ce mur.

Détails de la partie basse du mur de la rue des Fossés Saint-Victor.

Un noyau, formé par les mêmes matériaux, et tout aussi solide, s'élevoit jusqu'à dix-huit pieds, et avec le plus grand soin on avoit revêtu ses deux faces avec des libages *(c)* soigneusement parés.

Du côté de Paris, une dalle d'une couleur plus foncée que les autres pierres de ce mur (attendu que saillant de plus d'un pouce, elle se trouvoit plus exposée aux influences de l'air) annonçoit la place où se terminoit l'élévation des dix-huit pieds due à Philippe Auguste.

En 1336, une guerre cruelle entre la France et l'Angleterre (et qui, à diverses reprises dura plus de cent ans) ayant éclaté, pour rendre Paris plus en état de

(a) Ces trente-quatre pieds sont indiqués à l'opposé de Paris par un filet de giroflées jaunes, gueules de loup et autres herbes d'espèces à peu près pareilles, dont une des principales propriétés est de croître aussi bien sur des murs qui paroissent arides que dans un excellent terrein.

(b) Ces neuf pieds non couverts de terre et que tout le monde peut voir, ont été, ainsi que je l'ai dit, réduits par Bonami, à quatre pieds : si un homme, surchargé d'autant de titres que le fut ce savant, notamment de celui de membre de l'ancienne académie des inscriptions, en a imposé d'une manière aussi forte, à qui désormais accordera-t-on sa confiance ?

(c) Par ce mot on entend de gros moellons, morceaux de pierre mal faits, rustiques et moindres que les carreaux.

Trévoux.

P 2

résister aux attaques des ennemis , on décida qu'il seroit fait, tant au septentrion Spicilége, t. 3. p. 116. qu'au midi, un exhaussement à la clôture de Philippe Auguste. *Muros novos , parvos.... supra illos (a)*.

Ces travaux , si on suit l'ordre dans lequel le deuxième continuateur de Nangis en a parlé , furent commencés vers le couchant de Paris : fait certain quand on fait attention à la position de l'Angleterre, et à la difficulté que, vu la si médiocre organisation du matériel des armées alors existantes, ces étrangers auroient eue à transporter de l'autre côté de la Seine et les troupes et les machines alors usitées et nécessaires pour faire le siége de notre capitale.

Prenant toujours pour guide ce si intéressant chroniqueur, je sais bien qu'en 1357 vers le levant les mêmes opérations furent commencées : *ad partem orientalem... facientes et muros novos parvos supra illos;* mais rien n'annonce si elles furent suivies, si ce n'est le long de la rue des Fossés Saint-Victor , où je vois, et tout le monde, comme moi, peut journellement en avoir la certitude, qu'au-dessus de la

.*(a)* C'est avec peine que dans son Dictionnaire historique je vois de Landines prononcer que le second continuateur de Nangis (Jean de Venette, carme de la Place Maubert) étoit un homme agreste et grossier, quand quelques lignes plus bas sa lettre prononce que sans lui et sans son dévancier, le premier continuateur de Nangis, *nous n'aurions presque rien de sûr touchant les événemens qui se sont écoulés dans le temps où ils ont vécu.*

Que devoient lui importer les vices personnels à ce religieux, quand ce n'étoit qu'aux obligations que nous lui avons, comme chroniqueur, qu'il devoit s'arrêter ?

Tout ce qu'a dit VENETTE sur les travaux exécutés en 1356, 1357 et 1358, pour mettre Paris en défense contre les Anglois, et qu'il assura avoir vu faire (*vidi*) m'a paru si intéressant que j'ai cru devoir joindre ici une copie littérale de son texte.

Vers la partie occidentale de Paris, anno 1356. 1. Cives Parisienses catenas ferreas, timentes de inimicis, et modium in Nobilibus confidentes, per vicos Parisienses et per compita posuerunt, 2. Fossata circà muros ad partem Occidentalem et circà suburbia ad partem Orientalem, quia nulla ibi antea fuerant, facientes, 3. *Et muros novos parvos similiter suprà illos cum portis et bastillis ad prædicta construxerunt, munientes turres balistis garretis, canonibus et machinis, et aliis bellicis instrumentis,* 4. Destruentes domos omnes quæ intùs et extrà muros antea jungebantur. Tunc enim fuerunt multa pulchra et solemnia hospitia tam interiùs quàm exteriùs, ad demolitionem et ruinam funditùs condemnata, ut fossata fienda per dicta hospitia caperent iter suum, *quorum ruinam et fossatorum, atque murorum sequenti anno et deinceps fabricam vidi prosequi diligenter, de quibus adhuc in sequentibus fiet sermo.*

Id. p. 117. Du côté du nord, anno 1357, 5. Omnes incœperunt se acriùs defendere et munire, muros reparare, fossata jam inchoata sollicitè profundare, et super fossata ad partem orientalem *muros parvos novos construere, balistas ad exitus portarum elevare.*

Id. p. 118. Anno 1358. 6. Fuerunt destructa hospitia et domus, quas fratres prædicatores habebant et minores extra muros Parisienses. Nam prædicatores habebant infirmarias et capellas, notatas aulas, et alias domos honorificas regias et solemnes, et fratres minores refectorium constructum muro lapideo, tabulata, coquinas ac dispensas domosque alias utiles ac decentes, et tam illi quam isti ad domos istas per domos civitatis officiosissimè subintrabant, similiter et ad hortos quos foris habebant speciosissimos et amœnos, et non solum domos quas ædificaverant perdiderunt exterius, sed etiam domus intra mœnia, et illas quæ muris ab infra jungebantur, ut inter ipsorum habitaculum et dictos muros aditus fieret atque via : 7. Et similiter factum est ad omnes muros ad plagam occidentalem circumdantes civitatem.

clôture générale de Philippe Auguste, il fut fait deux exhaussemens destinés selon les apparences à empêcher que des terreins si élevés, où nous voyons la maison dont ci-devant étoient propriétaires les prêtres de la Doctrine chrétienne (actuellement n°. 37), on ne pût apercevoir ce qui se passoit dans Paris.

Le premier de ces exhaussemens porte onze pieds de hauteur, et il est paré vers la campagne, de libages assez semblables (quoique cependant ils paroissent d'une qualité inférieure) à ceux employés au-dessous. Il n'y avoit pas de pareils libages du côté de Paris ; quant au massif de ce mur, on n'y trouvoit d'autre différence avec celui de Philippe Auguste, si ce n'est que le ciment destiné à lier les pierres et cailloux dont son massif étoit formé, étant d'une couleur moins rouge et plus terne, il devoit par cela même se trouver un peu moins solide (ce que, j'ai vérifié). Le second, datant de 1358, avoit cinq pieds d'élévation, étoit tout semblable à la partie inférieure que je viens de décrire ; mais sa cime, du côté de Paris, étoit assez dégradée par les influences de l'air et les pluies.

Réflexions que fait naître le soin avec lequel, du côté de Paris, on a fait le revêtement des dix-huit pieds du mur de Philippe Auguste.

La manière aussi soignée du côté de Paris, qu'elle l'avoit été vers les champs, avec laquelle Philippe Auguste fit faire le revêtement du mur que sur une épaisseur moyenne de dix pieds, il avoit fait élever jusqu'à dix-huit, le long des terreins où nous voyons la rue des Fossés Saint-Victor, doit faire présumer que ce prince avoit cru que ce mur n'avoit pas besoin d'être butté de terre pour être en état de résister à ses ennemis.

Celui qui auroit eu le dessein de s'emparer de notre ville, n'auroit pu que tenter l'escalade de ces murs, ou chercher à en détruire quelques parties par le bélier, la mine et les machines de jets ou de cordes ; mais chacun de ces différens procédés militaires présentoit de grands inconvéniens.

Si ce n'est dans le cas de surprise, rien n'étoit plus périlleux pour les assaillans que l'escalade : placés sur une échelle fragile, embarrassés par leurs armes, exposés aux traits qu'on leur lançoit, écrasés par des pierres qu'on faisoit rouler sur eux, quelquefois brûlés par des matières enflammées dont on les arrosoit, il n'en étoit qu'un très-petit nombre qui, sains et saufs, pussent surmonter tous ces obstacles.

Supposons ces aggresseurs arrivés au faîte du mur de la ville dont on leur avoit promis, et dont ils ambitionnoient le pillage ; s'ils le trouvoient non butté, ce qui exigeoit de leur part qu'ils retirassent à eux leurs *échelles ascendantes*, pour les convertir et employer comme *échelles descendantes* ; il falloit que, restant exposés aux armes de ceux qu'ils vouloient dépouiller, laissant de côté le soin de leur défense personnelle, ils ne s'occupassent que des moyens nécessaires pour mettre à fin leur entreprise, tandis que les assiégés pouvoient à tout moment réparer leurs pertes et les attendre de pied ferme pour les exterminer.

Si on joint à ces circonstances le fait très-constant , que ces assiégeans n'agissoient qu'avec l'espoir , assez incertain quelquefois, qu'ils alloient devenir les maîtres des biens de leurs frères , tandis que les assiégés étoient déterminés par un motif bien plus fort encore, celui d'arracher eux, leurs femmes et leurs enfans à une mort presque assurée , et d'empêcher que leurs propriétés ne devinssent la proie de voleurs, on ne doit pas être surpris si sur le grand nombre de villes, non réduites à la dernière extrémité, que l'on a voulu prendre d'assaut, il y en a eu si peu sur lesquelles ce genre d'attaque ait réussi.

Le Bélier n'auroit pu procuire qu'un bien petit effet sur le mur de Philippe Auguste.

La simplicité du bélier doit être un parfait témoignage qu'il a dû être le plus ancien engin guerrier que la méchanceté humaine ait inventé et mis en usage pour détruire les murs et fortifications par lesquels étoient défendues les habitations qu'on vouloit piller.

Dans le principe, ce ne fut qu'une poutre *(a)* qui, étant suspendue par des courroies, cordes ou chaînes de fer, et lancée fortement contre un mur, finissoit par faire une brèche , et y faciliter un passage.

Par la suite, l'extrémité de cette poutre destinée à battre et à ébranler le mur, fut armée d'un fer aigu, quelquefois aussi et beaucoup plus souvent, ayant la forme de la tête d'un bélier, et c'est ce qui a fait donner à cette machine le nom de bélier, à cause qu'elle heurtoit les murailles, comme le bélier frappe de sa tête ce qu'il rencontre.

Mettant de côté toutes les peines qu'auroit exigées le transport du bélier , et les dangers auxquels on se seroit exposé pour le mettre dans le cas d'en obtenir la fin et le but qu'on s'en proposoit, on peut regarder comme certain, qu'attendu l'énorme épaisseur et la grande solidité du mur de Philippe Auguste , on n'auroit pu, après bien des travaux et perte d'hommes, que pratiquer une brèche ou défilé , dans lequel ceux qui auroient eu la hardiesse de s'engager , auroient indubitablement été écrasés par les assiégés placés sur les parties de ce mur, restées intactes.

Si quelques-uns de ces aggresseurs , par un effet du hasard , eussent été assez heureux pour, en sortant de ce passage, se trouver dans Paris , ils auroient bientôt été assaillis et massacrés par les assiégés.

On peut donc regarder comme certain que l'antique bélier n'auroit pas été dans le cas d'occasionner un bien grand dommage à la deuxième enceinte générale de Paris.

De la mine des anciens.

Il est à présumer que l'homme , tant qu'à peu de chose près il ne fut qu'une

---

(a) Plusieurs antiquaires , et Daniel comme eux , ont cru que cette poutre portée sur les bras de plusieurs hommes , étoit avec ce moyen employée à battre les murs et y faire brèche ; mais ce procédé étoit impraticable ; il auroit suffi que le mouvement de quelques-uns de ces gens de peine, n'eût pas été conforme à celui des autres travailleurs ; il auroit suffi que plusieurs d'entre eux eussent été mis hors de service, pour que le plus grand nombre de ceux qui restoient eussent été écrasés par la poutre.

Avant d'admettre une pareille idée et de la publier , les antiquaires dont je ne puis partager l'opinion , auroient bien dû examiner si ce qu'ils écrivoient étoit possible.

bête brute, ayant vu journellement le lapin creuser la terre pour s'y ménager des conduits dans lesquels il se logeoit, aura quelquefois imité cet animal qui, malgré sa petitesse, avoit cependant sur lui l'avantage d'avoir été créé le premier.

Après bien des siècles, l'homme devenu recherché ayant imaginé des habitations agréables et plus commodes que celles qu'il avoit sous terre, s'est borné à ne faire des fouilles que pour s'introduire sans être vu, et par cela même avec moins de péril dans le camp ou la ville de son ennemi, quelquefois même de son ami, afin de s'emparer de tous les objets qui pouvoient lui convenir.

A la fin, ces canaux souterrains, vu le peu de largeur qu'ils devoient nécessairement avoir, ayant été reconnus pour être d'une médiocre utilité, ne furent plus employés que pour faire (sous un mur ou une fortification, qui empêchoit l'approche d'un objet, ville ou château), une excavation assez considérable pour pouvoir l'engloutir et le faire disparoître, de manière que par ce moyen un assaut devînt pratiquable.

Outre le déblai des terres, travail très-pénible, s'il falloit les transporter bien loin, cette opération avoit encore une bien grande difficulté à vaincre; c'est qu'à mesure que l'on fouilloit, pour mettre en sûreté la vie des ouvriers et terrassiers que l'on y employoit, et pour que l'excavation pût produire l'effet qu'on s'en promettoit, il étoit indispensable, pour empêcher l'éboulement des terres supérieures, et principalement de quelques foibles parties d'un mur ou d'une fortification dont on vouloit la ruine totale, que l'on plaçât de forts madriers soutenus et affermis par de grosses pièces de charpente; une fois que l'ouvrage étoit arrivé au point de perfection que l'on désiroit, on remplissoit ce souterrain de matières combustibles auxquelles on mettoit le feu.

Admettons que l'incendie eût produit l'effet qu'on s'en étoit promis; son résultat auroit été, que le mur qui jusqu'à ce moment avoit été soutenu par la charpente, devoit nécessairement, dès qu'elle étoit consumée, crouler dans la fosse destinée à l'engloutir, et alors un assaut, opération militaire que l'histoire de tous les peuples nous a représentée comme n'ayant pas toujours réussi, à beaucoup près, auroit pu être tenté par cette brèche.

Telle est l'idée très-précise que l'on doit se former des mines des anciens, par eux appelées *Cuniculi (a)*; et elle doit suffire pour convaincre qu'une pareille tentative ne pouvoit être risquée par des gens ayant l'ombre de raison. En effet, quelle fouille immense, et par cela même si longue qu'on peut la regarder comme très-difficile à exécuter, n'auroit-il pas fallu faire pour causer la disparition d'un mur ayant hors de terre dix pieds d'épaisseur sur dix-huit de hauteur?

Supposant un moment l'impossible, la brèche pratiquable, et l'assaillant introduit dans Paris: ne se seroit-il pas subitement trouvé arrêté par une masse énorme d'une

(a) La richesse de la langue latine ayant toujours été infiniment vantée, ne doit-on pas être surpris que pour indiquer *lapin*, *terrier* et *mines guerrières*, on n'ait pas trouvé d'autre mot que celui de *cuniculi*?

portion de ses habitans qui, placés sur la pente rapide du mont *Lucotice*, (la montagne Sainte-Geneviève) ne se servant pas même de leurs armes, mais favorisés par leur position, se poussant, se précipitant les uns sur les autres, auroient bientôt ou culbuté ou étouffé ou chassé hors de leur ville les téméraires qui, pendant quelques momens, s'étoient flattés de s'en emparer?

LES MACHINES DE JETS.

Ces si antiques machines de jets, dont l'histoire a bien souvent fait mention ; ces instrumens guerriers au nombre de cent,

Tunc centena, quorum repulit cum sanguine vitam
Centeno catapulta nimis de corpore pernix ;
Hospitiumque comas dueti lintresque revisunt.

**Abbon,
vers 156.**

qui ont défendu Paris contre les attaques des Normands, et sur lesquels tant de modernes qui ne les connoissoient pas, ont tant écrit, étoient-elles assez fortes, je ne dirai pas, pour détruire le mur de Philippe Auguste, mais pour y causer quelques foibles dommages? C'est une question que le plus mince érudit pourra résoudre, tout aussi bien qu'un antiquaire, s'il veut seulement prendre la peine d'écouter ce que je vais dire.

Ces machines diaboliques, *malo dæmone dignæ*, que l'homme inventa et employa pour assassiner son semblable, ou au moins, mû par l'espoir de piller et de détruire son habitation, qui ont porté (en général) le nom d'instrumens de jets, de ce qu'elles étoient employées à lancer et jeter des traits, des pierres, etc., pour porter l'effroi et quelquefois la mort, ont eu bien d'autres titres, et notamment ceux de Catapulte, Baliste, Tormentum *(a)*, Onagres, ou Anes sauvages *(b)*, machines de corde *(c)* et bien d'autres.

**Les prin-
cipaux noms
des machi-
nes de jets.**

(*a*) N'est-ce pas encore ici une nouvelle preuve de la foiblesse humaine que nous ont donnée le savant Henri de Valois et son frère puîné Hadrien, dans le texte d'Ammien Marcellin, dont nous leur sommes redevables, quand ils sont, l'un comme l'autre, convenus après avoir indiqué que, par *Tormentum*, on pouvoit entendre ou *quod fundum explicatione torquetur*, ou *Funes torquati torquentur ?* ce qui est presque littéralement la même phrase que celle qu'on lit dans l'original : *Ex eo quod omnis explicatio torquetur ;* ils avouent ingénuement, l'un comme l'autre, qu'ils n'entendoient pas trop bien ce qu'ils avoient eu le dessein de faire connoître : *Ingenue fateor non satis intelligo.*

(*b*) La faculté qu'Ammien Marcellin a attribuée à cet animal, de pouvoir lancer des pierres avec ses pieds de derrière sur ceux qui le poursuivoient, avec une si forte roideur qu'il leur enfonçoit l'estomac ou leur cassoit la tête, peut être employée comme supplément à l'histoire fabuleuse des animaux que César n'a point vus, mais *imaginés.*

**Livre II,
p: 44, art: 15,
des Paralipo-
mènes.**

(*c*) Dom *Calmet* a commis une infidélité lorsqu'il nous a transmis qu'Ezéchias avoit prédit que *Nabuchodonosor dresseroit ses échelles de corde contre les murs de Jérusalem.* Dans le texte de ce prophète les expressions *échelles de corde* ne s'y trouvent même pas.

M. MARCEL, Professeur d'hébreu au collège de France, m'a donné sur cet objet un excellent mémoire, qu'il m'a autorisé à communiquer.

Si

Vue d'une portion de la Clôture générale de Paris et de deux de ces Tours existantes encore le long du clos des Jacobins de la Rue S.ᵗ Jacques (elle est prise de la Rue S.ᵗ Hyacinte) à droite on a indiqué les restes du parloir aux Bourgeois.

La Catapulte de Vitruve Montée sur un Chariot   La Baliste du même Ingenieur dans une Batterie

D'après la Colonne Trajanne.

Si Dieu daigna accorder à l'homme une grande intelligence , il semble que le génie de cette créature se soit principalement surpassé toutes les fois qu'il s'est agi de tuer son frère , ou au moins de lui causer quelque dommage.

Les machines de jets, connues dans les temps le plus reculés.

Peut-on douter d'après ce point de fait , prouvé par tant d'exemples , que les machines de jets n'ayent existé dès les temps les plus reculés ?

Nous avons la certitude que l'an du monde 3190 (810 ans avant Jésus-Christ,) Ozias, roi de Judas , en fit faire de toutes sortes , pour être mises dans les tours, ainsi que dans les angles des murs de Jérusalem. *Et fecit in Jerusalem, diversi generis machinas, quas in turribus collocavit, et in angulis murorum, ut mitterent sagittas et saxa grandia.*

On commettroit une grande erreur , si, prenant à la lettre ce que je viens de dire sur les moyens qu'Ozias mit en usage pour défendre Jérusalem , on alloit croire que ce prince fut l'inventeur des engins militaires dont il se servit; au contraire il ne fit tout simplement que pratiquer ce qui existoit bien des siècles avant lui.

Les machines de guerre existoient bien antérieurement au régne d'Ozias.

Quelque prévenu que l'on doive être contre la prétention qu'ont toujours eue les Grecs *(a)* qu'il n'y avoit ni esprit ni raison hors de leur pays, et qu'en tous genres ils avoient toujours fait les principales découvertes, on ne peut cependant disconvenir que , s'ils n'ont pas prouvé que c'étoient eux qui avoient imaginé les machines telles que celles levées et dressées par Ozias , ils étoient cependant très-fondés à pouvoir s'en regarder comme les auteurs, puisque c'est dans leur idiôme que l'on trouve pour la première fois le nom des deux principales machines de guerre , *la Catapulte* et *la Baliste.*

Le mot catapulte est composé de la préposition κατά et de πελτη qui , suivant Hesycius , signifiant un dard, a le rapport le plus intime avec la *Catapulte* établie pour lancer des dards.

Histoire de la Milice française par Daniel, T: I, page 60:

Celui de baliste dérive du mot βαλλειν qui signifie *jeter ,* parce qu'on s'en servoit principalement à jeter des pierres, d'où souvent lui fut donné le nom de *pierrier, petraria.*

Id. p. 62.

Lorsque l'on désire savoir comment étoient faites les *si antiques machines de jets ,* il est de toute nécessité de commencer par consulter Vitruve *(b)* et

(a) On se doute bien que ce n'est pas des Grecs, au moment où ils n'avoient encore pour demeures que des antres profonds, dont ils ne sortoient que pour disputer aux animaux des alimens grossiers, et quelquefois nuisibles, que j'entends parler, mais des habitans de ces mêmes contrées, onze cent soixante ans avant qu'Ozias existât et qui, partis de l'Egypte sous la conduite d'Inachus, 1970 ans avant Jésus-Christ, vinrent s'établir en Grèce, où ils amenèrent avec eux les connoissances de tous les arts portés dans le pays dont ils avoient émigré, à un si haut point de perfection que Dieu lui-même en a rendu un glorieux témoignage en louant Moyse d'avoir été instruit dans toute la science des Egyptiens.

Barthélemi, dans Anacharsis, T. 1, page 1re.

Idem, p. 2.

(b) Il ne faut s'arrêter qu'au texte latin de cet ingénieur, donné par Louis Elzévir en 1649 , et nullement se fier à la traduction que Perrault en a fait imprimer en 1684 , attendu que cet académicien, au lieu de rendre littéralement ce qu'il disoit, est convenu lui-même qu'*il s'étoit cru obligé de sup-*

Rollin, histoire ancienne, Tome I, page 33.

Note D au bas de la p. 334 de sa traduction.

Marcellin : le premier, s'il ne fut pas, ainsi que bien des gens l'ont avancé, un des plus grands esprits de l'antiquité, dut être au moins un homme d'un mérite peu commun, puisque Jules César et Auguste, qui savoient distinguer et apprécier les talens (personne n'en disconviendra), l'avoient pris pour leur architecte; le second est un historien infiniment précieux, qui, ayant porté les armes sous les empereurs Constance, Julien et Valens, a été à même de voir journellement bien des machines guerrières, et d'observer de quelle manière elles étoient employées et servaient au moment où il écrivoit (400 ans ou environ après Vitruve).

Des sculptures faites, il peut y avoir dix-sept siècles, représentant des machines de jets, dont les unes en batterie et les autres traînées sur des chariots, que l'on voit encore dans leur entier sur la colonne trajanne (a), font bien voir la forme extérieure de ces antiques engins guerriers, mais ne donnent aucun éclaircissement sur leur grandeur et sur les moyens mis en usage pour leur faire produire l'effet qu'on en attendoit; c'est une suite de la crasse ignorance, en perspective, des premiers sculpteurs dont les ouvrages nous ont été conservés : tout leur art se bornoit à assez bien représenter les personnages.

Cette observation suffit pour faire sentir que l'on ne doit pas être surpris que Fabretty, après avoir fait graver la façade de la plus forte de ces machines, au lieu de la proclamer Prototype, ait fini par avouer qu'il désespéroit d'en connoître la forme, *quia de recta hujus machinæ ejusque temperaturæ cognitione, oppido desperamus.*

Mêmes expressions de la part des modernes qui ont été les commentateurs des écrivains machinistes de l'antiquité; tous ont été d'avis qu'ils étoient inintelligibles.

Ne doit-on pas gémir sur l'inconséquence, je peux même dire sur la foiblesse humaine, quand on voit que Perrault, le sage Claude Perrault, après être convenu que la découverte des machines de jets étoit impossible, n'en a pas moins donné une catapulte qui, d'après ce qu'il avoit dit, ne pouvoit être que tout-à-fait imaginaire, en l'annonçant comme conforme à celle des anciens, et qui considérée comme telle, fut consacrée dans le cabinet du roi et dans l'observatoire?

pléer quelques parties, et d'en expliquer d'autres par des conjectures probables, etc., licence qui est à mes yeux un crime.

Rien de plus ridicule que l'idée qu'a eue ce savant, de joindre à sa production des dessins de son invention : n'auroit-il pas dû, au lieu de mutiler et de travestir Vitruve, se contenter de la gloire d'avoir élevé, en 1665, la superbe colonnade du Louvre, monument qui fera toujours figurer, et de la manière la plus distinguée, son nom dans le siècle de Louis XIV ?

(a) Je les donne ici d'après la gravure qui a paru en 1576, et réimprimée depuis, notamment en 1616, sous le nom d'Alphonse Cuacon (*Ciaconius*), frère prêcheur et pénitencier du Souverain Pontife. Ce qui m'a déterminé dans ce choix, c'est que la production de ce religieux a paru avec l'approbation de ses supérieurs, qui étant domiciliés à Rome, et y pouvant par cette raison voir tous les jours la colonne trajanne, ont pu mieux que tous autres vérifier et attester l'exactitude des gravures publiées par un de leurs confrères.

Ne pourroit-on pas croire que le brave Folard *(a)* qui, dans ses derniers moments, a éprouvé, je l'ai lu, tant d'absences de raison, n'en eût déjà ressenti quelques tristes avant-coureurs, puisqu'au moment où il reproche à Perrault les machines que je viens d'annoncer, comme si fausses et si ridicules qu'il avoit eu le dessein de rabaisser ou jeter les anciens dans le dernier mépris ; oubliant ce qu'il vient de dire, et sans songer qu'il seroit regardé comme l'homme le plus inconséquent s'il l'imitoit, s'est cependant permis de rendre compte des effets 1°. d'une petite catapulte par lui inventée qui, quoiqu'elle n'eût que dix pouces de longueur sur treize de largeur, chassoit une balle de plomb d'une livre *(b)* à deux cent trente toises.

2°. D'une baliste n'ayant qu'un pied en tous sens, et entrant dans la pierre de taille la plus dure, et s'y enfonçant jusqu'à moitié *(c)*.

Vitruve nous ayant transmis que les proportions des catapultes et scorpions étoient déterminées 1°. par la longueur du trait que cet engin devoit lancer : *ex propositá sagittæ longitudine, quam id organum mittere debet;* 2°. que des nerfs tressés contraignoient ses bras à se rapprocher, *tenduntur nervi torti ; (d) qui brachia continere catapultarum debent,* laissant de côté tous les mots insignifians et barbares même, dont les injures du temps ou plutôt la malice des hommes a probablement hérissé la fin du texte de cet architecte, je reste convaincu que cette machine militaire fut en grand, ce que sont encore en petit de nos jours ces si antiques arbalètes, dont quelques-unes ont passé jusqu'à nous.

L'inspection seule d'une de ces armes donnera une idée bien plus exacte et plus

(a) Perrault et Folard auroient dû songer que leur ministère se bornoit à indiquer la forme, l'emploi, etc., des antiques machines de jets, et nullement à en imaginer de nouvelles.

(b) Il avoit dit précédemment que le poids de l'objet chassé n'étoit que d'une demi-livre.

(c) Lorsqu'on écrit avec l'intention de donner au Public le produit de ses veilles, il faut au moins chercher à être clair et précis, et c'est ce qu'ici n'a pas fait Folard.

Si on s'en tenoit littéralement à son texte, ce seroit la baliste qui sembleroit entrer dans la pierre, et s'y enfoncer jusqu'à moitié, ce que très-certainement Folard n'a pu ni voulu dire ; mais comme c'est du trait lancé par cette machine qu'il a parlé, il auroit dû au moins (ce qu'il a complétement oublié) en fixer la grosseur et principalement la longueur.

(d) C'est de là qu'est né le titre si souvent donné aux catapultes et balistes, de machines de cordes; en effet, c'étoient des cordes de nerfs, cheveux, chanvres, etc., qui étoient le principal ressort de ces engins militaires, et sans lequel ils n'auroient pu produire aucun effet.

Si Vitruve ne nous a pas instruits des dimensions de ce cable; après un intervalle de plus de dix-sept siècles, Folard a eu la prétention de nous apprendre ce dont cet ingénieur avoit voulu parler ; expression bien singulière, quand on voit que, sans autre guide que son imagination, il a avancé que cette corde étoit très-longue, qu'il lui a donné un, trois et quatre pieds de diamètre, dernière mesure qui auroit produit une ficelle de douze pieds de tour.

Comment la transporter ?

Qui auroit pu la nouer ?

Que de machines et leviers n'auroit-il pas fallu pour la roidir ? Folard étoit fou.

parfaite des moyens employés pour les faire jouer, et des effets qu'elles pouvoient produire , que tout ce que je pourrois dire ou écrire.

En effet, si l'on tire à soi avec une assez grande violence la corde attachée à ses bras, pour leur faire prendre la forme d'un arc, et que la dirigeant sur l'encoche d'une flèche placée sur la catapulte on la lâche subitement , il doit arriver nécessairement que les bras de cette machine devant tendre à reprendre la ligne droite qu'on leur avoit fait perdre , le trait qui reçoit l'impulsion de la corde devoit partir avec tant de vivacité , que bien souvent celui sur lequel il étoit lancé en étoit frappé avant de l'avoir aperçu, propriété de l'élasticité dont Dieu a permis que l'homme connût l'effet sans lui accorder le pouvoir de déterminer précisément les causes qui la produisent.

La baliste de Vitruve ne diffère de sa catapulte qu'en ce qu'elle devoit être proportionnée au poids de la pierre qu'on vouloit lui faire lancer, *ad propositam magnitudinem ponderis saxi.* Comme il est à présumer que cette pierre devoit être beaucoup plus lourde qu'un trait, on doit aussi croire que la charpente et les autres pièces composant cette machine devoient aussi être beaucoup plus fortes et plus massives que celles de la catapulte ; c'est ce qui fut cause que dans plusieurs des plus fameux siéges dont l'histoire ancienne nous a conservé le souvenir, les balistes ont toujours été en bien plus petit nombre que les catapultes.

Au siége de Thèbes, Philippe, roi de Macédoine, fit provision de cent cinquante catapultes et de vingt-cinq machines à lancer des pierres (balistes). Joseph nous a transmis qu'au siége de Jérusalem les Romains avoient trois cents catapultes et quarante balistes.

C'étoit avec des moulinets, des leviers, des moufles , des vindas et des roues à dents que l'on roidissoit les cordes des balistes.

Il paroît certain que pendant les quatre siècles et plus, écoulés entre Vitruve et Ammien Marcellin , on s'étoit habitué à appeler baliste la catapulte ou scorpion de Vitruve , et que de même les titres de scorpion , onagre, *tormentum,* avoient remplacé le mot baliste, sous lequel cet ingénieur avoit décrit l'antique machine destinée à lancer et jeter des pierres.

Si on rapproche le texte de Vitruve de celui de Marcellin, on reconnoît que sous des noms bien différens , ces deux auteurs ont décrit les deux mêmes engins militaires , et on voit avec peine que Marcellin , lorsqu'il parle du scorpion (la baliste de Vitruve) n'est pas plus clair que son prédécesseur ; car on ne peut concevoir comment peuvent être employés les crochets et la fronde qu'il indique comme pièces essentielles de la machine *qu'il décrit.*

Effets attribués aux si antiques Machines de Jets.

Suivant Josèphe , la portée des machines de jets employées par les Romains , lorsque sous Tite , (la soixante et dixième année de l'ère chrétienne) ils assiégèrent et prirent la ville de Jérusalem , étoit de deux stades et quelque chose de plus , (250 pieds) *(a)*.

Athénée de Byzance, machiniste fleurissant du temps de Gallien (cent-quatre-vingt-dix ans après cette époque) ne nous a pas dit qu'il avoit vu , mais qu'Agésistrate avoit fait deux machines de jets, dont l'une, de trois palmes (un peu plus de deux pieds) jetoit des traits jusqu'à la distance de trois stades et demi (près d'un demi-mille) et dont l'autre, de quatre palmes, les poussoit jusqu'à quatre stades (un demi-mille entier.)   *Antiquités de Montfaucon, T. II , page 135.*

Remontant encore au siége de Jérusalem , on voit que les machines des Romains, particulièrement celles de la douzième légion , bien plus redoutable que les autres, poussoient des objets dont les plus petits étoient du poids au moins d'un talent *(b)*.   *Josèphe , Liv. V, c. 18.*

Au siége de Bamian (1221) Genghis-Kan envoya chercher des cailloux, et jusqu'à des MEULES DE MOULIN pour pulvériser les murs de cette ville.   *Folard, attaque des places, page 652.*

Josèphe a écrit que les pierres lancées par les machines de jets des Romains, partoient avec une si grande roideur, qu'elles ne renversoient pas seulement ceux qui faisoient des sorties, mais aussi alloient tuer sur les remparts et les murs ceux qui étoient ordonnés pour les défendre. Après avoir renversé ceux qui se rencontroient dans les premiers rangs, elles abattoient encore ceux qui étoient derrière.   *Grands effets produits par les machines de jets.*

Veut-on des effets extraordinaires, même miraculeux, en voilà trois.

1°. Au siége de Jotapat, une pierre lancée par les Romains, emporta à trois stades (375 pieds) la tête de l'un de ceux qui , près de Josèphe, combattoient au-dessus d'un mur.   *Josèphe, Livre III , cap. 17.*

2°. Une autre pierre ayant traversé le corps d'une femme, transporta à demi-stade (62 pieds et demi) l'enfant dont elle étoit enceinte.   *Idem.*

3°. Lors des attaques qu'en 885 les Normands firent sur Paris, Eble , abbé de Saint-Germain-des-Prés, eut la force et l'adresse, avec une flèche qu'il lança, de tuer sept de ces Normands. *Septenos una potuit terebrare sagitta.*   *Abbon, p. L. 1, v. 109.*

Les effets des Machines de Jets , réduits à leur vraie valeur.

Si Josèphe, témoin des grands événemens qui se sont passés au siége de Jérusalem, a dit la vérité lorsqu'il a avancé que la portée des plus fortes machines de jets étoit de deux cent cinquante pieds, on ne croira jamais , quoi qu'en ait dit Athénée, que les si petites machines de jets dont il nous a laissé la description, et dont il a   *Véritable portée des machines de jets.*

(a) Cette évaluation est faite sur le stade des Grecs, composé de 125 pieds romains., le pied portant douze pouces.

(b) Au mot Talent le dictionnaire de Trévoux, après avoir pris du Cange pour guide , évalue le talent à 100 livres, ce qui est confirmé par les vers 156 et 157 du poème d'Abbon , que j'ai rapportés ci-devant.

fait Agésistrate (vivant environ cent quatre-vingt-dix ans après le siége de Jérusalem) le constructeur, ayent pu porter des traits à une distance bien plus considérable que celles où alloient les objets lancés par les immenses engins guerriers des Romains : quand je lis ce fait impossible, rapporté par Athénée, sans qu'il exprime quelques doutes sur sa réalité, je ne vois plus en lui un écrivain, mais un triste et insipide écho.

Comme il est certain qu'au siége de Jérusalem (l'an 71) les machines guerrières des Romains ne lancèrent sur cette ville que des objets pesant cent livres ; comme il est prouvé que plus de huit siècles après ce grand événement, lors de l'attaque que les Normands firent contre Paris (885), les engins qu'on leur opposa jetoient encore des masses pareilles ;

CENTENA . . . .

CATAPULTA . . . . . .

ne doit-on pas, et avec raison, désirer d'examiner si Folard fut un répétiteur exact, quand il nous a transmis que lorsqu'en l'an 1221, Genghis-Kan voulut s'emparer de la ville de Bamian, pour en détruire les murs il avoit envoyé chercher des masses affreuses et des meules de moulin, qu'il fit lancer par ses machines ?

Malheureusement pour la gloire de cet ingénieur, il ne fut ici qu'un copiste infidèle, et c'est lui-même qui en donne la preuve ; car même page, quelques lignes plus bas, il raporte le texte de l'historien de Genghis-Kan, dans lequel on lit bien *meules*, mais non pas *meules de moulin (a)*.

Si Folard eût seulement pris la peine d'examiner nos meules de moulin, il auroit vu et reconnu que portant de cinq pieds jusqu'à sept de diamètre sur douze, quinze et dix-huit pouces d'épaisseur, pesant de trois mille à quatre mille cinq cens livres, elles n'étoient pas susceptibles d'être lancées. Très-certainement l'historien de Genghis-Kan n'a entendu parler que de ces anciennes meules si connues et usitées avant que l'on eût songé à établir des moulins à farine, et que l'on traînoit à la suite des armées.

Thoresby a prétendu qu'on en avoit découvert en Angleterre, et que leur mesure étoit de vingt pouces.

Le crâne et l'enfant que Josèphe veut que des machines de jets ayent enlevés et transportés à une grande distance, sont deux faits si ridicules et si impossibles, que l'un des rédacteurs de l'encyclopédie par ordre de matières, après en avoir rendu compte, s'est ainsi expliqué : *Credat judæus*.

Il se peut que d'un seul trait, Eble, abbé de Saint-Germain-des-Prés, ait tué sept Normands : *Septenos unâ potuit terebrare sagittâ*. Cependant quelque foi que

(a) Folard avoit l'habitude de donner des éclaircissemens sur tout ce qui lui paroissoit obscur et embarrassé dans le texte des auteurs qu'il citoit ; il en est convenu en parlant de Marcellin. Son motif que tout le monde ne goûtera pas, fut qu'*une pareille hardiesse devoit être permise toutes les fois qu'elle n'alloit pas au-delà des bornes raisonnables*.

Véritable pesanteur des objets qu'elles jetoient.

Abbon, vers 156.
Id. v. 157.

Attaque des places, page 652.

Encyclopédie, au mot Meule.

Deux effets faussement attribués par Josèphe aux machines de jets.

Abbon, vers 109.

Attaque des places, page 601.

l'on doive ajouter aux récits d'Abbon , je n'aurois pas été fâché de trouver un autre' historien qui m'eût assuré la vérité de cette circonstance.

Ce qui précède doit être un témoignage certain que ce n'est qu'après un sérieux examen que l'on doit, sur les effets des machines de jets , admettre les rêveries renouvelées des Grecs , que nous ont transmis les premiers écrivains qui nous ont parlé de ces objets importants.

Nulle confiance ne peut être ajoutée à Josèphe, attendu que , presque au même moment où il rapporte les miracles qu'elles ont produits au siége de Jotapat, il ne leur fait plus qu'abattre les créneaux des murs , et ouvrir les angles des tours. *Josèphe, Livre III, chap. 17.*

Après bien des siècles, au siége de la forteresse de Thin-l'évêque, aux Pays Bas (1340), six engins fort grands que le duc Jean de Normandie avoit levés , et avec lesquels nuit et jour on lançoit grosses pierres et mangoneaux , ne détruisirent encore que les combles , le haut des tours, des chambres et des salles. *Froissard, vers 1, c. 50.*

C'est ici que je dois relever une fausseté échappée à quelques anciens (c'est le fait par eux avancé que l'on étoit frappé du trait ou de la pierre lancés par les machines de jets, avant que l'on eût aperçu d'où ils étoient partis), attendu que je trouve dans Josèphe, qu'au siége de Jérusalem, les Juifs les évitoient, tant parce que leur bruit et leur blancheur leur donnaient le moyen de s'y préparer , qu'à cause qu'ils avoient disposé des gens sur les tours qui , aussitôt qu'on commençoit à faire jouer ces machines, les en avertissoient en criant en hébreux *le fils vient, il prend un tel chemin.* A ce signal ils se jetoient par terre, et les pierres passoient outre sans leur faire de mal *(a).*

D'après la réunion de tous ces faits, constatant de la manière la plus précise le peu de mérite des antiques machines de jets , doit-on être étonné que Philippe Auguste, mieux que tout autre, ayant pu les apprécier, puisque , malgré que le rebelle comte de Flandre, Ferrand , en eût employé un grand nombre contre lui, il n'en triompha pas moins, et l'emmena prisonnier dans la tour du Louvre; n'eut pas, dans toute son armée, un seul homme en état de les employer ou diriger.

Francigenis nostris illis ignota diebus
Res erat omnino quid balastarius arcus ,
Quid balista foret, nec habebat in agmine suo
Rex , quemquam sciret armis qui talibus uti.

Guillaume Lebreton, apud Duchêne, T. V, liv. 2, lettre 13.

(a) Les Romains, avertis de cet inconvénient, firent noircir les pierres , et par ce moyen , moins apparentes , elles tuoient quelquefois plusieurs Juifs.

La Poudre de Salpétre, salpetris pulvis , *autrement la Poudre de feu ,*
pulveris pyrius.

Le quatorzième siècle a vu les machines de jets tombées dans le mépris , et
l'art militaire si changé , qu'on commença à s'attaquer et à se défendre d'une
manière toute différente. A cette époque les fortifications des villes furent aug-
mentées et renforcées, et il n'y eut pas jusqu'aux mines dont l'effet n'ait été produit
par un autre procédé.

Toutes ces novations ont été occasionnées par la découverte que l'on fit alors
de l'emploi et de l'usage que l'on pouvoit tirer de la raréfaction *(a)* de la poudre
de salpêtre ou de feu : composition dont le nom de celui qui la trouvée , ainsi
que du peuple chez lequel originairement elle fut faite , ne sont pas plus connus
l'un que l'autre.

J'ai lu et relu dans les voyageurs , que si aveuglément on admettoit les prétentions des Chinois, il en résulteroit que bien des siècles avant les Européens ,
ils auroient connu et tiré parti de la poudre de feu ; mais je ne puis être de cet
avis , et crois au contraire que si on a goûté les motifs qui m'ont déterminé à regarder
les anciens Grecs comme les inventeurs des machines de jets , on peut aussi leur
laisser la triste gloire d'avoir trouvé un nouveau fléau pour assassiner leurs semblables et détruire les villes , puisque l'art du feu ou poudre de feu est dérivé
de deux mots grecs πῦρ, feu, et de τέχνη, art, *(pyrothecnie.)*

Le premier Européen qui a parlé des poudres de feu et dont l'ouvrage nous a été
conservé, est le cordelier anglois, Roger Bacon : il est intitulé : *De nullitate magiœ
et de secretis operibus artis et naturœ*, que de Jaucourt a avancé qu'il avoit publié
en 1216 *(b)*.

Voici comment s'est expliqué cet homme (Bacon) regardé comme si savant ,
eu égard au peu de lumières du siècle où il écrivoit , qu'il fut décoré du titre de
docteur admirable.

*In omnem distantiam quam volumus, possumus artificialiter componere ignem
comburentem ex sale petra et aliis ; item ex maltha et naphta et similibus.*

Un nommé Jacques Girard , de Tournus, a singulièrement traduit ce passage.

Ne voulant trouver dans Bacon qu'une seule poudre de feu , quoiqu'il y en eût
véritablement deux d'indiquées , il a supprimé le gros point après *aliis*, et profitant
d'un *item* qui le suit, de deux phrases différentes, de deux compositions distinctes
et séparées, et l'une comme l'autre destinées à mettre tout en feu *(comburentem)*,
n'en a fait qu'un seul objet.

Page 121.

Epoque à
laquelle , et
pour la pre-
mière fois ,
les histoires
européennes
ont parlé des
Poudres de
feu, page 36.

Idem, p. 42.

______

(a) Ce mot, peu usité, est la propriété de dilatation et d'expansibilité que donne le feu à tous les
corps solides et liquides.

(b) S'il est vrai , ainsi que l'ont dit les auteurs de la nouvelle biographie, que ce savant ne naquit
qu'en 1214, il n'auroit eu alors que deux ans.

Une

Une autre faute de cet écrivain est d'avoir trouvé dans *similibus, huile, petreole rouge, ambre, petreole blanc*, et de semblables choses. Deuxième reproche.

Même inexactitude dans la copie en françois que, dans la grande encyclopédie *(a)*, de Jaucourt *(b)* a donnée de ce passage. Comme Girard, il n'a pas distingué les deux poudres de feu, et en outre a poussé l'infidélité jusqu'à rendre *aliis*, par *soufre et charbon*.

« Vous pouvez (c'est Roger Bacon que cet encyclopédiste a fait ainsi parler) exciter Poudre canon.
» du tonnerre, des éclairs, quand vous voudrez ; vous n'avez qu'à prendre du soufre,
» du nitre et du charbon qui, séparément, ne font aucun effet, etc. »

Tout ce que nous a enseigné Bacon, sur le premier moyen d'incendier, usité de son temps, se réduit donc à la certitude que le salpêtre (autrement le nitre) étoit l'une des substances qui y entroient.

Son expression, nous pouvons *(possumus)* est un témoignage certain qu'au lieu Roger Bacon n'est pas l'inventeur de la poudre de feu.
d'avoir été l'inventeur de cette composition, comme d'une seconde qu'il a pareillement décrite, il n'a fait que répéter les procédés des physiciens et chimistes qui l'avoient précédé.

De Saint-Foix qui, très-probablement, n'avoit pas lu l'ouvrage de Roger Bacon, Edition de 1766, t. IV, page 152.
sur *les Secrets de la Nature et de l'Art*, après beaucoup d'autres, a répété dans ses Essais, qu'un moine qu'il ne nomme pas, avoit trouvé la poudre à canon : de suite, il a ajouté (ceci est de sa façon) que de Gallen, évêque de Munster, avoit inventé les bombes, et a fini par attribuer au capucin Joseph, si célèbre sous le cardinal de Richelieu, les espions soudoyés par la police et les lettres de cachet.

Ainsi, suivant cet épigrammatiste, les ministres de notre si antique et si sainte religion, étoient les auteurs de quatre des principaux fléaux, imaginés pour tourmenter les hommes.

Ces différens chefs d'accusation sont-ils fondés ? c'est ce que je vas examiner.

Très-certainement Polydore Virgile *(c)* n'avoit pas entendu parler de Roger Bacon, Première erreur de St-Foix.
puisque, lorsqu'il s'est occupé de la poudre à canon, il en a attribué la découverte à un germain du dernier rang *(hominem germanum admodum ignobilem)*.

Thévet, l'ignorant Thévet *(d)* qui, de même que Virgile, ne connaissait pas Bacon, Hommes illustres, p. 5o5.
a écrit que l'ignoble, dont cet historien n'avoit pas indiqué le nom, s'appeloit *Ber-*

(a) *Chaos, rudis indigestaque moles.* Ovide, 7ᵉ vers du 1ᵉʳ chant.

(b) Né homme de qualité, il se fit recevoir docteur en médecine, afin, ai-je lu quelque part, d'avoir un titre pour fournir des secours charitables aux pauvres malades. Invité par d'Alembert à se charger pour la grande encyclopédie, des articles *médecine* et *physique*, il devint *subito* historien, et fut un des plus prolixes écrivains de cet immense ramas, composant 21 gros vol. *in-folio*.

(c) Sa médiocrité a inspiré cette épigramme : Nouvelle biographie.

> *Virgilii duo sunt, alter Maro, tu Polydore,*
> *alter ; tu mendax, ille poëta fuit.*

(d) L'oraison funèbre de cet historiographe de France, prononcée par la Popelinière, se trouve à la note (d) de la page 98.

R

(130)

tholde Schwartz, dit *Lenoir,* cordelier; et le docteur de Jaucourt a donné des preuves 1°. de son inexactitude, lorsqu'en citant Thévet, il a substitué Constantin Anelzen à Bartholde Schwartz; 2°. de son ignorance, lorsqu'il a voulu (avec plus de probabilité, a-t-il dit,) d'après Belleforest et autres, qu'au lieu d'Anelzen, *[Moréri, au nom de celui de Schwartz.]* l'invention de la poudre fût due à Schwartz, puisque ce ne fut qu'un seul et même individu.

[Anacharsis, chap. 69.] Quand je vois de Jaucourt ainsi décomposer l'histoire, je suis toujours prêt à dire, comme Philoxène : *Remenez-moi aux Carrières.*

Je ne me départirai pas de mon ancienne opinion : la poudre de feu étoit connue *[Deuxième erreur.]* avant Bacon, et rien n'indique qu'un moine en ait été l'inventeur.

[Hénault, à lad. année.] C'est une fausseté insigne que d'avoir attribué à Christophe Bernard de Galen, l'invention des bombes, puisque, lorsqu'il naquit, vers 1604, déjà en 1588, un homme de Vento en avoit indiqué l'usage : des relations manuscrites du siége de *[Troisième erreur.]* Rhodes, portent même qu'en 1622 les Turcs s'en servirent.

Si tous les hommes étoient vertueux, rien ne seroit plus inutile que des espions de police ; mais la France étant infiniment étendue, sa population immense et empoisonnée de mauvais sujets, toujours prêts à bouleverser, voler et assassiner, sans que nulle considération humaine, ni crainte de supplices, puissent les arrêter, il a été indispensable qu'il y eût des gens chargés et payés pour surveiller ces méchans, avertir de leurs mauvais desseins, et mettre dans le cas de les prévenir, ceux qui, au nom du Roi, sont faits pour veiller au salut de l'Etat.

Ces observateurs ont donc dû exister, dès que notre gouvernement a commencé a s'affermir. Nuls doutes, sur cette circonstance, ne peuvent être proposés et encore moins prouvés. Joseph de Paris ne fut donc pas l'inventeur de cette mesure de sûreté. J'irai plus loin.

Il l'auroit été, que, bien loin de partager l'opinion de Saint-Foix, et de lui en faire un reproche, je dirois que si ce capucin a fait autant de mal qu'on l'a écrit, on doit convenir que par cet établissement il a procuré un bien réel.

[Quatrième erreur.] Ce ne sont certainement pas ses connoissances sur nos antiques annales, qui ont mérité à de Saint-Foix la qualité d'Historiographe des ordres du Roi ; car si lorsqu'il a écrit, il eût seulement ouvert Grégoire de Tours, il y auroit vu qu'environ mille ans avant le père Joseph (609), Colomban, abbé de Luxeuil, fut arraché de son monastère et transporté ailleurs, par ordre de Thierry ou de Brunehault; qu'y étant retourné, après le départ de ceux qui l'avoient conduit, il fut de nouveau enlevé.

Au lieu de n'écouter que la prévention aveugle contre les prêtres, que je lui ai déjà reprochée, de Saint-Foix auroit dû songer que l'histoire est une vierge que l'on doit respecter, et que celui qui veut la violer, reçoit tôt ou tard la correction qu'il mérite.

Époque à laquelle les armes à feu ont été connues en France.

Peu nous importe de savoir si les Chinois ont eu des armes à feu bien des siècles avant nous. Un objet qui doit bien davantage nous intéresser, est de fixer l'époque à laquelle ces engins meurtriers, pour la première fois, furent employés par nos prédécesseurs. C'est très-certainement antérieurement à 1338, puisqu'il en est fait mention dans le compte que donna alors Barthélemi Dudrach, trésorier des guerres *(a)*.

Nous avons l'obligation à Jean de Venette de savoir qu'en 1356, au nombre des machines employées pour défendre Paris, on s'étoit servi de canons *(b)* *(canonibus)* *(c)*, mot qui, jusqu'alors, n'avoit paru ni figuré dans l'histoire. _{Art. 3 de la note au bas de la page 116.}

Trois substances, le *Soufre*, le *Charbon* et le *Salpêtre*, dont les deux premières _{Composition de la poudre à canon.}

(a) Cette pièce étant authentique, je vas faire voir de quelle manière infidèle deux modernes, Mézeray et de Saint-Foix, quoique décorés du titre d'Historiographes, et, selon les apparences, très-soldés, nous rapportoient nos antiques annales. Le premier, toujours attaché au principe « *Que les reproches que quelques inexactitudes procuroient, étoient fort au-dessous de la peine qu'il falloit prendre pour consulter les originaux,* » a mis en avant, sans citer aucune autorité, qu'à la bataille de Crécy, les canons étoient des instrumens inconnus aux François, et il a voulu que les nuées de flamme et de fumée qu'ils vomissoient ayent causé une telle épouvante aux nôtres, qu'ils crurent avoir plutôt affaire à des démons qu'à des hommes. _{Diction. historique, au nom de Mézeray. Mézeray, t. II, p. 413.}

Le second, bien plus coupable, parce qu'on ne peut supposer qu'il n'eût connoissance du compte de Dudrach, puisque le si célèbre Furetière dans son dictionnaire imprimé en 1690, en a fait mention ; prenant pour guide Rapin de Thoyras, né 315 ans après la malheureuse journée de Crécy, et unanimement reconnu pour avancer des faits sans les vérifier, a voulu que les Anglois eussent quatre pièces de canon dont l'usage étoit encore inconnu en France.

Si cet écrivain eût seulement pris la peine d'ouvrir la Chronique de Saint-Denis, il y auroit vu qu'à la bataille de Crécy les Anglois n'avoient que trois canons, et ils n'y sont pas annoncés comme des engins nouveaux. Il y est bien dit que les Génevois arbalêtriers qui étoient au premier front tournèrent le dos et laissèrent le traire, mais pas un seul mot de l'effroi et de la terreur panique imaginés par Mézeray et Rapin de Thoyras. _{T. II, fol. 215.}

Ainsi, d'après la chronique de Saint-Denis . . . . . trois canons.

Suivant Rapin de Thoyras . . . . quatre.

Dont de Saint-Foix a porté le nombre à . . . . . six.

O vous, qui suivez la carrière dans laquelle j'ai eu la témérité de m'engager, n'oubliez jamais qu'*en matière d'histoire, on ne doit point ajouter foi aux circonstances rapportées par un auteur qui n'a point vécu dans le temps ou dans le siècle qu'elles se sont passées, et que cette maxime est appuyée sur la raison qui a grande peine à croire ce que lui racontent ceux qui ne l'ont ni vu, ni pu voir, ni appris des personnes qui en ont été témoins oculaires.* _{Sauval, t. I, p. 471.}

(b) Lunier a mis en avant que ce mot venoit de l'italien, *cannone*, augmentatif de canne, parce que le canon est creux, long et droit comme une canne. Les Italiens employent *canna*, pour désigner un canon d'arquebuse, en y ajoutant *di ferro*. _{Diction. des Sciences et Arts.}

(c) N'est pas latin (il auroit fallu *tormentis*).

se consument lentement, sans produire la moindre explosion, et dont la dernière est si incombustible que, posée sur une pelle ou une tuile rougie au feu, elle s'y fond et s'y réduit en liqueur; tandis qu'au contraire, si on la mettoit sur une planche ou sur des charbons embrasés, elle donneroit une bien plus grande activité au feu par lequel cette planche et ces charbons seroient consumés; trois substances, dis-je, le soufre, le charbon et le salpêtre, réunies et pétries ensemble, forment la poudre à canon, employée depuis plusieurs siècles dans notre pays et chez les nations qui nous avoisinent.

Sa fabrica-
tion.

Voici comment on la fabrique.

Le Salpêtre et le Soufre étant purifiés et réduits en poudre, on les met avec de la poussière de charbon dans un mortier, où humectés, on les pile pendant vingt-quatre heures, en les mouillant encore de temps en temps : on finit par passer au crible ce mélange, ce qui lui donne la forme de globules ou petits grains *(a)*.

Toujours porté à faire de nouvelles découvertes, dussent-elles être préjudiciables à ses semblables et à lui-même, l'homme a imaginé qu'en mettant une portion assez considérable de la nouvelle poudre de feu dans un canon, qu'en l'y assujettissant avec un tampon et la bourrant vivement, il pouvoit, en l'enflammant, en augmenter considérablement la force *(b)*, l'expérience a réussi. Bientôt une boule d'airain, de plomb, ou d'autre matière semblable *(c)*, ayant été posée sur ce mélange, on a vu ce boulet, lancé à une immense distance, y faire des effets bien plus funestes et plus meurtriers que ceux jusqu'alors produits par les si antiques machines de jets.

Depuis ce temps, dans les siéges, ce n'étoit plus seulement la cime des tours et des créneaux qui étoit abattue; le boulet pulvérisoit, détruisoit les édifices les plus solides et jusqu'aux murs qui en défendoient l'approche.

En rase campagne il tuoit, ou au moins blessoit tous ceux qui se trouvoient sur son passage, et ne s'arrêtoit (ce que l'on pourroit dire si on parloit d'un être animé) que lorsqu'il étoit épuisé par le grand nombre de tueries ou de dislocations qu'il avoit faites.

La poudre
à canon est
employée
dans les mi-
nes.

L'immense raréfaction produite par la poudre à canon, a fait naître l'idée qu'elle pourroit être de la plus grande utilité, si on l'employoit dans les mines, au lieu de cet incendie si difficile à y exécuter, et on a éprouvé que si on en renfermoit une charge proportionnée à l'effet qu'on en attendoit dans une petite chambre souterraine bien fermée, elle étoit capable, étant enflammée, de soulever et faire pirouetter en l'air les terreins, murs et édifices dont elle étoit couverte *(d)*.

(a) Je ne décris ici que les derniers procédés mis en usage après bien des expériences.

Dictionn.
de Trévoux,
à ce mot.

(b) On a dit que le salpêtre, en disparoissant, produisoit *dix mille fois* le volume qu'il remplissoit : ce qui est bien plus aisé à avancer qu'à prouver.

(c) Nommé boulet à cause de sa forme ronde.

Attaque
des places,
page 674.

(d) Si on devoit s'en rapporter à Folard, la force que développe ce procédé seroit si considérable....

Je n'ai guères fait que prononcer le mot *bombes* , c'est ce qui fait que je regarde comme indispensable de donner quelques détails capables de faire connoître et la forme et les effets de cette machine guerrière d'une nouvelle invention. Elle l'est aussi pour lancer et faire éclater les bombes.

La bombe est une grosse et pesante boule de fer aigre , laquelle est creusée, et que l'on remplit de poudre : *Globus ingens ex œre fusus excavatusque , ingesto intus pulvere refertus.* Pour la tirer, on la met dans un mortier (espèce de canon fort court, et très-large) sur une quantité de poudre proportionnée à sa pesanteur ; on met le feu à une fusée lente qui entre dans sa lumière : la poudre sur laquelle la bombe est placée étant enflammée , elle est subitement enlevée avec une grande violence à une hauteur considérable *(a)* , et dans sa chute elle produit successivement trois effets différens , 1°. elle écrase le bâtiment sur lequel elle tombe ; 2°. venant à éclater par l'effort de la poudre qu'elle renferme , elle tue ou blesse tous ceux qu'elle atteint ; 3°. très-souvent elle finit par mettre le feu aux restes des édifices dont elle avoit déjà détruit une partie *(b)*. Trévoux.

D'après cet aperçu des forces de la poudre à canon , on doit croire que Folard avoit déjà perdu en partie la raison, lorsqu'il a dit : *Que s'il lui étoit possible d'attaquer avec les machines et les moyens des anciens une place défendue par l'artillerie des modernes, il se faisoit fort de la prendre en peu de temps.* On ne doit pas être surpris que le grand Frédéric, dans l'esprit de Folard, ouvrage qui lui est attribué , ait traité de visions et d'extravagances les écrits de ce partisan. Nouvelle Biographie , au mot Place page 144.

On ne peut se mettre à l'abri de la chute des bombes et des explosions meurtrières qu'elles produisent qu'en se tenant renfermé dans une casemate (lieu voûté sous terre, *(ima crypta)*. Mais tandis que l'assiégé croyoit pouvoir y respirer tranquillement, on a vu bien des fois l'assaillant s'emparer de la ville ou du château si mal défendus.

Après bien des travaux, souvent sans fruit, on évente et détruit l'effet des mines.

Une circonstance sur laquelle on ne peut élever le moindre doute , attendu qu'elle est justifiée par des milliers d'exemples, c'est qu'en butant avec des terres

---

que sur une profondeur de terre de cinquante pieds, elle en enlèveroit plus de trois cents. Outre cet avantage , suivant ce même écrivain, la mine moderne a encore celui de pouvoir faire sauter neuf fois le même terrein autour de son premier fourneau.

(*a*) Roger Bacon nous a assez mal décrit ces deux poudres de feu, mais il ne nous a pas appris par quel moyen elles étoient lancées.

(*b*) Les effets de la poudre à canon sont prodigieux; cependant ils n'approchent pas de ceux que Bacon a prêtés à ses poudres de feu, dont un seul pouce, suivant lui, après avoir produit une horrible explosion , étoit capable de détruire une ville ou une armée : *Modica materia , scilicet ad quantitatem unius pollicis, sonum fecit horribilem et coruscationem ostendit vehementem.* . . . . . . *quibus civitas aut exercitus destruentur.* . . . . . . Page 37 de nullitate magiæ.

Ce passage est bien fait pour figurer à la suite de ceux de la cervelle de l'homme et de l'enfant dans le ventre de sa mère que Flavius Josèphe a fait enlever et transporter à une grande distance par les machines de jets. Page 125.

dans l'intérieur des citadelles ou forts, les murs qui en défendent l'approche, on parvient à diminuer et amortir le coup du boulet lancé pour les détruire.

C'est cette découverte qui a déterminé à remplir et affermir vers Paris le long de la rue des Fossés Saint-Victor, les trente-quatre pieds de la deuxième clôture générale de Paris, dont dix-huit datent, ainsi que je l'ai dit, du règne de Philippe Auguste et sur lequel deux autres exhaussemens, l'un de onze pieds et l'autre de cinq, ont depuis été construits en 1356 et 1357.

Au premier coup-d'œil le nombre de toises cubes de terre qu'il a fallu rapporter contre cette bâtisse paroît immense, mais on le trouve bien diminué quand on voit qu'il ne s'est agi que de combler le vuide √ se trouvant entre cette bâtisse et la pente rapide du mont Lucotice. Depuis les deux exhaussemens du mur de la rue des Fossés Saint-Victor, exécutés en 1356 et 1357, ce mont Lucotice, appelé depuis bien des siècles *la Montagne Sainte Geneviève*, attendu que la Sainte portant ce nom y fut inhumée dans l'église de Saint-Pierre et Saint-Paul, a été beaucoup moins dominé par les terres exhaussées sur lesquelles nous avons vu la maison des Pères de la doctrine chrétienne, et dans des momens critiques cette côte rapide auroit pu être convertie en citadelle pour et contre Paris.

Autre partie de la deuxième clôture générale de Paris, dans le jardin des Jacobins de la rue Saint-Jacques. (a)

Tout le monde sait que dans le jardin des Jacobins de la rue Saint-Jacques, il existe des restes imposans de la seconde clôture générale de Paris.

(a) J'ai fait graver, en avant du mur des Jacobins, une représentation du combat qui, le mercredi 2 août 1589, sur les huit heures du matin, eut lieu entre Jean de Lisle Marivaux, ayant l'honneur d'être du parti du Roi, et le ligueur Claude de Marolles, tous deux chevaliers braves et généreux; mais j'avertis qu'aucune image de l'assassinat qui eut lieu dans cette occasion ne nous étant parvenue, tout ce que je donne est d'imagination.

J'ai changé le lieu de la scène; car elle se passa derrière le clos des Chartreux, et non pas au pied du mur du monastère des Jacobins de la rue Saint-Jacques, où je l'ai fait représenter.

Voici comment cet évènement a été raconté.

Le 1er août 1589, une heure avant l'assassinat d'Henri III, de Lisle Marivaux ayant demandé dans l'armée de la ligue *Si quelqu'un vouloit rompre une lance pour l'honneur des dames*, de Marolles, alors infiniment jeune, lui répartit : *Que pour un il y en avoit mille, et qu'il n'en falloit pas d'autre que lui seul.* Le combat fut remis au lendemain, et le résultat a été que de Marolles enfonça le fer de sa lance dans un des yeux de son adversaire, qui expira après avoir prononcé ces paroles bien

Ainsi que dans la rue des Fossés Saint-Victor, les libages qui en forment le revêtement jusqu'à la hauteur de dix-huit pieds au-dessus de terre (tant du côté de Paris que vers la campagne), sont posés avec soin.

Même ordre, même attention dans les autres pierres présentant, hors de Paris, l'aspect extérieur de ce mur, tandis que du côté de Paris, la face de ce même mur ne frappe la vue que par l'amas confus de cailloux jetés dans le ciment dont il est formé (Construction toute pareille à celle de la rue des Fossés Saint-Victor.).

J'ai bien la preuve dans le dernier compte du payeur des œuvres de la ville de Paris, commencé le 26 septembre 1365, que *les murs de l'université furent alors rehaussés;* mais je doute fort qu'ils aient été portés à une aussi grande élévation que ceux de la rue des Fossés Saint-Victor, car ce qui en reste n'en présente aucun vestige.

Sauval,
t. III, p. 124
de ses preuves.

Un fait certain, c'est que, de même que ceux de la rue des Fossés Saint-Victor, ils étoient terminés par des créneaux que l'on voit sur une charmante Vue de Paris, due à un nommé Gaultier, et dont la date est de 1607.

Page 121.

J'ai cru devoir la faire calquer avec le plus grand soin.

Si depuis l'époque à laquelle fut publiée cette estampe, les créneaux et la cime de ce mur sont disparus, je ne puis dire si c'est le temps qui a causé cette destruction, ou si elle fut l'ouvrage des Jacobins; ce que je puis attester, c'est qu'ayant eu dans les mains tous les anciens titres de ces riches mendians, je n'ai pas trouvé de renseignement sur cet objet.

La manière négligée dont, dans le clos des Jacobins, ont été assises les pierres au-dessus des dix-huit pieds, originairement élevés par Philippe Auguste, est une indication qu'on eut l'intention de buter cette construction avec des terres et des immondices; mais cette entreprise gigantesque ne fut jamais tentée.

Pour terminer tout ce que j'ai à dire sur la partie méridionale de l'enceinte de Philippe Auguste, je ne vois plus que deux objets dont je doive m'occuper.

Le premier : c'est que pour arrêter les ennemis qui auroient pu parvenir au faîte de cette construction et les empêcher de se répandre plus loin ; on avoit en 1356 fait des coupures fortifiées. *Portis et bastillis.*

Le second : je m'y arrêterai particulièrement. C'est le prix qu'elle a coûté, que l'académicien Bonamy a prétendu avoir trouvé dans une pièce du trésor des chartes, d'après laquelle la partie méridionale de l'enceinte de Philippe Auguste, y compris ses tournelles et créneaux, forme douze cent soixante toises, dont chacune étant

dignes d'un bon et fidèle sujet : *Si j'eusse été heureux de vaincre, j'aurois été malheureux de survivre au roi mon maître.*

De Marolles, après s'être saisi du cheval et de la lance de l'homme qu'il venoit de tuer, couvert d'applaudissemens, rentra dans Paris, où la joie fut excessive aussitôt qu'il eut annoncé la mort du roi, et sur-le-champ les habitans de la bonne ville de Paris, quittèrent l'écharpe noire, qu'ils avoient prise depuis la mort tragique du duc et du cardinal de Guise.

évaluée à cinq livres, il en résulte la somme de 6,300 liv. , et les six portes de Paris de ce côté, étant estimées à 120 liv. chacune (en tout 720 liv.) cela porte la dépense générale de cette clôture à 7,020 liv. *Taschia murorum Parisiensium , circuitus villæ ex parte parvi pontis habet* xII^c, *tesias et* LX, *etc. sunt pro una quaque tesia C solidos ; cum tornellis de spissitudine veteris muri ex parte magni pontis, et tribus pedibus altitudinis grossi muri et desuper clipeum et kernellum , et sex portæ ; et una quæque porta debet constare* vI^{xx} *lib. summa* vII^m *et* xx *lib.*

Mémoires de l'Académie des inscriptions, t. XXXII, p. 40c.

Ces 7,020 liv. forment, suivant Bonamy, 3,510 marcs d'argent qui, à raison de 50 livres qu'il les évalue, font 175,500 liv. , dépense suivant lui peu considérable pour une entreprise aussi vaste. Il en trouve trois causes : la première, c'est que de ce côté cette clôture n'avoit que quatre pieds d'épaisseur *(a)* ; la deuxième que les vivres étoient alors à bon marché à Paris; la troisième, que les ouvriers y gagnoient moins.

Deux bâtimens considérables sur l'enceinte de Philippe Auguste.

Si nous avons la certitude que Bonamy, lorsqu'il a cru nous laisser l'état au juste des frais occasionnés par la construction de la partie méridionale de la deuxième clôture générale de Paris , ne nous a transmis que des preuves que la besogne par lui entreprise étoit au-dessus de ses forces ; nous ne sommes pas plus heureux sur la partie septentrionale de cette même enceinte, car je n'ai jamais rencontré de pièce authentique annonçant ce qu'elle a coûté.

C'est ce qui me détermine à passer de suite à deux édifices remarquables élevés sur le mur de Philippe Auguste , dont l'un au midi (le parloucr et depuis le parloir aux bourgeois) entre les portes Saint-Jacques et d'Enfer , et dont l'autre au septentrion (le donjon de l'hôtel de Bourgogne) bâti bien postérieurement au règne d'Auguste , aux lieu et place d'une des petites tours de la ville.

Le parloir aux bourgeois.

La situation de l'édifice portant le nom de parloir aux bourgeois est parfaitement indiquée dans la petite Vue de Paris, datée de 1607, et on voit dans le grand Plan de Verniquet qu'il passoit au-delà de l'enceinte de Philippe Auguste de huit toises vers le levant et de dix au couchant; son épaisseur est de sept toises.

Lorsqu'en 1356 et 1357 on creusa le long du clos des Jacobins de la rue Saint-Jacques , les fossés que l'on avoit jugés nécessaires pour la défense de Paris , les terrassiers découvrirent les fondations d'un édifice si fermes et si dures, que la masse et autres instrumens avoient peine à y mordre : cette circonstance a donné naissance à de bien mauvais raisonnemens.

(a) J'ai fait voir précédemment que , dans le mémoire que je cite , Bonamy avoit parlé de ce qu'il ne connoissoit pas; qu'au lieu d'avoir une épaisseur de quatre pieds dans la rue des Fossés Saint-Victor , le mur de Philippe Auguste rase terre avoit onze pieds d'épaisseur , réduits à sa cime à neuf pieds.

Ce prétendu savant n'a pas même songé aux exhaussemens faits sur cette construction en 1356 et 1357. Les évaluations qu'il a cru nous donner sont donc aussi inexactes que fausses.

Le

Le deuxième continuateur de Nangis, qui a vu ces ruines, attribue le bâtiment dont elles étoient les restes, aux Sarrasins, et il a voulu que ce fût le palais ou au moins le château d'Haute-Feuille *(a)*, dont il est beaucoup parlé dans les anciennes chroniques *(b)*.

Prétendu
château
d'Haute-
Feuille.

Circa centrum fossatorum ante domum Prædicatorum, prope murum ab extra, reperta sunt fundamenta turrium et castrorum, tantæ fortitudinis, et tam mirandâ conglutinatione cementorum, ut vix à quibuscumque malleis, vel etiam instrumentis ferreis posset ipsum opus, ut pote sarracenicum destrui aliquatenus, vel dissolvi : quod fiebat ut fossata profundiùs aptarentur, et ut fertur olim, ibi fuerat, palatium vel castrum, quod ab antiquis in gestis quæ nunc adhuc habentur, Altum-Folium vocabatur : de quibus adhuc vestigia restant.

Philippe Dacy, payeur des œuvres de la ville, dans le compte qu'il a rendu des travaux commencés le 26 septembre 1366, et finis le 21 janvier 1368, y a fait mention de la vuidange et transport des terres fondues et échues par deux fois en août et septembre 1365, dans ces fossés de Paris, derrière la maison de la ville et le clos des Jacobins; ce qui, suivant lui, fit trouver une grande partie de forts murs anciennement faits par les Sarrasins, qui, le 16 septembre audit an 1365, donnèrent grande peine à rompre et dépécier *(c)*.

Saural,
Tome III,
page 126.

Une circonstance, sur laquelle on ne peut élever aucun doute, c'est que précisément à la place indiquée par Jean de Vénette, la porte du monastère des Jacobins et derrière leur clos, les officiers municipaux de Paris, antérieurement à 1368, possédoient un parlouer ou parloir aux bourgeois; car aux termes du compte à partir du 17 mars 1369 jusqu'au 22 juin 1371, Simon Gaucher, payeur des œuvres de ce corps, solda *vingt-six livres parisis* pour la peinture de la maison ainsi appelée.

Le parloir
aux bour-
geois.

Que l'on ne croie pas, sur ce nom *Parlouer* ou parloir *aux bourgeois*, donné à cet édifice, qu'il ait jamais été un lieu où nos officiers de ville se réunissoient pour y parler *(parlementare)* de leurs affaires, y prendre connoissance des marchandises conduites sur la rivière de Seine, entre les quatre grosses tours de Paris, et y taxer les bleds, vins, bois et charbon *(d)*; car leurs fonctions nécessitoient que leur

(a) Très-certainement feu de la Tynna, rédacteur du dictionnaire des rues de Paris, n'avoit pas encore lu le deuxième continuateur de Nangis, lorsqu'il a avancé (au mot Rue Haute-Feuille) que le couvent des Cordeliers avoit été bâti en 1252 sur l'emplacement du château de Haute-Feuille; puisqu'il est prouvé que cet édifice n'étoit pas à la place qu'il indique, et qu'il ne fut découvert qu'en 1356 ou 1357, c'est-à-dire cent et quelques années après l'établissement desdits Cordeliers.

(b) Le traître Gannélon que le continuateur de Nangis ne nomme pas et que d'autres ont annoncé comme propriétaire de ce château, n'a jamais existé que dans la chronique fabuleuse de Turpin.

(c) Ce fait étant avéré, il faut en conclure qu'en 1353, on n'avoit qu'essayé, si, à coups de marteaux et d'autres instrumens de fer, l'on pourroit détruire cette construction; et que son extrême solidité n'ayant permis que d'en arracher quelques parties, l'opération fut suspendue et reprise de nouveau en 1365.

(d) Il paroît, aux termes de lettres données par Charles VI le 10 août 1405, que les fonctions de

S

bureau se tînt le plus près qu'il étoit possible de l'endroit où arrivoient les objets sur lesquels ils devoient juger et prononcer : aussi c'est toujours près de la Seine, d'abord dans la Cité, par la suite aux environs du grand Châtelet, et dans les derniers temps à la Grève, qu'on a vu leur maison ou hôtel : le placer au faubourg Saint-Jacques, à trois cent quatre-vingts toises de distance de cette rivière, est une idée qu'on n'auroit pas même dû présenter.

Si cet édifice avoit été destiné pour les séances de nos municipaux, Dacy, dans son compte que j'ai déjà cité, l'auroit appelé *Maison de ville,* et non pas comme il l'a fait à trois différentes fois *Maison de la ville;* ce *la* est, suivant moi, une indication formelle, que ce n'étoit dans les mains des officiers de ville qu'une des propriétés qui leur appartenoient.

Une mouvance fort considérable étoit attachée au parloir des bourgeois, et en février 1281, du gré et volonté de Philippe le Hardi, nos municipaux en vendirent une partie vers Paris, aux Jacobins. Je devrois ici rendre compte des moyens que ces religieux ont mis en usage pour s'emparer du parloir aux bourgeois; mais attendu qu'au moment de cette usurpation, ils se sont aussi saisis d'une ruelle (dont je vas bientôt m'occuper) laquelle séparoit leur couvent du mur de Philippe Auguste, j'ai cru devoir suspendre ce que j'ai à dire sur cet objet.

Donjon de
l'hôtel de
Bourgogne. Jean, duc de Bourgogne (si mal surnommé sans Peur), devint comte de Flandre et d'Artois, par Marguerite de Flandre, sa femme. De son chef, entre autres biens, il possédoit l'hôtel de Bourgogne ou d'Artois *(a)* situé entre les rues Pavée et Mauconseil, et aboutissant sur les murs septentrionaux de Philippe Auguste; et par sa femme, l'hôtel de Flandre, dont l'emplacement occupoit la presque totalité des terreins circonscrits par les rues Plâtrière, Coquéron, des Vieux Augustins et Coquillière. Cette seconde maison étoit peu éloignée de la première clôture partielle de Paris, élevée sous le règne du roi Jean II au nord de Paris, et joignoit la deuxième clôture générale de cette ville du temps de Philippe Auguste.

Philippe le Hardi et Marguerite son épouse, de leur vivant, disposèrent de ces deux propriétés, en ordonnant que Jean leur fils aîné auroit le choix, et que celui des deux hôtels dont il ne voudroit pas, appartiendroit à Antoine leur second fils. Par suite de ces arrangemens, Jean prit l'hôtel de Bourgogne.

L'antiquaire n'a jamais pu arrêter les yeux sur l'hôtel de Bourgogne qu'à cause du donjon dont il étoit dominé, et parce qu'il en est parlé dans notre histoire.

Elle nous étonne encore, cette tour quarrée, parce qu'à bien peu de chose près, elle est dans l'état où elle fut élevée il y a plusieurs siècles : sans la teinte noire, empreinte par le temps sur cette construction, on la croiroit d'une date récente.

nos municipaux s'étendoient aussi sur les fortifications, décoration, bonne police de Paris, tant ès portes, ponts, fontaines, tours, murs, bastides, égoûts, chaussées et fossés, comme autrement.

(a) Quoique la qualité de comte de Flandre et d'Artois soit bien inférieure à celle de duc de Bourgogne, on a toujours appelé indifféremment cet édifice l'hôtel d'Artois et l'hôtel de Bourgogne.

C'est dans cette tour obscure que le duc de Bourgogne alloit cacher sa honte et l'horreur que lui-même devoit ressentir, depuis qu'il avoit tué le frère de son roi, et son propre oncle, le duc d'Orléans. Rien n'égale, suivant les historiens contemporains les précautions qu'il y avoit prises pour se mettre à l'abri : mais, ô justice éternelle ! les grands coupables tôt ou tard sont punis, et le duc de Bourgogne fut aussi assassiné.

Deux objets doivent particulièrement être remarqués dans cette vieille construction. La chambre du duc de Bourgogne, bouge dans lequel le plus vil de nos palfreniers modernes ne voudroit pas habiter; et l'escalier de ce monument, dont les marches sont aussi entières que si elles ne faisoient que sortir des mains de l'ouvrier qui les a taillées.

Un objet qui m'a infiniment frappé à la cime de la première partie de cet escalier, est que son noyau est couronné par un baquet, duquel sort un chêne dont les branches et les feuilles artistement sculptées, ont l'air de soutenir la voûte de pierre dont il est couronné *(a)*.

Ne doit-on pas être étonné que tous les gens de lettres qui, avant moi, ont voulu écrire l'Histoire de Paris, ne soient pas entrés dans tous les détails que je viens de donner ? Avant de copier, ils auroient dû commencer par examiner si dans les récits par eux adoptés quelques circonstances ne leur étoient pas échappées.

L'éditeur des cinq gros volumes *in-fol.* de l'*Histoire de Paris ,* (le bénédictin Lobineau) n'a pas été plus exact que ses prédécesseurs, quand, prenant pour guide (à ce qu'il a dit et à ce que je crois) les registres de la chambre des comptes , il a avancé que le donjon de l'hôtel de Bourgogne étoit un petit pavillon. Jamais ce titre n'a pu être donné à une aussi lourde masse.

Le pauvre Lobineau, comme Mézeray et tant d'autres, avant d'avoir vérifié si ce qu'il alloit dire étoit vrai, l'écrivoit et nous le transmettoit à nos risques , périls et fortune.

Les quatre grosses Tours de Paris sur l'enceinte de Philippe Auguste.

Le long de la Seine, l'enceinte de Philippe Auguste étoit terminée par quatre grosses tours : la Tournelle, la tour de Philippe Hamelin, depuis de Nesle, la tour de Barbeau et la tour du Louvre *(b)*.

(a) Ce baquet est gentil et bien exécuté, mais je ne puis approuver l'idée qu'a eue le sculpteur d'offrir à la vue un objet aussi vil, dans la maison d'un prince du sang royal.

(b) Il falloit, quoiqu'ils ayent tant écrit sur Paris, que Delamarre et Lobineau connussent bien peu son ancien état, quand ils ont substitué la tour de Billy à celle de Barbeau, et la tour de Dubois à celle du Louvre. Tome I, page 77. Tome I page 253.

Les tours de Billy et Dubois n'étoient pas sur l'enceinte de Philippe Auguste, mais sur la clôture partielle élevée sous Jean II en 1367.

Je ne vois d'autre différence dans ce que Piganiol a dit sur cet objet, si ce n'est qu'il a avancé, ce Tome I, page 16.

La Tour-
nelle, depuis
la tour Saint-
Bernard.
Tome IV,
page 472.
Dubreuil,
page 77.
Sauval, t.
III, p. 620.

On a avancé, et Pigariol a rappelé que nos rois avoient eu de l'artillerie et des munitions de guerre dans la Tournelle, depuis, plus souvent appelée la tour Saint-Bernard, à cause de son voisinage du collége des Bernardins.

Cet édifice tombant en ruine sous Henri II, ce prince donna des ordres à la ville, le 28 juillet 1554, pour qu'elle fût rétablie.

En 1573 elle étoit louée par Simon Grignon, passeur d'eau qui y demeuroit.

Un saint prêtre, VINCENT DE PAUL, toujours attentif aux besoins des infortunés, et ne s'occupant journellement qu'à les secourir, ayant appris que les galériens, en attendant le jour de leur départ pour la chaîne, gémissoient dans les cachots de la Conciergerie, dénués de tous secours spirituels, atténués par la misère, et livrés à toute l'horreur de leur situation, obtint en 1618, la permission de les faire transférer au faubourg Saint-Honoré, près Saint-Roch, où, jusqu'en 1632, il leur prodigua les aumônes et consolations dont ils avoient besoin ; mais comme la maison dans laquelle ils étoient renfermés avoit été prise à loyer, Vincent de Paul demanda et obtint du roi, à cette époque, la Tournelle, et chargea les prêtres de sa congrégation naissante de l'administration spirituelle de cette maison. Le petit nombre des ecclésiastiques inspirés par Vincent de Paul, la multiplicité de leurs fonctions qui les rendoient plus utiles et plus nécessaires dans le diocèse, déterminèrent l'archevêque de Paris à confier la surveillance de cette prison au curé de Saint-Nicolas-du-Chardonnet, et il lui permit, le 2 septembre 1634, d'y faire célébrer la grand'messe les fêtes et les dimanches comme à sa paroisse : ce fut à la sollicitation de Vincent de Paul que les prêtres de Saint-Nicolas-du-Chardonnet obtinrent une gratification annuelle que ce grand personnage n'avoit pas demandée pour les siens : depuis il eut toujours soin de pourvoir aux besoins des malheureux galériens. En 1639, une personne charitable légua à cet établissement une rente de 6,000 livres, que la prudence et la sage économie des administrateurs ont fait augmenter depuis. C'étoit le procureur général du parlement de Paris qui avoit l'administration du temporel de cette maison, qui a été démolie vers 1791 pour augmenter l'étendue du port Saint-Bernard, et rendre ses abords plus faciles.

Preuves
de l'Histoire
de Paris, t. I,
page 52.
La tour de
Philippe Ha-
melin, de-
puis tour de
Nesle.

C'est dans une sentence arbitrale du 20 janvier 1210, fixant les droits respectifs des religieux de Saint-Germain-des-Prés et du curé de Saint-Sulpice, que j'ai trouvé deux fois répété, que la grosse tour vers le couchant sur la partie méridionale de l'enceinte de Philippe Auguste, étoit la Tournelle de Philippe Hamelin : *Tornella Philippi Hamelini supra Sequanam.*

Le voisinage d'une maison considérable, l'hôtel de Nesle *(a)*, placée où nous voyons qui est une vérité, que la tour de Dubois avoit aussi été appelée la tour du grand Prévôt, et, ce qui est une fausseté échappée à cet historien si estimable et l'un de ceux qui ont le mieux écrit sur Paris, que la tour de Barbeau et la tour de Billy n'étoient qu'un seul et même édifice.

(a) Il y avoit un autre hôtel de Nesle, joignant la partie septentrionale des murs de Philippe Auguste. C'est sur partie de son emplacement qu'a été élevée de nos jours la nouvelle Halle aux bleds : les deux hôtels de Nesle ont été occupés par tout ce que la France a eu de plus grand.

et le collége Mazarin et la Monnoie, a été cause qu'au nom de *Philippe Hamelin* fut substitué celui de *Nesle ;* telle est l'origine du nouveau titre de cet édifice : *la tour de Nesle.*

Brantôme, auteur qui est rarement exact, a parlé d'une reine, se tenant à l'hôtel de Nesle, d'où faisant le guet aux passans qui lui plaisoient et agréoient le plus, de quelque sorte de gens que ce fussent, elle les faisoit appeler et venir à elle, et après en avoir tiré ce qu'elle en vouloit, par ses ordres ils étoient précipités de la tour en bas dans l'eau. *(marg. : Tome I, page 271 des Femmes galantes.)*

Je ne peux dire, a ajouté Brantôme, que cela soit vrai; mais la plupart de Paris l'affirme, et il n'y a personne qui ne le dise, en montrant la tour.

Un pareil trait étoit de nature à être remarqué par de Saint-Foix, aussi l'a-t-il soigneusement inséré dans ses Essais sur Paris. *(marg. : T. I. p. 175.)*

C'est avec peine que je vois Sauval, ce si infatigable et si précieux compilateur, faire des recherches pour découvrir le nom de cette reine.

L'anecdote dont il est question, n'auroit pu figurer que dans le libelle portant le titre: *Crimes des Reines de France,* production bien postérieure au moment où vivoit Sauval, et qui prouve que lorsqu'elle parut, la folie avoit secoué sa marotte sur toute la France.

D'après une recette à cause des nouveaux murs, faite en 1573, Balthazar Bordier, marchand bourgeois de Paris, avoit pris de la ville, à titre de loyer pour neuf années à partir de Pâques 1571, et moyennant trente livres de loyer par chacune desdites neuf années, la tour de Nesle, chambre, cellier, jardin, terrasse et autres petits édifices joignant ladite tour. *(marg. : Sauval, t. III, p. 650.)*

Toujours inexact dans ce qu'il écrit, de Saint-Foix a dit que la tour de Nesle étoit bâtie où est à présent la place des Quatre-Nations : c'est un mensonge. Si, avant de fixer la position de cet antique édifice, il eût seulement pris la peine de consulter les plans que Leveau, architecte du roi, a dressés lorsqu'il a été chargé d'élever le collége Mazarin, et dans l'un desquels il a représenté la place qu'occupoient les bâtimens qu'il avoit ordre de détruire *(a)* pour y élever les nouvelles constructions de cet établissement, il y auroit vu qu'au lieu d'être sur la place des Quatre-Nations, la tour de Nesle étoit précisément où se trouve dans ce moment la grande pièce de la bibliothèque Mazarine. *(marg. : De Saint-Foix, tom. I, page 175.)*

Il est certain que l'édifice qui figure dans notre histoire sous le titre de *la Tour de Barbeau,* et qu'on prétend avoir été ainsi appelé à cause de sa position près de possessions appartenant à l'abbaye de ce nom, ne l'a pu avoir que postérieurement à 1279 : en voici la preuve. Ce ne fut qu'en 1147 que Louis-le-Jeune fonda à *(marg. : Tour de Barbeau.)* *(marg. : Gallia christiana, tome XII, pag. 35 des Instrumens.)*

____

(a) Je voudrois que toutes les fois que le temps exige, où que la folie des hommes a voulu qu'une ancienne construction publique ou remarquable fût détruite, une loi astreignît les maçons, avant d'opérer, à tracer un plan de l'objet qu'ils vont faire disparoître. Si l'histoire des hommes est curieuse, celle des monumens antiques comparés avec les édifices modernes ne l'est pas moins.

quelques lieues au-dessus de Melun une abbaye sur une place appelée Saint-Port ; *portus sacer ;* et que quelques années après, en 1158, il crut devoir reporter à une légère distance au-delà de sa première position au lieu dit Barbeau : *Barbellum.* Ce qui fut cause que par la suite le titre d'abbaye de Saint-Port fut converti en celui d'abbaye de Barbeau en 1279. Il y a cependant des exemples que les religieux de ce monastère ont encore depuis cette époque été nommés Conventuels du saint monastère de Saint Port, *Religiosi conventûs S[ti] monasterii sacri Portûs;* c'est ainsi qu'ils sont qualifiés dans des lettres qu'ils obtinrent de Philippe le Hardi sous la date de juin 1279, par lesquelles ce prince leur donna des places et rues vaines et vagues au bout de la rue de la Mortellerie, sur lesquelles ils ont par la suite élevé un hôtel et grand nombre de maisons, l'hospice de Barbeau : *hospitium Barbelli.* Ce ne peut donc être que postérieurement à 1279 que la grosse tour au levant de Paris, sur la partie septentrionale de la clôture de Philippe Auguste, a pu être appelée la tour de Barbeau.

Cet édifice étoit établi sur une butte et un coin près le bord de la Seine, joignant le chantier du roi. *Turrim facientem butum et cognum dictorum murorum supra ripariam Sequanæ contiguam canterio carpentarii regis.*

Aux termes d'un compte du domaine de l'hôtel-de-ville, la tour étant ès anciens murs de l'hôtel de Barbeau, étoit occupée en 1575 par le maître des œuvres de la ville. Il est à présumer que la tour de Barbeau a subsisté jusqu'en 1604 que le quai de l'arsenal fut établi, d'après les ordres que Sulli en avoit reçus d'Henri IV.

Il est très-aisé de reconnoître sa position par la partie de l'enceinte de Philippe Auguste qui subsiste encore dans la caserne de la rue des Barrés, et que Verniquet a indiquée dans son Plan : comme la tour de Barbeau étoit dans l'alignement de ce mur, on peut décider positivement qu'elle étoit à cent trente-trois toises de la place où on voit le pont Marie, et précisément en face d'un petit bras de la Seine qui, anciennement, coupoit l'île Notre-Dame sur le bord de la Seine, au couchant de Paris.

La grosse tour qui terminoit la partie de l'enceinte septentrionale de Philippe Auguste, a pris son nom du voisinage de la maison royale du Louvre : sous le roi Jean II, après que l'on eut élevé de nouvelles défenses autour des extensions septentrionales de Paris, elle devint une des tours du Louvre, et elle n'est disparue qu'après qu'Henri IV eut fait travailler au Louvre.

Non-seulement les quatre grosses tours de Paris étoient quatre forts ou citadelles, mais elles avoient une destination bien plus spéciale encore : si on attaquoit notre ville, une chaîne tendue entre la Tournelle et la tour de Barbeau sur les deux bras de la Seine, soutenue au-dessus de l'eau au moyen de bateaux et de poutres, et une pareille chaîne placée entre les tours de Nesle et du Louvre, empêchoient les ennemis de s'y introduire par cette rivière. Il y avoit sur l'île Notre-Dame une troisième tour, la tour Loriaux, probablement ainsi nommée de ce qu'elle étoit occupée par Guillaume Coquille, dit *Loriaux,* chargé en 1369 de nettoyer cette dernière chaîne.

L'histoire fait mention de différentes occasions où la Seine fut barrée : je ne citerai que les principales.

Sous Charles VI, en 1405, le duc de Bourgogne fit tendre les chaînes à travers la rivière de Seine au-dessus de l'île Notre-Dame, pour empêcher les bateaux de descendre pendant la nuit.

La nouvelle de la prise de François Ier. à la bataille de Pavie, ayant été apportée à Paris le 7 mars 1525, le parlement aussitôt ordonna, entre autres dispositions, que l'on tendît les chaînes de la rivière tant au-dessus qu'au-dessous de Paris.

En 1590 le duc de Nemours, qui commandoit à Paris en qualité de gouverneur, pour dernière précaution qu'il crut devoir employer, afin de mettre cette ville en défense, fit fermer la rivière au-dessus et au-dessous des ponts, de grosses chaînes, soutenues de bons corps de gardes de chaque côté : l'une barroit cette rivière depuis la Tournelle jusqu'aux Célestins, et l'autre depuis la tour de Nesle jusqu'au Louvre.

Le 22 mars 1594, jour fortuné où le bon roi Henri IV entra dans la capitale de son royaume pour y faire le bonheur de ses sujets, Jean Grossier, capitaine du quartier de Saint-Paul, assisté de bons bourgeois et de bateliers à sa dévotion, baissa la chaîne qui traversoit la rivière de l'arsenal, pour faciliter l'entrée aux soldats des garnisons de Melun et de Corbeil, descendus par eau près des Célestins.

Depuis cette dernière époque, je ne puis citer d'occasion où les chaînes sur la rivière de Seine, ayent été employées.

Petites Tours sur l'enceinte de Philippe Auguste.

Si les quatre grosses tours de Paris étoient parfaitement placées pour mettre un empêchement à ce que (par la Seine) les ennemis ne s'introduisissent dans cette ville, nous avons aussi la certitude que, pour rendre l'approche et l'attaque de la clôture de Philippe Auguste plus difficile, on y avoit ajouté, vers les champs, des demi-tours, lesquelles présentoient des parties saillantes et rentrantes, ce qui faisoit que les béliers ou autres machines avec lesquelles on auroit voulu les abattre, ne pouvoient que très-difficilement en être approchés.

Les ennemis qui auroient tenté d'escalader ces fortifications, auroient été vus de front, de revers et presque par derrière : enfin, ils se seroient trouvés comme enfermés au milieu des engins de Paris, qui les auroient foudroyés. L'aspect de deux de ces tournelles *(a)* rue des Fossés-Saint-Victor, que Bercy nous a conservé, est un témoignage que, par leur hauteur, elles surpassoient les murailles sur lesquelles elles étoient appliquées, de la moitié de leur épaisseur, (pouvant être évaluée à dix pieds) et qu'elles étoient couronnées de créneaux. Quant à leur forme intérieure, nous autres modernes n'en pourrions rien dire, si le hasard n'eût permis que deux

Partie méridionale, p 112.

____

(*a*) Ce mot figurant si souvent dans notre histoire, semble y indiquer une petite tour : n'auroit-il pas été ici employé pour annoncer que les constructions dont je m'occupe, n'étoient que des demi-tours ?

de ces antiques constructions eussent été conservées le long du clos du jardin des Jacobins de la rue Saint-Jacques.

Celle que l'on voit encore dans la partie basse du jardin de ces moines, nous prouve qu'on y avoit établi une voûte, ce qui doit porter à croire que dans les momens où on pouvoit redouter quelqu'attaque, en la démolissant et en établissant sur les parties conservées des murs des portes *(portis)* dont j'ai ci-devant parlé, *Pag. 135.* l'agresseur qui seroit parvenu à escalader l'enceinte de Philippe Auguste s'y seroit trouvé arrêté par les Parisiens qui, placés sur un terrein solide, et pouvant facilement être remplacés par de nouveaux venus, les auroient bientôt anéantis.

Nombre des petites Tours de Paris sur l'enceinte de Philippe Auguste.

	Suivant le Plan de Tapisserie.	Suivant le Plan de Münster.	Suivant le Plan de 1576.
Partie méridionale. Il y avoit de la Tournelle à la porte Saint-Victor	4 { petites Tours.	3	4
De la porte Saint-Victor à la porte Bordet	5	5	5
De la porte Bordet à la porte Papale	3	3	4
De la porte Papale à la porte Saint-Jacques	4	3	3
De la porte Saint-Jacques au parloir aux Bourgeois	1	1	1
Du parloir aux Bourgeois à la porte Saint-Michel	1	1	1
De la porte Saint-Michel à la porte Saint-Germain	7	6	6
De la porte Saint-Germain à la porte de Bussy	2	2	2
De la porte de Bussy à la porte de Nesle	4	4	4
TOTAL	31(a)	28	30

Partie septentrionale. Au nord de Paris, entre la tour de Barbeau et la porte Barbelle, il n'y avoit pas de petite Tour, mais depuis cette porte jusqu'à la porte des Barrés, il s'en trouvoit . . . . 1 attendu que l'on ne peut regarder comme une des petites tours de Paris la tour qui étoit avant et joignant la rue de Jouy, à présent des Prêtres Saint-Paul, partie de la porte des Barrés.

Plan de 1576, p. 110. De la porte des Barrés à la porte Baudet 1

De la porte Baudet à la porte Barbette 5

De la porte Barbette à la poterne du Chaume 2

De la poterne du Chaume à la porte Sainte-Avoie 1

(a) On seroit sans doute étonné de la différence du nombre des demi-tours de la partie méridionale de l'enceinte de Philippe Auguste, si on n'éprouvoit journellement qu'un même fait, vu par plusieurs personnes, n'est presque jamais raconté de même.

Page 89. Le plan de tapisserie étant le plus ancien et le plus authentique de tous ceux dont j'ai parlé, on doit regarder comme constant qu'il y avoit trente et une petites tours sur la partie méridionale de l'enceinte de Philippe Auguste.

De

Report 10

De la porte Sainte-Avoie à la poterne Beaubourg. 2

De la poterne Beaubourg à la porte Saint-Martin. 2

De la porte Saint-Martin à la porte Bourg-l'Abbé. 2

De la porte Bourg-l'Abbé à la porte Saint-Denis 1

De la porte Saint-Denis à la porte Comtesse d'Artois, y compris le donjon de l'hôtel de Bourgogne , qui , d'après les distances qui se trouvent entre les petites tours septentrionales, en a certainement remplacé une 3

De la porte Comtesse d'Artois à la porte Montmartre 1

De la porte Montmartre à la porte Coquillière 1

De la porte Coquillière à la porte Saint-Honoré 1

De la porte Saint-Honoré à la porte du Louvre.. 2

TOTAL . . . . . 25 Tours.

Le total des tournelles, élevées par Philippe Auguste, sur la deuxième clôture générale de Paris, fut donc de 56, nombre porté à 500 dans l'Histoire de Paris ; ce qui fait une augmentation de 444 : preuve certaine d'une ignorance crasse , ou au moins de paresse. En effet, le mur élevé par Philippe Auguste ayant 2330 toises de cours ; comme il est à présumer que toutes les demi-tours ou tournelles établies sur cette construction , avoient le même diamètre , et que celui desdits édifices existans encore dans le clos des Jacobins de la rue Saint-Jacques , est de trois toisés , ce qui fait un total de quinze cents toises pour les cinq cents tours, si on les défalquoit sur les 2330 toises , il en résulteroit qu'il n'y auroit eu de libre que 830 toises ; ainsi dans le système de Lobineau les tours de Paris auroient presque été les unes sur les autres , ce qui répugne à la raison.

[Tome I, page 252. Preuve d'ignorance. Page 111.]

Je le demande , comment est-il possible que Félibien , ayant demeuré à Paris pendant près de huit années , et que Lobineau y ayant aussi résidé durant quatre années , ils n'ayent pas trouvé un seul moment pour aller vérifier sur place le nombre des tours existantes encore lorsqu'ils écrivoient ? Comment est-il possible qu'ils n'ayent pas été à la ville voir la tapisserie et consulter dans la riche bibliothèque de leur maison le plan de Munster, celui de 1570 , et tant d'autres qui s'y trouvoient ?

[Preuve de paresse.]

Il ne me reste plus , pour terminer cet article , que de relever une dernière faute que je remarque dans l'Histoire de Paris : c'est le fait avancé , que toutes les tours de l'enceinte de Philippe Auguste étoient inégalement espacées. Il suffit de jeter les yeux sur la tapisserie et sur le plan de 1570, pour avoir une certitude toute opposée.

Une grande question seroit de décider si les erreurs que je viens de citer et bien d'autres que je releverai par la suite, sont échappées à Félibien , homme très-certainement du plus grand mérite , ou si elles sont de la façon de Lobineau , si

[Les erreurs que je viens de citer ont-elles été commises par Félibien ou par Lobineau ?]

T

peu considéré par son histoire de Bretagne, ainsi que par sa traduction des deux Conquêtes de l'Espagne *(a)*.

Très - certainement, si ce dernier eût été doué de quelque talent, il n'eût voulu, si foible geai, se parer des plumes du paon; il auroit conservé avec grand respect le texte de son devancier, dont il n'étoit pas digne de *dénouer les cordons de ses souliers;* il se seroit borné (après en avoir bien averti) à faire remarquer les fautes qu'il avoit cru y trouver, et n'y auroit ajouté qu'en tremblant ce qu'il auroit présumé y manquer.

Ne me doutant même pas de ce que Félibien a pu écrire sur Paris pendant les huit années qu'il s'est occupé de l'Histoire de cette ville, les fautes que j'y reconnois, celles en si grand nombre, dont j'avertirai par la suite, appartiennent à Lobineau, puisqu'il les a adoptées et fait imprimer, en ajoutant en tête de cette lourde production qu'il l'avoit revue et augmentée. Le résultat de la présomption, de l'impéritie même de ce religieux, a été que les cinq gros volumes formant l'Histoire de Paris, sont journellement vendus à la livre : tandis que les trois derniers sont infiniment précieux, en ce que ne contenant que des copies d'édits, d'ordonnances, lois et autres pièces de la plus grande importance, ils sont un témoignage du soin, de la persévérance et de l'exactitude avec lesquelles la si respectable et si savante congrégation de Saint-Maur transmettoit les anciens titres *(b)*.

Chemin dans Paris au pied du mur de Philippe Auguste.

J'ai la certitude que vers le midi de Paris les officiers municipaux de cette ville y avoient la jouissance d'une voie ou chemin intérieur suivant le mur de Philippe Auguste, par lequel leurs défenseurs pouvoient librement se transporter aux postes dont la garde leur étoit confiée; j'en pourrois donner des preuves multipliées; mais comme elles sont plus rares au midi que vers le nord, c'est aux premières seulement que je m'arrêterai.

En payant annuellement douze deniers de rente à la ville, Jean Pluyecte, demeurant antérieurement à 1465 près la porte Saint-Victor, jouissoit d'une place ou allée joignant les murs de Paris, contenant vingt-quatre toises de long sur trois toises et demie de large, par laquelle on avoit accoutumé de faire le guet. Aux termes des lettres du 27 janvier 1476, accordées par les prévôt des marchands et échevins

---

(a) D'après ce choix, on peut présumer qu'en 1719, la disette des historiens, dans la congrégation de Saint-Maur, étoit à son comble.

(b) Je ne puis ici m'empêcher de faire un rapprochement.

Un homme commet une lourde faute, bientôt suivie d'une autre : inutilement citera-t-il en sa faveur trois actions dans lesquelles il a depuis donné des preuves d'une grande vertu; on se rappellera toujours ses antiques erreurs. Il en est de même en littérature. Les deux premiers volumes de l'Histoire de Paris étant de la plus grande médiocrité, tandis que les trois derniers méritoient de passer à la postérité, tout l'ouvrage, jugé d'après ces deux premières parties, est également oublié.

à Macé, prieur des frères Prêcheurs, il fut permis auxdits religieux de faire faire une huisserie en la muraille près leur puits, faisant la séparation de leur maison et de l'allée des murs de la ville, pour que les novices de leur couvent pussent aller s'y ébattre et promener.

Au commencement du seizième siècle, les Jacobins eurent l'idée d'agrandir leur maison en y réunissant non seulement la voie et chemin le long du mur de Philippe Auguste, mais aussi le *parlouer* aux bourgeois, et voici comment ils s'y prirent.

Le 17 février 1507, Jean Leclerc, l'un desdits frères prêcheurs et docteur en théologie, vint demander au corps de ville le parloir aux bourgeois avec une allée qui passoit alors entre le couvent et les murs de l'université. On trouva sa pétition de si grande conséquence, que l'affaire fut remise à une plus grande assemblée.

Sauval, T. II, p. 481.

Alors les Jacobins s'adressèrent au Roi Louis XII pour demander qu'il leur fût permis et octroyé de faire et édifier sur une ancienne et vieille tour sortant hors des murailles de la ville un corps de maisons pour élargir et aérer leur couvent jusqu'à ladite tour et muraille. Visite fut faite, de laquelle il résulta que le corps d'hôtel qu'on vouloit faire sur ladite tour et la crue du jardin ne pouvoit porter aucun préjudice à la ville de Paris : qu'au contraire cette construction, par temps de guerre, seroit très-utile et profitable pour demeurer à couvert et faire le guet en laissant l'allée de dessus lesdites murailles ouverte et franche, toutes et quantes fois qu'il plairoit aux prévôt des marchands et échevins, ainsi que l'allée du bas joignant lesdites murailles aussi ouverte en temps de guerre seulement. Sur le vu de ce rapport, au mois de février 1504, Louis XII permit aux Jacobins de faire ce que portoit ledit rapport.

Au commencement du mois suivant, les prévôt des marchands et échevins ayant appelé à l'hôtel de ville un grand nombre de bourgeois, frère Leclerc présenta les lettres de Louis XII, dont je viens de parler. La requête ayant paru de plus grande conséquence qu'auparavant, on résolut d'avoir grand égard à la volonté du Roi, et néanmoins, avant que de passer outre, d'en avertir le parlement, et d'en remettre le dessin à une assemblée plus nombreuse de bourgeois, où seroient convoqués les plus notables et les plus honnêtes gens de Paris.

Le 5 avril suivant, cette assemblée eut lieu, et il fut arrêté que les prévôt et échevins s'opposeroient à la ratification des lettres du roi, avec d'autant plus de fondement, que le parloir aux bourgeois est *l'héritage et l'un des propres de la ville*, que c'est une maison seigneuriale, d'où relèvent toutes les personnes et logis qui en dépendent ; que si deux cents religieux qui composent d'ordinaire le couvent des Jacobins devenoient propriétaires d'une tour qui fait partie de ce logis, ils pourroient faire un grand préjudice à la ville. De telles raisons ne servirent pas de grand chose, et du temps où écrivoit Sauval il n'y avoit plus de passage.

T 2

Fossés au pied de l'enceinte de Philippe Auguste.

Nos Rois, et principalement Louis IX, ont souvent permis à des religieux ayant des propriétés au-delà de la deuxième enceinte générale de Paris, d'y faire des ouvertures, afin 1°. que sans passer par les portes de Paris, ils pussent aller des clos ou jardins qu'ils avoient au-dehors de cette ville *(ad domos illas, per domos civitatis, officiosissime subintrabant)*; 2°. que le peuple pût aller et venir à leurs églises.

Je ne m'arrêterai qu'aux objets les plus remarquables : au midi de Paris.

Les frères Prêcheurs (JACOBINS) au-delà et joignant les murs de Paris, avoient des infirmeries, chapelles, salles remarquables, des maisons d'apparat et royales, et les frères Mineurs (CORDELIERS) y possédoient réfectoire bâti en pierres, des cuisines et maisons aussi utiles que convenables et jardins.

Au nord de Paris les frères de Saint-Guillaume (depuis remplacés par les Blancs-Manteaux) avoient obtenu en 1334 des lettres de Philippe de Valois, par lesquelles ce prince leur avoit donné « Congié de percier le mur des closures de » Paris dererriers leur cloistre et y faire une huisserie par où le peuple pût » aller et venir à leur église et pour eux aiser d'aucunes maisons que ils ont oultre » ledit mur, lesquels leur sont moult nécessaires pour cause de l'estréceté et » petitesce de leur lieu qui est joignant audit mur de Paris ».

Au nombre des différentes opérations ordonnées en 1356, pour mettre Paris en sûreté, on doit remarquer la quatrième qui fut la destruction tant dans l'intérieur de cette ville qu'à l'extérieur de tous les édifices établis le long de la clôture de Philippe Auguste, afin que sur les terreins qu'ils occupoient, on y creusât vers les champs des fossés, *ut fossata fienda per dicta hospitia caperent iter suum*, et qu'à l'opposé dans Paris en détruisant des bâtimens qu'on avoit élevés le long du mur de Philippe Auguste, on pût y établir un chemin et passage, *aditus fieret atque via*.

Des travaux pareils ont été exécutés au nord de Paris. *Similiter factum est ad omnes muros ad plagam occidentalem circumdantes civitatem.*

Depuis le règne glorieux de ce prince, ses successeurs, et particulièrement Louis IX, avoient bien des fois permis à des religieux, même à des particuliers, de faire des ouvertures dans le mur de Paris, afin que, des habitations qu'ils avoient *intrà muros*, sans passer par les portes de cette cité, ils pussent se rendre dans les jardins sur lesquels ils avoient élevé des bâtimens de luxe ou de chétifs réduits.

Je ne m'arrêterai qu'aux objets les plus marquans.

Les frères Prêcheurs (JACOBINS de la rue Saint-Jacques) avoient *extrà muros* de Paris, des infirmeries, chapelles *(a)*, salles remarquables, et d'autres maisons

---

(a) Leur cimetière y étoit aussi placé; c'est ce qui se trouve constaté par une inscription que l'on voyoit dans la cour de leur couvent entre leur église et leur école de théologie, dont Bonfonds nous a conservé le contenu. Elle étoit ainsi conçue : *L'an 1358, en ce lieu furent transportés les os de tous ceux qui estoient enterrez au cimetière de céans : lequel fut détruit, et les cloistre, dortoir et réfectoi e retranchez par la closture de la ville de Paris. Requiescant in pace. Amen.*

honorables, royales et d'un grand éclat, et qui, au moyen des ouvertures qu'on leur
avoit permis de faire dans le mur de la ville, s'y trouvoient contiguës et en faisoient
partie.

Comme eux, les frères Mineurs (CORDELIERS) avoient, dans la même position,
un réfectoire élevé en pierre, des bâtimens, offices, d'autres édifices aussi utiles
que décens, des jardins aussi beaux qu'agréables.

Soit pitié, soit intrigue, au lieu de 1356 (terme fixé pour que le fossé extérieur
de Paris, ainsi que le chemin intérieur au pied du mur de Philippe Auguste,
fussent établis) on ne s'occupa qu'en 1358 à démolir les constructions appartenantes
aux Jacobins et Cordeliers pour y creuser et ce fossé et cette voie.... *Aditus atque
via (a).*

Le fossé méridional de la deuxième enceinte générale de Paris est bien tracé sur
la tapisserie, ainsi que sur quelques autres plans postérieurs; mais ses contours
et sa profondeur sont si bien indiqués sur la jolie Vue de Gaultier (page 112),
qu'à bien peu de chose près on peut les évaluer.

J'ai trouvé sur cet objet une pièce qui seroit bien précieuse si les experts qui l'ont
dressée eussent indiqué les bases d'après lesquelles ils ont fait leurs opérations, et les
recherches et travaux par eux mis en usage pour en prouver l'exactitude. C'est un
long procès-verbal dressé les 26 et 28 janvier 1665, en présence de deux conseillers
au parlement, par lequel la largeur du fossé de Paris, le long du clos des Cordeliers,
fut reconnue avoir été de dix-sept toises, et sa profondeur de quatre toises.

Au midi de Paris, il n'y avoit que la partie des fossés entre la tournelle et la
porte Saint-Victor, et celle à l'extrémité opposée entre la tour de Nesle et la porte
de Bussy, où il y eût de l'eau; elle provenoit également de la Seine, et de ce
côté elle n'alloit que jusqu'au dernier édifice que je viens de nommer. C'est ce

Fossés au pied de la partie méridionale de l'enceinte de Philippe Auguste.

Mémoire de Bouquet, historiographe de la Ville, p. 191. (*b*).

(*a*) Les indemnités accordées à ces mendians furent considérables. Le roi Charles V, informé que
depuis la démolition de quelques parties de leur monastère, ils n'avoient plus où loger leurs malades
et leurs hôtes, ayant acquis des religieux de l'abbaye Bourg-Moyen de Blois, une maison située à Paris,
attenant lesdits Jacobins, et capable de remplacer l'objet qu'ils avoient perdu et regrettoient, leur en fit
don par lettres du 5 novembre 1365.

En 1546, François Ier leur permit de donner leur clos, hors de Paris, pouvant contenir neuf arpens,
à cens et rentes, et sous la condition qu'on y feroit des maisons et rues.

Les Cordeliers avoient aussi été récompensés par Charles V, qui, outre des jardins qu'il leur donna, fit
encore faire dans leur maison quantité de logemens et de grandes écoles; ils s'en tinrent si contens, qu'ils
promirent depuis (en 1370) de dire à perpétuité une messe pour ce souverain, la reine et leurs enfans.

Depuis, vu ce qui avoit été accordé aux Jacobins, ces derniers ont prétendu, non-seulement la mouvance, mais aussi la propriété de leur ci-devant clos; mais leurs demandes n'ont point eu de succès.

(*b*) Ce n'est qu'en tremblant que je cite comme autorités des pièces dont l'extrait est fait par cet historiographe de la ville. En effet, son impéritie étoit si grande, qu'on l'a vu avancer que la forteresse du château de Narbonne, faite par les comtes de Toulouse, avoit *six milles marches : sex millia
marcharum solvet ad muniendum infortiendum et custodiendum castrum Narbonense* (Castell). Tandis
qu'il s'agissoit des pièces de monnoies (*solvet*) qu'à coûté ce fort pour être muni et mis en état de

qui résulte de la déclaration que Martin de la Planche a donnée aux officiers de ville en 1473. Le surplus de ces mêmes fossés méridionaux étoit toujours à sec, attendu le grand exhaussement du terrein au-dessus de la rivière. Une différence remarquable se trouvoit entre le fossé de la tournelle et celui de la tour de Nesle. Dans le premier, l'eau s'y conservoit toute l'année *(a)*; tandis que dans le second, au moment où la Seine étoit haute, elle le remplissoit, et y étoit retenue avec une écluse, dont l'existence ne peut être mise en doute, puisque l'on a la preuve qu'en 1368 et en 1434 on mit une bonde près les piliers de bois du pont de Nesle.

Partie septentrionale des mêmes fossés. Archives de la couronne.

Il résulte d'un plan de fouilles faites postérieurement à 1753, en présence d'experts autorisés à mettre à fin cette opération par un arrêt du conseil du 24 décembre 1742, que les restes du mur de Philippe Auguste régnant dans l'hôtel de Soissons, (depuis la nouvelle halle au bled) indiquoient 1°. qu'ils avoient eu huit pieds ou environ d'épaisseur; 2°. leur chemin de ronde, intérieur, quatre toises; 3°. leur fossé, vingt toises d'ouverture; 4°. le glacis dudit fossé, cinq toises de large; 5°. enfin, le chemin de ronde extérieur quatre toises de largeur *(b)*.

Mémoire de Bouquet, page 110.

L'historiographe de la ville en 1771, a avancé qu'il avoit vu dans les titres des officiers de cet établissement, que les fossés de l'enceinte de Philippe Auguste avoient été comblés par les terres produites par de nouveaux fossés creusés dans l'alignement de la tour de Billy.

Arrière-fossés sur la partie méridionale de l'enceinte de Philippe Auguste.

Sauval, t. III, p. 126.

C'est dans un compte de Philippe Dacy, payeur des œuvres de la ville, commençant le 26 septembre 1366, et finissant le 21 janvier 1368, que sous les ordres d'Hugues Aubriot on commença le 9 mai 1368 *(c)* des arrière-fossés entre la

défense. Les fréquentes méprises qu'on peut reprocher à cet écrivain ont été cause qu'en tête du mémoire imprimé qu'il a fait pour soutenir les droits ou prétentions des officiers de ville, et qui se trouve à la bibliothèque royale, on a écrit : *est fait par un ignorant, qui a beaucoup lu, et dont les idées sont très-brouillées.*

(a) Cette circonstance fut cause que le poisson y étant abondant, les religieux de l'abbaye Saint-Victor désirèrent d'être en droit de le pêcher : la représentation qu'à cet effet le 6 février 1411 ils adressèrent à Charles VI, fut motivée sur ce qu'étant propriétaires entre autres choses, aux termes de la fondation de leur maison par Louis-le-Gros en juillet 1113, d'une grande pièce de terre arable nommée *la terre d'Alez*, laquelle avoit été convertie en deux paires de fossés, ce qui leur avoit causé un très-grand préjudice, ils devoient être dédommagés.

Leur pétition fut favorablement accueillie le 9 février 1411, mais ils n'en retirèrent aucun fruit, attendu qu'en 1358, en sa qualité de Régent, Charles avoit déjà concédé aux officiers de ville la pêche de tous les fossés de Paris.

(b) Je ne connois ni les moyens ni les pièces d'après lesquelles les toiseurs ont pu fixer les mesures que je viens d'indiquer, mais je me tais; car ces artistes étant *assermentés*, foi aveugle est due à tout ce qu'ils ont pu dire.

(c) Le compte de Dacy finissant au 21 janvier 1368, il doit sans doute paroître inconcevable qu'il ait pu y porter une opération qui ne fut commencée que le 9 mai suivant.

porte Saint-Victor et la Seine, portant trente-six pieds d'ouverture sur seize de profondeur ; ils étoient revêtus de pieux, claies, foin, fagots et autres choses, gazonnés par dessus pour les soutenir, et avoient coûté soixante-quatre sols la toise.

De Montmorency ayant été chargé d'aller, entr'autres objets, visiter les remparts du côté de l'université, fit le 25 mai 1525 un rapport sur l'état de Paris, dans lequel il dit : qu'ayant amené avec lui des gens de guerre, ils avoient avisé entres autres choses de faire un seul fossé des deux qui existoient dans cette partie, et de mettre dans la ville la terre que produisoit cette fouille. Preuves de l'Histoire de Paris, t. II, page 662.

Portes et Poternes (a) sur l'enceinte de Philippe Auguste.

Dans le principe il y a eu douze portes sur l'enceinte de Philippe Auguste, dont six vers le midi et les six autres au nord.

Les noms des six portes méridionales étoient : de Saint-Victor, Saint-Marcel ou Bordel, Saint-Jacques, Gibard, Saint-Germain-des-Prés, de Bussi, rue Saint-André-des-Arcs, et de Nesle.

Le titre des entrées et sorties septentrionales de Paris fut celui de : portes Baudet, du Temple, Saint-Martin, aux Peintres, Saint-Eustache et Saint-Honoré.

Les portes nouvelles vers le midi de Paris furent appelées les portes de Saint-Germain (nom qu'on vient de voir qu'avoit précédemment eu la porte de Bussi), Saint-Bernard et Dauphine, tandis que celles élevées sur la partie septentrionale de l'enceinte de Philippe Auguste eurent les noms de Portes des Barrés, Saint-Paul, Barbette, de Bracque, Huidelon ou Beaubourg, Bourg-l'Abbé, Comtesse-d'Artois, de Behague ou Coquillière et du Louvre.

Excepté la porte Baudet, dont l'origine du nom est inconnue, on peut décider en général que tous ces édifices ont pris leur titre soit des rues où ils étoient situés, soit de leur proximité de quelques maisons considérables.

On commettroit une lourde erreur si on présumoit que les portes de Paris, dont je donne l'image, fussent la représentation fidèle de celles élevées sous Philippe Auguste, attendu que, quelque modernes que fussent ces premiers édifices, en 1383, ils furent abattus (b) par suite et en exécution des ordres qu'en donna le 11 janvier dudit an, Charles VI, lorsqu'il rentra dans Paris comme dans une ville conquise, pour la punir des intelligences que les Maillotins avoient eues avec les Flamands, sujets rebelles du comte de Flandre, son allié et son vassal. Histoire de Paris, T. II, page 696.

(a) Ce dernier mot vient de ce que ces édifices dont presque toujours l'ouverture fut accordée à des gens puissans qui en étoient voisins, étoient placés sur des rues qui, dans le principe, n'avoient pas paru assez importantes et peuplées pour qu'à leur extrémité vers les champs, on y établît des portes dans l'enceinte de Philippe Auguste. Très-certainement le peu de passages qui y eut lieu, les fit établir moins considérables que les douze grandes portes de Paris, et de là leur titre de Poterne.

(b) On a voulu que le beau conseil d'abattre ces édifices ait été donné au roi par le connétable de Clisson. Sauval, t. 1, p 42.

Porte St-Vic or.

La proximité de l'abbaye Saint-Victor a fait donner le nom de porte Saint-Victor au bâtiment par lequel en cette partie on entroit ou sortoit de Paris.

Mémoire de Bouquet, page 194.

Il paroît qu'en 1473 Jean Pruyette tenoit à louage la porte Saint-Victor et les herbages des fossés depuis ladite porte Saint-Victor jusqu'à la Seine, pour 48 sols parisis par an *(a)*.

Preuves de l'Histoire de Paris, T. II, page 649.

Cette porte, ainsi que celle de Saint-Jacques, furent les seules du côté du midi, qui restèrent ouvertes lorsqu'on eut appris la prise et la détention de François I.er, et il fut ordonné qu'à leur garde seroient commis aucuns des présidens et conseillers du parlement, de la chambre des comptes, des généraux de la justice et des bourgeois de la ville des plus apparens, chacun en son tour, accompagnés d'un bon nombre d'archers, arbalétriers et arquebusiers de la ville, afin qu'on pût résister aux aventuriers, mauvais garçons et autres qui voudroient entrer dans Paris.

Corrozet, édit. de 1581 page 290. v.

En 1568 le 23 juillet fut assise la première pierre pour faire un pont-levis, autrement dit *tape-cul* à la porte Saint-Victor, et fut rebâtie ladite porte toute de neuf avec le logis qui est au-dessus, aussi les défenses pour garder les fossés, et pour forteresse de la ville, et pour réparation et augmentation desdits fossés. Tout étoit en état en 1570, ainsi qu'il résulte d'une inscription latine ainsi conçue : *Nicolaus le Gendre, præf. Mercat. II, Jacobus Kerver, Hieronimus de Varade, Petrus Poulin, Franciscus d'Auvergne, Decurion. Hanc D. Victor Portam, in præsignem faciem restit. Anno salutis instauratæ 1570. Carolo IX. R. Pientis. D. LXX. Car. IX. Pientiss.*

H., T. III, page 533.

Avertis que la reine mère (Marie de Médicis) arrivant à Paris le 11 mai 1616 devoit descendre en l'église de Saint-Victor pour y faire ses prières, les officiers de ville allèrent au-devant d'elle et l'attendirent à l'entrée du faubourg Saint-Marcel, proche l'église des Cordelières, où étant arrivée ledit jour vers les quatre heures de l'après-midi, étant dans sa litière, le prévôt des marchands lui fit la harangue suivante :

MADAME,

« Votre Majesté à propos a voulu prévenir et advancer le retour du roi par
» votre arrivée en cette ville pour nous donner par degré le contentement tant
» desiré des Parisiens de recevoir leurs majestés, faisant comme l'aurore qui,
» ramenant le soleil, chasse peu à peu les brouillards de la nuit, de crainte que
» si les hommes sortant d'une profonde obscurité se trouvoient en un instant
» éclairés de cette grande lumière, leur vue foible n'en fût endommagée. Ainsi,

Si le fait est vrai, il eut bien lieu de s'en repentir à loisir surtout en 1392, quand Pierre de Craon, après l'avoir assassiné, se sauva si aisément par ces brèches. Bientôt les insultes des Armagnacs, des Bourguignons et des Anglois mirent Charles VI dans la nécessité de faire rebâtir les portes de Paris, construction qui fut faite à la hâte.

(a) En cas d'attaque et dans les moments de crise, ces possesseurs étoient expulsés, et tout rentroit aus l'ordre.

» Madame,

» Madame, la ville de Paris ayant gémi long-temps sous le faix de l'épais nuage
» d'appréhension, de confusion et désordre, flottant continuellement entre la crainte
» et l'espérance, pour être éloignée de vos majestés, son unique espoir, se trouveroit
» étonnée de se voir tout à coup environnée de tous les soleils, et plongée en
» l'abîme de tant de joies et liesses unies ensemble, si votre présence devançant
» celle du roi ne lui affermissoit le courage et la résolution. Et comme nous de-
» meurons extrêmement consolés de nous voir proche de votre majesté, qui nous
» ramène la paix éloignée de nous par votre absence, nous ne doutons point que
» vous ne receviez aussi grand contentement de voir tant de peuple aux pieds de
» votre majesté, rendant témoignage de sa fidélité et obéissance, avec un très-humble
» respect et grande affection à son service. Continuez donc, s'il vous plaît, Madame,
» à aimer la ville de Paris, comme elle a continué et continuera éternellement
» cette même fidélité et obéissance, avec ses ardentes prières qu'elle fera jour-
» nellement pour la santé du roi et de votre majesté ».

Ce discours terminé, tous ceux qui avoient été chargés d'assister à l'arrivée de
la reine dans la capitale, la conduisirent avec pompe à l'église Saint-Victor *(a)*,
pour y faire sa prière, et de là au faubourg Saint-Germain à l'hôtel de Luxembourg,
où elle est allée pour voir ses bâtimens, et de là au Louvre.

Il est à noter que depuis l'entrée desdits faubourgs Saint-Marcel jusqu'à celui de
Saint-Germain jusqu'au Louvre, tous les bourgeois de la ville étoient en armes et
en ordre afin d'honorer avec grandeur et dignité la reine Médicis.

La porte Saint-Victor a été abattue en 1684.

Il est encore aisé de retrouver précisément la place où elle étoit. En venant
de la place Maubert, et en suivant la rue Saint-Victor, on trouvera à droite
avant la rue des Fossés Saint-Victor, une maison portant le N°. 40, qui, dans
le moment, est occupée par un couverturier ; on y voit des parties considérables
du mur de Philippe Auguste. C'étoit donc au bout de ce mur, et en suivant son
alignement, qu'était la porte Saint-Victor. De cette place, il est aisé de reconnoître
que le jardin de l'édifice connu avant la révolution sous le nom du Séminaire des
Bons-Enfans, actuellement filature de coton, a été étendu hors de Paris, depuis
que l'on a comblé les fossés de la rue des Fossés Saint-Bernard.

Les différens noms de la porte Saint-Marcel, depuis Bordelle, et dans ces
derniers momens Bordet, tirent leur origine de ce qu'elle étoit sur la voie tendante
de Paris à l'église de Saint-Marcel, et de ce que cette rue, dite *Bordelle* et
Bordet, devoit elle-même son titre (suivant Sauval) à Pierre Bordelle, Bordelles ou
de Bordeille, *Petrus de Bordellis,* qui y avoit des possessions, cinq cens ans ou
environ avant le moment où écrivoit ce si précieux compilateur.

C'est dans les plus anciens registres du parlement, appelés *olim,* que je trouve

Porte Saint
Marcel ou
Bordet.

T.I, p. 118.

Preuves de
l'Histoire de
Paris, T. II,
page 513.

(a) Le procès-verbal ne dit pas la porte de Paris par laquelle passa ce cortége ; mais le lieu de son
départ et la route qu'il dut suivre, annonce et de reste, que ce ne put être que par l'édifice qui m'occupe.

V

pour la première fois, que cet édifice portoit le nom de porte Saint-Marcel ; car on y voit qu'en 1261 l'abbé de Sainte-Geneviève prétendit qu'étant dans l'étendue de sa justice, ainsi qu'une masure sur laquelle passoient les murs du roi, lui devoit quatre septiers et demi de vin ; le nommé Popin, qui possédoit ces objets, soutint au contraire que sa propriété étoit libre, et argumenta de sa possession quarantenaire, tant par lui que ses auteurs : l'abbé ne put rien rapporter à l'appui de sa demande.

Tome I, page 42.

La porte dont je m'occupe est la seule qui donne quelqu'idée de la description que Sauval nous a conservée de ces anciens édifices. On voit sur le plan de tapisserie les quatre tours dont il a parlé, ainsi que le vuide intérieur qu'il en a appelé la basse-cour.

Idem, t. III, page 630.

De même que la porte Saint-Victor, la porte Bordelle étoit tenue à loyer par Simon Grignon.

Addition à la satire Ménippée.

Un fait bien remarquable a eu lieu le 9 septembre 1590, entre les portes Bordelle et Saint-Jacques sur les onze heures du soir. Henri IV, sous la conduite de Châtillon, ayant fait avancer un gros détachement qui avoit ordre d'escalader les murailles vers le minuit, le bruit que firent les assaillans les ayant décelés, les sentinelles parisiennes sonnèrent l'alarme, ce qui fit accourir un grand nombre d'habitans et de soldats. Après y avoir été quelque temps sans entendre aucun mouvement et sans rien voir paroître, ils prirent le parti de se retirer, *excepté dix Jésuites qui restèrent sur le rempart.* Les soldats de l'armée royale profitant du silence de la nuit, commencèrent vers les quatre heures à se couler doucement dans le fossé à la faveur d'un brouillard très-épais, et à placer six ou sept échelles. Les Jésuites de garde, entendant du bruit dans le fossé, crièrent *aux armes ;* mais les soldats ne laissèrent pas de monter. Le premier qui parut, vint justement dans l'endroit où étoit un de ces pères qui lui donna d'une vieille hallebarde qu'il tenoit un si grand coup, qu'il la lui rompit en deux sur la tête et le culbuta du haut de son échelle dans le fossé. Ses compagnons en firent autant à deux ou trois autres, à grands coups de pertuisane : à ce premier choc accourut un avocat anglois nommé Guillaume Baldeu, avec le fameux libraire Nicolas Nivelle : tous deux trouvant un des Jésuites aux mains avec un soldat, lui aidèrent à le renverser de son échelle par terre, où ils le tuèrent. Enfin, les bourgeois s'étant amassés en grand nombre en cet endroit, jetèrent de la paille allumée dans le fossé, pour voir ce qui s'y passoit. Les soldats du roi étant découverts, sonnèrent la retraite et abandonnèrent les échelles.

Ce fut le sort de ce prince d'être toujours tourmenté par les enfans d'Ignace de Loyola. Un de leurs élèves, Jean Chatel, porte sur ce grand roi sa main parricide ; il fut exécuté, le Jésuite Jean Guignard pendu, deux de ses confrères, Alexandre Hay et Jean Gueret, bannis à perpétuité, et le surplus des membres de cette société expulsé ; mais bientôt les Jésuites reparoissent, et l'un d'entre eux, Pierre Cotton, devient confesseur du roi : toujours attaché aux principes de la société dont il étoit membre, après avoir donné à son bienfaiteur (peut-être) l'absolution, il n'en exhorta pas moins Ravaillac à ne point nommer ses complices *(a)*.

Une circonstance bien remarquable, c'est que la reine régente, Marie de Médicis, au lieu de faire chercher les auteurs de l'horrible assassinat du roi son époux, *sur les instances réitérées du saint père Cotton,* leur accorda le cœur de ce bon roi, pour être transporté dans l'église du collége de la Flèche. Cette cérémonie se fit de grand matin le lundi dernier jour du mois de mai 1609, et le cortège fut formé d'un nombre assez considérable de ces pères et de gens à eux affidés. Les Parisiens blâmèrent la conduite de la reine ; car, a remarqué Létoille, ils n'auroient pas ainsi emporté ce cœur, sans bruit et sans émotion, si le peuple en avait eu vent. Supplément au journal de Henri IV, Tome III, page 212.

La porte Bordet a été démolie en 1683. Piganiol, page 512.

Il suffit de jeter les yeux sur le Plan de Tapisserie et sur un autre plan de Paris en 1652 par Boisseau, pour connoître précisément la place qu'elle occupoit.

La voie qui du petit pont prolongeoit du côté du midi, jusqu'à la clôture de Philippe Auguste a d'abord été appelée grande rue ou plus grande rue outre le petit Pont : elle a été connue par la suite sous le titre de *Grande rue Saint-Jacques,* qu'elle porte encore, attendu qu'elle passoit près d'un ancien hopital de Saint-Quentin, destiné à des pélerins, dont la chapelle étoit dédiée à Saint-Jacques. Porte Saint Jacques.

Avant de porter dans toute sa longueur le nom de Saint-Jacques, cette rue, dans différentes parties, a souvent pris celui des établissemens considérables près desquels elle passoit : ce fut la rue Saint-Étienne-des-Grès (1250 et 1258), la grande rue des Frères Prêcheurs (1263), la grande rue de Saint-Benoît-le-Bistourné (1273), la grande rue du chef de l'église de Saint-Benoît (1298), depuis la grande rue outre le petit pont, la grande rue vers Saint-Mathelin, la grande rue Saint-Benoît, et enfin la grande rue Saint-Jacques. Jaillot, quartier St-Benoît, page 106.

C'est de sa proximité de la chapelle de Saint-Jacques, que la porte de Paris, dont je m'occupe, a eu le nom de Porte Saint-Jacques.

L'image de cet édifice dans l'état où il fut réédifié sous Charles VI, nous a été conservée dans le Plan de Tapisserie et dans d'autres plans postérieurs, et rien de plus ridicule que l'idée qu'en a donnée un barbouilleur, sur la maison portant le N°. 172 de la rue Saint-Jacques.

J'ai annoncé comme un fait certain que les portes de Paris, dans les momens de calme, étoient louées à des particuliers, obligés cependant de les évacuer toutes les fois que notre ville étoit menacée de quelque danger, ou attaque ; cependant j'ai cru qu'il y avoit eu une exception pour la porte Saint-Jacques, quand Page 152 de la note.

(a) Ce fait ne peut être douteux, puisque tout le monde sait que le père Cotton ayant trouvé le moyen d'aborder Ravaillac, l'appelant son ami, lui dit : *qu'il se donnât bien de garde d'accuser les gens de bien.* Cette phrase exécrable lui attira en plein conseil de la part de Loménie, le reproche que *c'étoit lui et sa société qui avoient égorgé le roi.* Journal de Henri IV, à la note de la page 57 du tome IV.

V 2

j'ai trouvé 1°. qu'antérieurement à 1286, le nommé Antoine Roussel, ainsi que sa femme , avoient été propriétaires de la porte , les murs le roi, assise de lez Saint-Etienne-des-grès et d'un jardin attenant ladite porte, avec toutes leurs dépendances en la censive de l'abbaye de Longchamp ; 2°. que Pierre du Tilleul , prêtre anglois , comme remplaçant lesdits Roussel et sa femme , par acte du vendredi prochain , devant la fête de Saint-André 1304, avoit en pure et perpétuelle aumône , donné les objets sus-énoncés aux frères Prêcheurs ; mais bientôt mes doutes ont été dissipés , lorsque j'ai eu la certitude qu'en 1573, Pierre Grignon tenoit encore à titre de loyer des officiers de la ville de Paris , la porte Saint-Jacques, et qu'en 1684, époque où elle fut démolie, ces matériaux et pierres furent achetés mille livres par les Jacobins de la rue Saint-Jacques.

Pour ne pas interrompre ce que je vas dire sur ce qui avoit lieu lors des entrées nos rois par la porte Saint-Jacques , ainsi que sur un grand nombre d'événemens considérables et mémorables qui ont eu lieu dessous, ou auprès de cet édifice, je dois faire remarquer 1°. qu'après que l'on eut appris le résultat de la malheureuse bataille de Pavie , et qu'on eut la certitude que le roi François Ier y avoit été fait prisonnier, cette porte fut la seconde et dernière qui resta ouverte, sur la partie méridionale de l'enceinte de Philippe Auguste; 2°. que le duc de Mayenne ayant vu que Henri IV avoit été sacré à Chartres le 27 février 1594 , que le même jour il avoit reçu des mains de l'évêque de cette ville, le collier des deux ordres du Saint-Esprit et de Saint-Michel , de sorte qu'il ne lui manquoit plus rien de tout ce qui pouvoit mériter les respects et les hommages de ses sujets , après avoir recommandé la garde de la ville à son gouverneur au capitaine des quartiers , en étant sorti le 6 mars dès les cinq heures du matin , le 9 du même mois , toutes les portes méridionales de notre ville, sauf la porte Saint-Jacques, furent condamnées et terrassées à la requête des Seize , et que sa clef fut donnée à Pichonnat l'âme de ces factieux ; 3°. enfin, qu'après l'assassinat de Henri IV, ce même édifice fut le seul de ce côté, où le passage ne fut pas interrompu , afin que les gouverneurs pussent aller dans leurs provinces.

Entrées principales de nos Rois , Reines et Fils de France par la porte Saint-Jacques. (a)

C'est indubitablement par la porte Saint-Jacques qu'en 1226 , entra dans Paris le roi, petit-fils de Philippe Auguste (le célèbre Louis IX, n'ayant alors que douze ans ou environ).

A la suite des troubles occasionnés par les princes mécontens de voir Blanche

(a) Je deviendrois aussi ennuyeux que Godefroy (Cérémonial françois), si je raportois littéralement tout ce qui s'est passé dans ces événemens; un seul exemple suffira, je ne m'arrêterai ensuite, que lorsque je trouverai quelque fait nouveau ou extraordinaire ; j'agirai de même quand je parlerai des convois des grands personnages.

de Castille régente du royaume de France, ce roi a conté au fidèle Joinville, qui nous l'a transmis bien naïvement « Que lui et sa mère qui étoit à Montlhéry » ne osèrent aller jusqu'à Paris, tant que ceux de la ville les vinrent quérir en » armes, en moult grande quantité, et lui dit, que depuis Montlhéry jusqu'à Paris » le chemin étoit plein et ferré des coustés de gens d'armes et autres gens qui » crioient tout à haute voix à notre Seigneur : qu'il lui donna bonne vie et prospérité, » et le vouloit garder contre tous ses ennemis ». Histoire de Saint-Louis, page 86.

Arrivant par la route d'Orléans à Paris, c'étoit sous la porte d'Enfer, depuis dite la porte Saint-Michel (dont je parlerai bientôt) que ce roi auroit dû passer pour suivre la voie depuis connue sous le nom de Saint-Côme et de la Harpe ; mais il n'auroit pu parvenir à son palais dans la cité, où nous avons vu des chambres portant son nom, et on en a encore conservé quelques vieux meubles qui lui ont servi, le petit pont neuf, depuis pont Saint-Michel, n'ayant été construit qu'après la moitié du quatorzième siècle. Dépôt des minutes des tribunaux existans jusqu'à la révolution.

Dirigé par une mère citée partout, principalement à cause de son attachement à la religion de ses pères, on doit croire que ce fut par la porte Saint-Jacques et la rue du même nom que ce jeune prince aura voulu et dû être conduit à Notre-Dame pour y remercier l'Éternel des graces infinies dont il l'avoit comblé au commencement de son règne.

Le 13 avril 1436, entre sept et huit heures du matin, par les bons bourgeois et habitans de Paris fut fait ouverture de la porte Saint-Jacques au comte de Richemont, connétable de France, à Jean Bastard d'Orléans, et bien à deux mille chevaliers écuyers et gens de guerre, et sans faire meurtres, la ville de Paris fut réduite à l'obéissance du roi Charles VII. Charles VII.
Tome II des Preuves de l'Histoire de Paris, page 59.

On trouve à la suite tous les détails de cet évènement, après lequel allèrent messieurs les bourgeois de Paris, en moult grand nombre, en l'église Notre-Dame de Paris, rendre graces au doux Jésus, à la bénoîte vierge Marie sa mère, et à tous saints et saintes de la benoîte cour de Paradis, de la clémence et douceur que par sa miséricorde, il avoit hui faite et montré en cette dite ville, de la douceur union et concorde eue entre les ci-dessus nommés et les bons bourgeois et habitans, qui fut telle, que par les provisions incontinent avisées, effusion de sang, prises, ni autre inconvénieus ne s'ensuivirent, ou moins très-peu, que toute créature doit réputer plus œuvre divine que humaine. Et ledit jour fut Ternault ordonné prévôt de Paris, et les abolitions publiées » (a).

(a) Corroset nous a transmis que depuis ce grand évènement, le premier vendredi après Pâques, nos municipaux et le parlement alloient à Notre-Dame faire chanter un *Te Deum*.

J'ai vu aussi jusqu'à la révolution, que le 22 mars on faisoit des processions dans Paris, pour rendre grâces à l'Être Suprême, de ce que notre ville étoit rentrée sous l'obéissance de Charles VII ; mais dans ce siècle de lumières, on ne s'arrête plus à de pareilles *momeries* : telle est l'expression employée par la nouvelle philosophie. La procession de la nouvelle soumission de Paris à la race régnante le 22 mars 1594, a été aussi oubliée. Une pareille négligence est inexcusable (à qui la faute ?).

Louis XII.
Godefroy,
t. I, p. 730.

Le roi Louis XII, après la victoire qu'il avoit remportée sur les Vénitiens à Aignadel, se rendit à Paris le 16 mars 1509, par la porte Saint-Jacques, accompagné du cardinal d'Amboise, légat, des ducs d'Alençon, de Bourbon, de Lorraine, de Nemours, et de plusieurs autres princes et seigneurs. Il n'y eut presque point de forme d'entrée, le roi ayant auparavant écrit à la ville, qu'il vouloit que la gloire de sa victoire fût rendue à Dieu et non à lui.

Henri de
Navarre,
depuis
Henri IV.

Godefroy,
Tome I, pag.
1014.

Les prévôt des marchands, échevins et quelques-uns des conseillers quarteniers et bourgeois ayant reçu ordre du roi Charles IX *(a)*, d'aller au-devant de Henri, alors roi de Navarre, (depuis Henri IV) qui devoit arriver à Paris le 8 juillet 1572, à l'effet de lui rendre les honneurs dûs à son rang et à son éclatante naissance, partirent de l'hôtel de ville sur les deux heures de relevée : ils étoient à cheval et vêtus, les prévôt, échevins et greffiers, de leurs robes de livrées, les conseillers quarteniers, de leurs robes ordinaires : sergens, archers, arquebusiers et arbalétriers aussi à cheval avec leurs robes et hocquetons de livrées, et sont allés jusqu'au milieu du faubourg Saint-Jacques, où le prévôt des marchands, après les révérences, a dit :

« Sire, en cette compagnie assemblée qui représente tous les bourgeois, manans
» et habitans de Paris, ville capitale de ce royaume, nous vous venons faire la
» révérence suivant l'intention du roi notre très-souverain prince et seigneur, et
» pour l'honneur que nous vous devons, et qui vous appartient comme étant prince
» de très-illustre sang et couronne de France, de cette très-illustre maison de Bourbon,
» issue de cette généreuse race du bon roi Saint-Louis, et étant venu pour faire
» alliance avec le roi notre sire : vous suppliant croire que vous serez en cette
» ville le très-bien venu et que chacun s'y réjouit de vous voir sous l'espérance
» qu'ils ont que vous y maintiendrez le repos, et que contre ceux qui voudront
» l'altérer, vous vous opposerez. Sire, je vous présente les biens de la ville, tant
» en général qu'en particulier pour en disposer à votre volonté, étant prêts à vous
» y obéir, suivant qu'il a plu à la majesté du roi nous commander : vous suppliant
» avoir les affaires de la ville toujours en recommandation et nous maintenir en
» vos bonnes graces, étant assurés que vous avez si bonne part du roi, que ceux
» qui se retireroient devers vous, ne seront jamais privés du fruit de leur espérance.
» Sire, vous soyez plus que le très-bien venu ».

Le roi a répondu : « Messieurs, je vous remercie de la peine que vous prenez et
» de l'honneur que vous me faites, et pareillement de la bonne réception que vous

De Thou,
T. IV, page,
190.

Cicéron, 2e
Catilinaire.

(a) Les dates des événemens deviennent ici infiniment précieuses. — La reine de Navarre (Jeanne d'Albret) arrive à Paris le 15 mai 1572; elle y meurt le 9 juin suivant. Quelques jours après (le 8 juillet) le fils de cette illustre princesse, le chef de la maison régnante, est autorisé par son souverain à faire une entrée solennelle dans notre capitale, et le 7 août il le marie avec sa sœur. Ce fut cinq jours après que l'on exécuta l'infâme massacre de la Saint-Barthélemi. Enfin Charles IX dit au roi de Navarre et au prince de Condé, qu'il falloit qu'ils abjurassent la doctrine profane qu'ils avoient embrassée, ou qu'on leur feroit le même traitement qu'on venoit d'exercer sur tant d'autres. *O tempora ! ô mores !*

» avez faite à la feue reine ma mère, de quoi j'ai été bien averti. Je vous prie de
» croire qu'en tout ce que je pourrai, tant en général qu'en particulier, je vous
» ferai plaisir de bien bon cœur ».

Ledit prévôt a répondu : « Sire, nous vous remercions très-humblement, et vous
» supplions que demeurions toujours en vos bonnes graces ».

C'est dans cet ordre que le mercredi 24 décembre 1587 les officiers de ville allèrent
au-devant de Henri III.

Premièrement marchèrent devant les arquebusiers, archers et arbalétriers de ladite
ville, à cheval, tous vêtus de leurs hocquetons de livrée, excepté environ soixante
desdits nombres à pied, ayant leurs hallebardes et bâtons à la main pour empêcher
la foule du peuple. Puis les dix sergens aussi à cheval en robes de livrée; le
greffier seul, lesdits prévôt des marchands, échevins, procureur avec le dernier échevin, receveur, conseillers, quarteniers et bourgeois; et ont trouvé le gouverneur,
accompagné du sieur d'O, chevalier des deux ordres du roi, gouverneur et lieutenant
général de sadite majesté en cette dite ville et île de France, en survivance, et autres
gentilshommes, gardes et serviteurs de la maison dudit de Villequier, étant tous à
cheval près la croix du Tiroüer, avec lequel les officiers de la ville se sont mis; et
sont allés en cet ordre, tant par ladite ville que par les chemins, au-devant de
sadite majesté jusques près le village du Bourg-la-Reine, où ils trouvèrent le roi
venant à cheval, accompagné des cardinaux de Bourbon et de Vendôme, du duc
d'Epernon, et plusieurs autres personnages de sa cour et suite. Et approchés que
furent lesdits gouverneurs de la ville de sadite majesté de environ cinq ou six pas,
descendirent à terre et lui firent la révérence, mettant les susnommés de la ville
un genouil en terre; et lui fit ledit gouverneur sa harangue fort brève; et ainsi
que le prévôt lui vouloit faire la sienne, sa majesté, d'un visage gai, riant et fort
joyeux, lui dit que ce seroit pour le lendemain matin à son lever, parce qu'il
étoit temps de marcher, étant encore à deux lieues de ladite ville, et que doré-
navant chacun bon bourgeois pourroit aller librement à ses maisons aux champs, et
voyager pour ses affaires en toute sûreté.

Et étoit fort remarquable que tout ledit chemin du Bourg-la-Reine jusques à
Paris étoit couvert de grand nombre de peuple et chevaux qui alloient avec lesdits
municipaux au-devant de lui, pour d'autant plus honorer son retour.

Et étant près des fauxbourgs Saint-Jacques vers la première herce, commença
l'artillerie de ladite ville à sonner, et le peuple, étant par les champs, comme aussi
celui qui étoit arrivé audit faubourg Saint-Jacques de toutes parts, ému de joie
et réjouissance, commença à crier *vive le roi*, *vive le roi*; ce qui fut continué
par tous les lieux et endroits où le roi passoit; et même lesdits cris et acclamations
publics redoubloient de beaucoup à l'entrée de la ville, où, lorsque Sa Majesté
entroit, commença une excellente musique de hautbois, cornets à bouquin et d'autres
instrumens musicaux par ordonnance d'icelle ville, les plus parfaits joueurs d'instru-

Henri III.
Preuves de
l'Histoire de
Paris, t. III,
page 445.

mens d'icelle y ayant été appelés au logis du portier de ladite porte Saint-Jacques ; laquelle porte étoit toute ornée, ensemble celle de l'hôtel d'icelle ville, de lierre avec grands écussons des armoiries du roi de France et de Pologne, au-dessous desquelles étoit cette inscription en gros caractères, tant au front d'icelle porte Saint Jacques que de l'hôtel de ville : *Au roi très-chrétien et très-victorieux Henri troisième, roi de France et de Pologne, père de son peuple, pour l'heureux succès de ses victoires contre les reistres, suisses, lansquenets et autres ; sa ville de Paris très-fidelle et très-obéissante, lui voue et donne perpétuelle félicité.*

En passant par icelle porte Saint-Jacques, fut réitéré ledit son d'artillerie et cri d'une indicible multitude de peuple et musiciens, qui les redoubloient avec grande réjouissance et applaudissement de tout le peuple, tant à ladite porte que par tous les lieux où sadite majesté passoit, et continuoient le long des rues jusques à ladite église Notre-Dame, où étoient dans le chœur les reines et cours souveraines qui attendoient le roi ; à l'entrée de l'église il descendit de cheval, et fut reçu par l'évêque de Paris et le clergé qui l'attendoient à la grande porte de l'église ; et ledit évêque le conduisit avec les princes et seigneurs qui l'accompagnoient au chœur de ladite église devant le principal autel, où il y avoit un ciel préparé pour sa majesté, sous lequel étant fut chanté musicalement un *Te Deum*, et à la fin d'icelui *vive le roi ;* ce qui fut répété jusqu'à ce que sa majesté fût sortie de ladite église, en laquelle la séance étoit telle ; le roi étoit devant le principal autel sous son ciel, près duquel étoient les cardinaux. Les reines et dames de leur suite, aux hautes chaises du chœur du côté droit près le siége dudit sieur évêque.

Au-dessous, en allant vers la nef, étoit la cour de parlement : de l'autre côté en haut, la cour des comptes, des aides, les officiers de la ville, et le recteur de l'université, le dernier près la porte du chœur de la nef, tous ès hautes chaires.

Après ledit *Te Deum* chanté, sa majesté fut reconduite au même ordre que dessus jusques en son château du Louvre, où elle alla descendre.

Ce fait, chacun se retira, et furent faits par les rues feux de joie, même devant l'hôtel de ville, le parvis Notre-Dame et autres lieux, continuation d'artillerie ; bref toute cette journée s'est passée en joie, réjouissance et louange de l'heureux voyage et désiré retour de sa majesté, qui a bien voulu participer, tant à la joie qu'au travail et péril de sa vie propre, qu'il n'a épargnée pour l'honneur et gloire de Dieu, conservation de son État et manutention de tous ses sujets.

Henri IV. Idem, p 474.

Les prévôt des marchands et échevins ayant été informés que le roi Henri IV devoit entrer à Paris le 13 de septembre 1594, allèrent à l'hôtel de ville, où les prévôt des marchands et échevins, greffier, procureur du roi et receveur de ladite ville se trouvèrent audit hôtel ; les trois nombres d'archers étant à cheval, se mirent en rang, ayant trois trompettes au-devant des chefs des compagnies, et se mirent en ordre en la place de Grève, pour aller ensuite trouver ledit gouverneur en sa maison, et après lesdits nombres d'archers alloient les maîtres des œuvres

de

de la ville , puis les huissiers chacun deux à deux , le greffier étant seul , lesdits sieurs prévôt des marchands et échevins, tous vêtus de leurs robes mi-parties, aussi à cheval , le procureur du roi et de ladite ville de sa robe d'écarlate , les receveur, conseillers et quarteniers d'icelle pareillement tous à cheval, et furent trouver le gouverneur de Paris, et de son logis passèrent jusques hors la porte Saint-Jacques, attendant l'arrivée du roi. Et ayant appris le chemin qu'il tenoit , furent au-devant de lui, et tous mirent le pied en terre pour le saluer, et lui fut baisé la botte ; et après les révérences, le prévôt lui fit entendre que tout son peuple louoit Dieu de l'heureux succès de son voyage, qui ne respiroit rien plus que de sa clémence. Et après un grand applaudissement et cris à haute voix : *vive le roi*, sa majesté, assistée de plusieurs princes et seigneurs de sa cour, continuant son chemin pour arriver en cette ville , un chacun remonta à cheval ; et passant par la porte Saint-Jacques, fut tiré plusieurs coups de canon et boîtes en signe de joie et allégresse de telle arrivée; au-dessus de laquelle porte Saint-Jacques étoient les armoiries de France, celles dudit d'O , gouverneur , celles de la ville de Paris et plusieurs autres. Le roi fut ensuite conduit à l'église Notre-Dame.

Le 16 septembre 1614 à son retour de Bretagne, Louis XIII fit son entrée dans Paris par la porte Saint-Jacques. Au-dessus de cet édifice , on avoit mis un grand tableau où étoit peint un bateau voguant heureusement en pleine mer : le roi étoit assis sur le devant, vêtu de ses habits royaux, et la reine régente au gouvernail par sa conduite, faisoit que le navire surmontoit les flots et les tempêtes : au haut, du côté de la reine, étoit écrit : *Regina , quid optes,* et de l'autre : *Motos præstat componere fluctus* , et au-dessous *D. O. M.* : au bas on lisoit : *Sacrum Ludovico XIII, regi pacifico et justissimo , Mariæque Virgini matri , pacis bellique moderatori.* Louis XIII. Godefroy, T. I, p. 170. Élisabeth de France , fille d'Henri IV , depuis reine d'Es-pagne.

Ce n'est pas l'entrée mais la sortie d'une fille de France par la porte Saint-Jacques, dont je vais rendre compte. Godefroy, T. II, p. 70.

Conformément et par suite des ordres donnés par le roi aux officiers de ville , suivant une lettre de cachet du 8 août 1615, pour qu'ils eussent à accompagner jusqu'à Bourg-la-Reine la princesse Elisabeth de France, le jour qu'elle sortiroit de Paris pour se rendre en Espagne, où elle alloit épouser le fils aîné du roi *(a)*, ces municipaux, le lundi 17 août, entre une et deux heures , s'étant assemblés

---

(a) Dans ces occasions ainsi que lors des entrées de rois et reines, notre souverain faisoit donner à chacun des prévôt des marchands, échevins, procureur du roi, greffier et receveur de la ville, quatorze aunes de velours cramoisi moitié rouge et l'autre tanné, pour faire des robes , quatre aunes de satin pour les paremens , neuf aunes de velours pour faire les housses et harnachemens de leurs chevaux. — Depuis l'an 1622, une somme de 6,400 livres en masse, fut allouée aux officiers de ville pour leurs robes, dont 1,200 livres au prévôt des marchands, et 600 livres à chacun des échevins , procureur du roi, greffier et receveur. Cet argent étoit pris sur les deniers d'octroi. Idem, T. I, page 787.

X

à l'hôtel de ville, en partirent pour aller au Petit Bourbon, prendre le gouverneur de Paris, afin d'aller ensemble conduire la princesse en l'ordre qui suit :

Premièrement marchoient les trois cents archers de la ville à cheval, garnis de leurs hocquetons et armes et conduits par leurs capitaines et autres : après, le maître d'hôtel de la ville, seul, à cheval et en housse : puis les deux sergens de la ville aussi à cheval, vêtus de leurs robes mi-parties, et leurs navires sur l'épaule ; après, le greffier de la ville seul, à cheval, vêtu de sa robe de velours mi-partie cramoisi rouge et tanné, la housse de son cheval traînant jusqu'à terre, de velours noir plein, avec frange de soie noire plein, le harnois, bride et feston de son cheval aussi de velours, et sa toque de velours noir sur sa tête.

Marchoient ensemble le prévôt des marchands et le premier échevin vêtus de robes de velours mi parties de cramoisi rouge et tanné : la housse du prévôt des marchands, de velours plein et frangé d'or, qui est la différence des échevins et du greffier ; après marchoient deux autres échevins, suivis d'un quatrième échevin, et du procureur du roi de la ville, ce dernier ayant une robe de velours cramoisi, sans être mi-partie et la housse de velours noir ; puis, le receveur de la ville, vêtu d'un manteau à manches de velours tanné et la housse de velours : après, quelques-uns des conseillers de ville quarteniers et douze bourgeois de chaque quartier, tous à cheval et en housse. Arrivés au Petit Bourbon et descendus de cheval, le gouverneur est allé au-devant d'eux, et s'en allèrent à pied au Louvre dans la chambre de Madame qui les attendoit pour partir, et après que les révérences et salutations furent faites, le prévôt des marchands ayant mis un genou en terre, et s'étant incontinent relevé, a dit :

« Madame, la ville de Paris ayant eu le bonheur de vous saluer au berceau,
» de vous avoir vu croître en âge, et en toutes sortes de vertus et perfections,
» estimant votre présence continuelle, son astre favorable n'en peut souffrir l'éclipse
» que menace votre départ, qu'avec un regret extrême : mais entrant en considé-
» ration de votre contentement auquel nous participons tous, prévoyant que cet
» admirable fleuron de lys de France joint à la couronne d'Espagne, remplira
» l'Europe, voire toute la terre : que votre gloire fera revivre celle du grand Henri
» votre père, et éternisera la grandeur de notre roi, votre frère, et comblera de
» bénédictions la reine votre mère : nous demeurons consolés en l'espérance et
» en l'assurance que nous devons avoir, que ce double lien des deux plus puissans
» royaumes du monde, nous procurera et conservera la paix universelle ; et pour
» témoigner la part que nous prenons en ce bonheur, nous sommes venus au nom
» de cette grande ville de Paris, prendre congé de vous, et vous rendre suivant
» le commandement du roi l'honneur et l'hommage, à quoi l'affection de vous
» servir nous porte, avec une très-humble supplication que nous vous faisons tous,
» de vous souvenir des François et dignement des Parisiens, qui prieront Dieu
» incessamment pour votre santé et heureux succès de votre mariage, implorant

» du ciel mille bénédictions pour vous combler de toutes félicités, et vous fasse
» reine-mère de plusieurs rois d'Espagne étroitement alliés en amitié aux nôtres,
» à la gloire de Dieu, à l'exaltation de son église, à l'honneur de ces deux grands
» empires, et au contentement de tous leurs peuples. Ce sont, Madame, les vœux
» et désirs de vos très-humbles et très-obéissans serviteurs les prévôt des marchands,
» échevins, conseillers, quarteniers et bourgeois de chacun quartier de la ville
» de Paris, qui se présentent devant vous pour vous accompagner et honorer votre
» sortie de cette ville *(a)* ».

La réponse de la princesse fut : « Que tant que Dieu lui donnera de vie,
» elle se souviendra de la France et des François; que de tout son pouvoir, elle
» entretiendra la paix entre la France et l'Espagne, et fera plaisir particulièrement
» à la ville de Paris, à laquelle elle avoit mille obligations ».

Ce fait (porte le procès-verbal que je cite), les prévôt des marchands et échevins
l'ont prise et descendue jusque dans la cour du Louvre, où elle a été mise et
assise dans sa litière découverte. Aux deux côtés marchoient, à droite le gouverneur de Paris, et à gauche le prévôt des marchands. Le cortège a pris son chemin
vers la porte Saint-Jacques.

A une lieue de Paris, à cause de la poussière, et désirant aller plus vite, la
princesse a voulu monter en carrosse, les gouverneur et officiers de ville se sont
retirés. Lorsque le cortège passa dans Paris, on avoit tendu des chaînes depuis le
pont Notre-Dame jusqu'à la porte Saint-Jacques, pour empêcher qu'il ne fût arrêté
par des harnois et carrosses.

Je ne vois rien digne de remarque dans la seconde entrée à Paris que le roi
Louis XIII fit par la porte Saint-Jacques, le 16 mai 1616, si ce n'est que c'est à
genoux que le prévôt des marchands lui fit sa harangue ; et qu'étant ensuite allé
sur la route attendre l'arrivée de la reine, ce chef des municipaux lui adressa la
parole ayant un genou en terre.

Louis XIII.
Godefroy,
T. I, p. 977.

Lors de l'entrée que fit Louis XIII, le 28 janvier 1622, par la porte Saint-Jacques, cet édifice étoit bien paré et orné. On y avoit mis un grand tableau où sa
majesté étoit peinte avec force dorures et enrichissemens.

Louis XIII,
Preuves de
l'Histoire de
Paris, T. III,
page 546.

Le 23me jour de décembre 1628, Louis XIII, à son retour de la Rochelle, rentra
dans Paris par la porte Saint-Jacques avec la plus grande pompe; cependant elle
fut bien au-dessous de celle qui fut étalée lorsque Henriette-Marie, fille de Henri-
le-Grand, et femme de Charles, roi de la Grande-Bretagne, obligée par les mou-

Louis XIII,
et Henriette
de France,
fille d'Henri
IV, depuis
reine d'An-
gleterre.
Godefroy,
page 99.

(a) Il est à présumer que le rédacteur du procès-verbal que j'ai pris pour guide, n'étoit pas un bien
grand érudit, puisqu'il a donné le titre de belle harangue à cet amas de lieux communs.

X 2

vemens et divisions dont depuis quelques années étoit agitée l'Angleterre, se réfugia en France.

Elle arriva à Paris le 5 novembre 1644.

Voici l'ordre du cortège commandé par Saintot, maître des cérémonies, qui l'accompagnoit. Les académistes et leurs écuyers marchoient les premiers ; suivoient les écuyers du roi, le carrosse des écuyers de la reine, le second carrosse du roi, dans lequel étoit le grand écuyer de la reine de la Grande-Bretagne, le capitaine de ses gardes et le conducteur des ambassadeurs, la compagnie des chevau-légers de la reine, les mousquetaires du roi et ses chevau - légers, les archers de la grande prévôté, les cent-suisses ; les princes, ducs, pairs et maréchaux de France à cheval ; les trompettes devant le carrosse du roi, dans lequel étoient leurs majestés, ayant aux deux côtés des exempts à cheval, environné de valets de pied : derrière à cheval le capitaine des gardes du roi, le premier écuyer, le capitaine des gardes de la reine. Ensuite paroissoient les lieutenans, officiers des gardes, écuyers servant leurs majestés aussi à cheval. Après les compagnies des gardes du roi et de la reine, ceux du roi à droite, ceux de la reine à gauche. La compagnie des gendarmes du roi, suivie de celle de la reine. Le carrosse de la reine de la Grande-Bretagne, rempli des dames de sa suite, celui de la reine régente, celui des filles de la reine de la Grande-Bretagne ; celui des filles de la reine régente et ceux des princesses et autres, au nombre de plus de quatre cents.

Des Dépouilles mortelles de nos Rois, Reines et Enfans de France, morts vers les parties méridionales du royaume.

Presque toujours les restes des rois, reines et enfans de France décédés vers le midi du royaume, ont été déposés à Notre-Dame-des-Champs, d'où, par la porte Saint-Jacques, on les conduisoit à la cathédrale de Paris.

On a la certitude que dès la huitième année du règne de Hugues Capet, répondant à 995, les religieux de Marmoutier, remplacés en 1604 par des carmélines, (religieuses qui, depuis, furent appelées Carmelites) *(a)* étoient en possession d'un ancien prieuré au dehors et tout près de Paris, connu sous le nom de *Notre-Dame*, titre auquel on a souvent ajouté les qualifications des *Champs* ou des *Vignes*, à cause des principales cultures auxquelles étoient alors principalement employés les terrains avoisinans ce saint lieu.

La construction de l'édifice que l'on y avoit élevé pour adorer l'Éternel, et que bien des gens qui existent encore ont vu, date, a-t-on écrit, au moins du

Piganiol, T. 6, p. 168.

Dictionnaire de Paris, au mot Carmelites, T. II, p. 53.

(a) Heurtaut prenant pour guide Duval, auteur de la *Vie de la Sœur Marie de l'Incarnation*, a voulu que ce changement soit venu des dévots d'alors, qui ne pouvoient souffrir le titre de *Carmelines*, à cause de son analogie avec *Carmelin*, baladin fameux de ce temps là.

temps du roi Robert, et on a voulu qu'à cette place il y eût une église dans laquelle peu après 249, ainsi qu'à Saint-Étienne-des-Grès et Saint-Benoît-le-bistourné, saint Denis, apôtre des Gaules, prêcha en l'honneur de Dieu et du premier martyr saint Étienne, et dans lesquelles il administra les sacremens, et instruisit des cathécumènes : fable infiniment fragile, surtout pour Saint-Benoît, puisqu'elle ne fut jamais fondée que sur un vitrage d'une des chapelles de cet édifice, sur lequel on avoit peint cette inscription : *In hoc sacello, Sanctus Dyonisius cœpit invocare nomen Sanctæ Trinitatis.*

Dubreuil,
p. 255 et au-
tres.

Jaillot,
quartier St-
Benoît, pag.
108.

Notre-Dame-des-Champs étant du côté du midi sur la voie de plusieurs des maisons royales qu'ont habitées nos souverains, a été cause que presque toujours lorsqu'ils mouroient de ce côté, ainsi que les reines et les enfans issus d'eux, leurs dépouilles mortelles y étoient apportées et déposées pendant que l'on apprêtoit tous les objets nécessaires pour leur rendre les derniers devoirs dus à leur haute naissance.

Ces tristes cérémonies, ces convois de Notre-Dame-des-Champs à la cathédrale de Paris, d'où le mort étoit transporté à Saint-Denis pour y être enterré, ou au moins déposé dans un des caveaux de l'église de cette illustre abbaye, étoient précédées de semonces faites aux principales compagnies de Paris, qui, pour le roi et en son nom, y exerçoient la justice et d'autres fonctions *(a)*.

On peut encore fixer de la manière la plus exacte la route prise par ce cortège.

En sortant de Notre-Dame-des-Champs, il suivoit la voie connue depuis long-temps sous le titre de rue d'Enfer : arrivé où nous voyons la place Saint-Michel, il prenoit le boulevard de la porte Saint-Jacques ; arrivé à cet édifice, et après l'avoir passé par la rue du même nom, il se rendoit à Notre-Dame.

Charles VII étant décédé le 22 juillet 1461 dans son château de Mehun-sur-Yèvre,

Charles VII.
Preuves de
l'Histoire de
Paris, p. 787.

(a) Voici le texte précis de l'invitation faite au parlement le 5 août 1559, après le décès de Henri II.

Ce jour, les grand'chambre et chambre du conseil assemblées, entre neuf et dix heures, et non ceux de la tournelle, parce que lors l'on plaidoit en ladite chambre ; les vingt-quatre crieurs du corps de cette ville, vêtus en robes de deuil ayant les armoiries de France environnées du grand ordre et de couronne impériale, sont entrés en la chambre de parlement, et étant au long de la muraille du côté de la grande salle, l'un et premier d'iceux, après le son de leurs clefs *(clochettes)* a fait le cri accoutumé, tel que s'en suit : « Nobles et dévotes personnes, priez pour l'âme de très-haut, puissant, très-vertueux et magnanime » prince HENRI, par la grâce de Dieu, roi de France très-chrétien, deuxième de ce nom, en son vivant » prince belliqueux, l'amour de tous états, accompli de bonté, secours des affligés, plein de vaillance » et adresse, qui trépassa le 10me jour de juillet dernier passé. Priez Dieu qu'il en ait l'âme. Sera le » corps dudit défunt enlevé des Tournelles le vendredi 11me jour de ce mois environ l'heure de midi, et » apporté en l'église Notre-Dame de Paris, et samedi 12me jour dudit mois porté en l'église Saint-Denis » en France, où il sera le dimanche 13me jour d'icelui mois enterré ». Et après a été fait semblable cri, sur la table de marbre en la grande salle, sur les grands degrés du perron en la chancellerie.

C'est ici la répétition de nos antiques usages, et, à bien peu de changemens près, le tableau de ce qui a été pratiqué jusqu'en 1789.

la plupart des seigneurs désertèrent incontinent cette maison, pendant que le grand écuyer et Jean des Ursins, chancelier de France, prirent soin des funérailles. Le corps ayant été embaumé, fut mis dans un cercueil de cyprès, enfermé dans un autre de plomb, et tous deux dans une bierre de bois. On dressa en même temps ce qu'on appeloit le lit de l'effigie; c'étoit la figure du roi au naturel: elle le représentoit couché, un bonnet sur la tête avec une couronne au-dessus, vêtu d'une tunique et d'un manteau royal fourré d'hermine ayant des gants en ses mains, et tenant dans l'une la main de justice et le sceptre dans l'autre *(a)*. Cette figure fut posée sur un chariot suspendu, couvert d'un grand poële de velours noir croisé de satin blanc, aux armes de France. Pour le cercueil, on le mit dans une litière, couvert d'un drap d'or. On transporta ainsi et le corps et l'effigie de Mehun à Paris. Le duc d'Orléans, le comte d'Angoulême son frère, le marquis de Saluces, les seigneurs de Chasteaubriant et de Rochefort, le gouverneur de Touraine, le prévôt de l'hôtel, et quantité d'autres officiers, accompagnèrent le convoi jusqu'à Paris, où ils arrivèrent le cinquième jour d'août. Le corps fut déposé dans l'église Notre-Dame-des-Champs, pour être porté de là en cérémonie à la cathédrale. Le lendemain après midi, les chanoines de Notre-Dame allèrent au-devant avec les chanoines de la Sainte-Chapelle; les paroisses de la ville, l'université, les quatre ordres mendians et la plupart des autres religieux; les compagnies, c'est-à-dire le parlement, la chambre des comptes, le châtelet et la ville, se rendirent aussi à Notre-Dame-des-Champs.

Lorsque tout fut disposé pour la marche, chaque corps prit son rang et la procession commença: on y compta treize crosses, soit d'évêques ou d'abbés: Louis d'Harcourt, patriarche de Jérusalem, archevêque de Narbonne et évêque de Bayeux, comme officiant, marchoit après tout le clergé, et vis-à-vis à sa gauche le recteur de l'université; il y avoit deux cents pauvres vêtus de deuil, qui portoient des torches allumées, précédés de vingt-quatre crieurs de Paris, aussi en robe de deuil, chargés de deux écussons aux armes de France; quatre hérauts vêtus de velours noir marchoient devant la litière où étoit le corps du roi; elle étoit portée par les officiers du sel, appelés Hanouards *(b)*; tout autour on voyoit le parlement en

(a) Le but de cette invention étoit d'émouvoir le peuple à honorer le corps du prince défunt enclos dans le cercueil.

 (b) C'est un vieux mot signifiant porteur de sel, *salis bajulus*.

Il en est fait mention dans la grande ordonnance du roi Jean, du 30 janvier 1350, et il paroît qu'ils étoient alors des officiers dépendans de la ville.

Les jurés hanouards, connus sous le nom de *Porteurs de sel*, en 1789 n'étoient plus chargés que de transporter sur leurs épaules le sel du bateau étant sur la Seine au grenier public, et de là dans les maisons; c'étoient des gens de peine. Et qui, mieux que ces porte-faix, pouvoit porter une masse qui, en calculant le poids du corps du défunt, du cercueil de plomb, du coffre de cyprès et d'un autre de bois de chêne, dont le tout étoit entouré, pouvoit être évaluée de six à sept cents livres? Cette explication est plus que suffisante pour faire voir combien est ridicule l'idée qu'a eue de Saint-Foix que le privilége

robes écarlates ; quatre présidens tenoient les coins du poële, sur lequel étoit l'effigie du roi au-dessus du cercueil ; le procureur du roi et cinq autres officiers du châtelet portoient les bâtons du dais : immédiatement après le corps venoient les princes du sang qui faisoient le deuil, savoir le duc d'Orléans et les comtes d'Angoulême, d'Eu et de Dunois, tous quatre à cheval et couverts de grands manteaux noirs à chaperon de même : suivoit le chariot dans lequel de Mehun à Paris avoit été le lit de l'effigie, et ce chariot étoit couvert d'un grand poële de velours noir à une croix de satin blanc et tiré par cinq chevaux caparaçonnés de noir. D'un côté de la rue étoit le chancelier, et de l'autre les chambellans, le grand écuyer et les pages, avec environ quatre-vingts officiers de la maison du roi, tous à cheval et en deuil, suivis d'une grande foule de peuple. Le convoi étant arrivé à Notre-Dame, le corps et l'effigie du feu roi furent mis dans une chapelle ardente au milieu du chœur, et on chanta les vigiles des morts.

Charles VIII étant mort à Amboise le dernier avril 1497, son corps fut porté en grand appareil au temple Saint-Florentin, et de là à Notre-Dame-des-Champs, où il resta déposé pendant la nuit. Il y fut veillé par plusieurs hommes de sa cour. *Charles VIII Manuscrit de la Bibliothèque royale n° 9360, f° 35*

Lors de son transport à Notre-Dame par la porte Saint-Jacques, je ne vois d'autre différence entre cette cérémonie et les funérailles de Charles VII, si ce n'est 1°. que le recteur de l'université qui avoit alors plus de vingt-cinq mille étudians, y assista avec les quatre facultés au nombre de quatre à cinq mille hommes ; 2°. que vingt gentilshommes favoris du défunt, ne voulant pas que des gens d'une aussi basse naissance que les hanouards, portassent le corps du roi, s'en chargèrent *au col*, méprisant le travail, pour l'affection qu'ils avoient en leur bon maître, et quelque mauvais temps qu'il fît, ils portèrent seuls et à grande peine et le corps et cette effigie, depuis Notre-Dame-des-Champs jusqu'au tombeau. *Histoire de Saint-Denis, page 570.* *Duthillet, page 341.*

Louis XII ayant ordonné que le corps du duc d'Orléans son père, inhumé à Blois, il pouvoit y avoir quarante ans, seroit apporté à Paris, pour être mis dans l'église des Célestins, avec celui de Louis d'Orléans son père, cette cérémonie se fit le 21 février 1504. Sur les deux heures après midi, le convoi partit de Notre-Dame-des-Champs, où les dépouilles mortelles de ce prince avoient été déposées. A la tête marchoient les quatre ordres mendians et plusieurs gens des paroisses, vêtus de leurs surplis. Ils étaient suivis par les religieux de Saint-Martin, l'évêque de Paris, et les chanoines et chapelains de Notre-Dame. *Le duc d'Orléans, père de Louis XII. Preuves de l'Histoire de Paris, t. III, page 526.*

des hanouards, étoit fondé sur ce qu'avant que l'on eût mis en usage chez nous l'embaumement, ils étoient employés à faire bouillir les morts, pour détacher les os des chairs : alors ces os seuls étoient conservés, et le reste enterré dans un cimetière du lieu où s'étoit faite l'opération.

Il me semble beaucoup plus naturel et plus simple de croire que les officiers de ville employoient et avec raison, à un ouvrage aussi pénible, des gens étant sous leur dépendance, dont ils connoissoient la force.

Seize crieurs de corps, vêtus de robes noires et chaperons de deuil sur lesquels étoient les armes du feu duc d'Orléans, sonnoient leurs clochettes.

Des archers, arbalestriers et autres officiers de la ville, vêtus de noir, portoient six-vingts grosses torches aux armes de la ville; on remarquoit après eux vingt-quatre torches aux armes de la ville de Blois; soixante-seize torches aux armes du feu duc d'Orléans; plusieurs hérauts d'armes à cheval suivis de plusieurs nobles hommes tenant, l'un l'épée d'armes, l'autre le heaulme, l'autre l'écu, l'autre la cotte d'armes, l'autre le guidon et l'autre la bannière dudit feu duc d'Orléans; tous ces derniers étoient montés chacun sur grands coursiers, couverts de velours noir avec une grande croix de damas blanc.

Le coursier d'honneur, le chariot branlant traîné par quatre chevaux, sur lequel était le corps du prince défunt; autour six nobles portant les quatre coins et les deux milieux du drap d'or qui le couvroit *(a)*; derrière, quatre princes vêtus de grands manteaux de deuil.

Le légat d'Amboise, l'archevêque de Sens, avec plusieurs prélats et grands seigneurs du royaume.

Le chancelier, la cour du parlement en robes noires *(b)*, la chambre des comptes, les généraux des finances et généraux de la justice, des aides et des monnoies, les officiers du trésor, les élus, le châtelet et grand nombre de marchands de Paris à cheval.

A la porte Saint-Jacques, les prévôt des marchands, trois échevins, le clerc et le receveur de la ville, qui attendoient le cortège, prirent le poële de drap noir qui étoit sur le chariot et que, jusques-là, avoient porté six gentilshommes archers de la garde du Roi, et le soutinrent jusques près du pont Saint-Michel, où, attendu sa pesanteur, leur furent baillés six gentilshommes de la maison du Roi, lesquels portèrent ledit poële; et à côté d'eux étoient les prévôt des marchands et échevins, clerc, et receveur; et allèrent jusqu'a l'église des Célestins où le corps du prince fut inhumé auprès de celui du duc d'Orléans, son père. Le lendemain furent faits plusieurs beaux services en ladite église.

La reine Anne de Bretagne, d'abord épouse de Charles VIII et depuis de Louis XII, étant morte à Blois le 9 janvier 1513, Duprat, chevalier et premier président du parlement et un autre de ses confrères, ainsi que plusieurs conseillers

---

(a) Le parlement ne portoit le poële qui couvroit le corps des princes défunts, qu'aux obsèques des rois et reines de France.

(b) Ce n'étoit seulement qu'aux convois des rois et reines de France que le parlement assistoit en robes d'écarlate. Si lesdits officiers portoient ès éxèques des rois et reines leurs accoutremens les plus brillans, c'est une démonstration que la justice n'est pas éteinte en ce royaume par la mort du prince, mais toujours permanente, ou pour mieux dire : c'est la suite et l'effet du principe de tous les temps reconnu en France, que le roi ne meurt pas : au même moment où l'on dit *le roi est mort*, on crie : *vive le roi*.

en robes noires, au nombre de dix-huit ou vingt, partirent le 13 février au-devant du corps de cette princesse, qu'ils trouvèrent aux environs du Moulin-à-vent, où ils lui firent la révérence, ainsi qu'aux ducs de Valois et d'Alençon et aux duchesse de Bourbon, comtesse d'Angoulême et duchesse d'Alençon la jeune, qui faisoient le deuil et avoient accompagné le corps depuis Blois ; ensuite s'en retournèrent à Paris par le côté des Chartreux. Le corps déposé à Notre-Dame-des-Champs, y demeura deux nuits, afin que les appareils pour l'obsèque de ladite reine fussent prêts.

Le 14 desdits mois et an, jour indiqué pour conduire le corps de la Reine de Notre-Dame-des-Champs à la cathédrale de Paris, les officiers du parlement s'étant assemblés entre 11 heures du matin en la grand'chambre, se rendirent à la première des deux églises que je viens d'indiquer, dans l'ordre qui suit : les huissiers en robes noires, après eux deux des quatre notaires, le greffier criminel seul, attendu l'absence de celui des présentations, le greffier en chef en robe d'écarlate avec son épitoge, le premier huissier en robe d'écarlate avec son bonnet, quatre présidens en robes d'écarlate et leurs manteaux, les conseillers deux à deux en robes d'écarlate et leurs chaperons fourrés, selon l'ordre de leur réception, après eux un avocat du Roi et un certain nombre d'avocats et procureurs au parlement ; dans la cour du palais, tous les sus-nommés sortirent sur leurs mules ; et on fit monter derrière deux huissiers pour empêcher le désordre. Arrivés à Notre-Dame-des-Champs, les sus désignés ayant mis pied à terre, entrèrent dans cette église pour y attendre que le cortège se mît en route. Sur le corps il y avoit un grand tabernacle porté par des gentilshommes et officiers de la reine ; ce tabernacle étoit couvert d'un grand drap d'or fourré d'hermine, dessous lequel étoit le corps ; devant marchoient les prélats, archevêques, évêques, abbés, chacun selon son ordre ; à la droite des derniers, on remarquoit les barons de Bretagne et quelques autres grands seigneurs, et à la gauche, ceux des comptes ; ils étoient suivis par les deux rois d'armes de France et de Bretagne ; ensuite venoit le prévôt de Paris tenant un bâton à la main, celui qui faisoit l'office de grand maître de la maison de la feue reine, et à quelques pas, devant son corps, le grand écuyer de ladite dame : les coins du drap d'or qui étoit sur le tabernacle étoient tenus par quatre présidens du parlement, et les conseillers et autres officiers de ladite cour étoient à l'entour du corps.

A droite se trouvoit le grand maître de France, et à gauche le chevalier d'honneur de la feue reine.

Arrivoit le ciel, suivi par les ducs de Valois et d'Alençon et le comte de Vendôme, lesquels formoient le deuil (ils étoient à cheval.) ; après, les duchese de Bourbon, comtesse d'Angoulême, duchesse d'Alençon la jeune, la comtesse de Vendôme l'aînée et la comtesse de Vendôme la jeune, qui faisoient aussi le deuil, suivies de plusieurs dames et demoiselles, toutes en deuil et à cheval.

Y

Preuves de l'Histoire de Paris, T II, page 627.

Histoire de
Saint-Denis,
page 373.

On avoit eu soin, pour rendre cette cérémonie plus imposante, de tendre toutes les rues par où le cortége devoit passer, de drap ou de serge de couleur bleue, et devant chaque maison il y avoit un flambeau allumé, chargé d'un écusson aux armes de la ville. Tel fut l'ordre observé jusqu'à Notre-Dame, où le corps ayant été déposé et les vigiles chantées, chacun se retira.

La reine
Claude,
épouse de
François Ier.
Histoire de
l'Université,
par Crévier,
T. V, p. 222.

La reine Claude, fille de Louis XII et épouse de François Ier, étant morte à Blois au mois de juillet 1524, fut, après plus de deux ans, amenée à Notre-Dame-des-Champs, le 4 novembre 1526. Le prévôt des marchands, chargé des ordres du roi, ayant fait avertir l'université, d'aller en grand cortége, et au nombre de deux cents suppôts au moins, recevoir le corps de cette princesse hors la porte Saint-Jacques, pour revenir ensuite par la porte Saint-Marceau ; il fut dit par cette compagnie, qu'il n'étoit pas de sa dignité, ni conforme à ses usages *(a)* qu'elle sortît hors la porte Saint-Jacques. Le transport de Notre-Dame-des-Champs à Notre-Dame de Paris eut lieu le 6 novembre, et la plus grande pompe fut déployée dans cette cérémonie, à laquelle les princes, les cours et l'université assistèrent ; suivant Crévier, il y eut de grandes difficultés depuis la porte Saint-Jacques jusqu'à Notre-Dame entre l'université, le chapitre, la chambre des comptes et les généraux des aides.

François Ier.
Preuves de
l'Histoire de
Paris, t. II,
p. 728.

Ce fut le 31 mars 1547 que François Ier expira au château de Rambouillet, d'où il fut porté au prieuré de Haute-Bruyère, membre dépendant de Fontevrault, dans lequel ses entrailles furent enterrées le 6 avril suivant, et le surplus de son corps transporté à Saint-Cloud le 11, le lendemain de Pâques, dans la maison de l'évêque de Paris, où il resta jusqu'au 21 mai, qu'on l'apporta à Paris. Pendant ce dépôt, le 25 avril, la représentation figurée de ce prince y fut posée sur un lit de parade de neuf pieds en carré. Le 3 mai au soir, cette figure fut ôtée et la salle détendue des tapisseries de parade pour être tendue de noir ; le 4 de mai, le corps du roi fut posé sur des tréteaux ; le 18 du même mois, Henri II, roi régnant, vint de Saint-Germain-en-Laye à Saint-Cloud donner de l'eau bénite au corps du feu roi son père ; le 21 mai sur les trois heures de l'après-midi, le corps de François Ier fut enlevé et mené de Saint-Cloud à Notre-Dame-des-Champs ; 1°. cinq cents pauvres habillés de deuil, portant chacun une torche de quatre livres de cire jaune, de côté en double des armoiries de France, conduits par vingt conducteurs aussi vêtus de deuil, tenant chacun un bâton

---

(a) Quand on a vécu avant la révolution et connu la composition de l'université, on ne peut croire que lorsqu'il s'agissoit d'aller rendre les derniers devoirs à une reine de France, ce corps ait pu avancer que sa dignité s'opposoit à ce qu'il sortît de Paris.

Si cet écrivain se fût piqué d'exactitude, au lieu de mettre en avant que le recteur de l'université fît valoir ses droits avec une si grande force, que rien ne put résister à son éloquence, il auroit dû convenir que ce fut dans cette occasion que cet ancien corps commença à perdre quelque chose dans la marche et le rang que jusqu'alors elle avoit eu aux obsèques royales et autres cérémonies publiques.

noir en la main pour faire tenir l'ordre ; 2° six-vingts chevaucheurs d'écurie, aussi en habillement de deuil à cheval ; 3° les deux prévôts de l'hôtel avec leurs archers aussi habillés de deuil, à cheval ; 4° les gentilshommes, familles des cardinaux, princes et seigneurs étant au convoi, aussi à cheval ; 5° les Cent Suisses de la garde à pied, habillés en deuil, portant leur enseigne dedans le fourreau ; 6° les deux cents gentilshommes de la maison avec leurs becs de faucon, à cheval et en grand deuil, portant leurs deux enseignes aussi dans le fourreau ; 7° les menus officiers de la maison, aussi à cheval, les premiers ceux du commun, les seconds ceux de la bouche, tous en deuil ; 8° les maîtres de la chambre aux deniers ; 9° le contrôleur et clerc d'office, aussi à cheval et en deuil ; 10° les valets de garderobe, chirurgiens, valets de chambre et médecins à cheval, et en deuil ; 11° les huissiers de la salle, à cheval ; 12° les gentilshommes servans à cheval, et aussi en deuil, portant leur bâton noir ; 13° le premier maître d'hôtel et le dernier d'entr'eux ; 14° le premier écuyer tranchant, portant le phanon (a) ; 15° douze pages, vêtus de velours noir avec des chaperons de drap, montés sur douze grands coursiers, couverts et houssés de velours traînant jusques à terre, avec de grandes croix de satin blanc ; 16° les écuyers d'écurie montés sur les chevaux qu'ils avoient accoutumé de chevaucer ordinairement ; 17° les archevêques, évêques et prélats, au nombre de quarante ; 18° les vingt-quatre archers du corps, vêtus par-dessus leurs hocquetons d'or sandoyé de robes, et le chevauceur de drap noir ; 19° six écuyers à cheval, dont deux portoient les éperons, le troisième les gantelets, le quatrième le heaume, le cinquième l'écu de France, et le sixième la cotte d'armes, tous lesdits objets couverts de crêpe noir ; 20° le cheval de parade ou d'honneur, couvert de crêpe noir, sous lequel était housse de velours cramoisi violet azuré semé de fleurs de lys d'or de chipre depuis les oreilles jusqu'à terre ; 21° le grand écuyer monté sur un coursier houssé et couvert de velours noir, au milieu une grande croix de satin blanc ; 22° le roi d'armes et hérauts, vêtus sur le deuil, les cottes d'armes et chaperons sur l'épaule, à l'encontre desdits grand écuyer et cheval de parade, d'un côté et d'autre à cheval ; 23° le chariot d'armes, dans lequel était le corps du feu roi, quatre écuyers houssés et éperonnés, à pied, portant le coin du drap mortuaire qui étoit sur le corps, et quatre valets à pied, vêtus de velours noir avec chaperons de drap noir, ordonnés pour soulager lesdits écuyers. Près et autour du chariot étoient les vingt-quatre archers de la garde du corps, vingt-quatre religieux mendians à pied, portant chacun un cierge de deux livres de cire blanche, chantant par le chemin les vigiles des morts. A la suite dudit chariot marchoit à cheval l'amiral comme chef et ayant

(a) C'étoit un étendard de velours bleu azuré, semé de fleurs de lys, de riche broderie d'or ; lors de cette cérémonie, il étoit couvert d'un crêpe noir, au travers duquel on pouvoit le voir et le reconnoître.

la principale conduite et charge dudit convoi, la bannière de France auprès de lui, les six princes qui formoient le grand deuil et à leurs cotés neuf cardinaux, qui étoient alors en France; le cortége finissoit par les chevaliers de l'ordre et autres grands seigneurs, les gentilshommes de la chambre, les archers de la garde avec leurs enseignes au fourreau. A l'entrée de Vaugirard se trouvèrent les vingt-quatre crieurs de la ville de Paris, qui se mirent en rang devant environ cinq cents pauvres. Au coin de la muraille des Chartreux, vinrent au-devant du convoi, les états de la ville de Paris, savoir : deux présidens, quarante conseillers et autres officiers du parlement en leurs robes noires et chaperons à bourrelet, la chambre des comptes et les généraux de la justice des aides, les généraux des monnoies, les esleus et leurs officiers, prévôt des marchands et échevins de la ville vêtus en deuil. Alors les arrivans et ceux qui formoient le cortége s'ouvrirent faisant haie des deux côtés jusqu'à l'entrée de l'église de Notre-Dame-des-Champs, révérans la tête nue, le corps, quand le roi passoit en leur endroit : à l'arrivée de l'église, le président du parlement au nom de sa compagnie fit un discours à l'amiral comme chef du convoi, auquel celui-ci répondit gracieusement, en finissant par les avertir que, pour achever l'œuvre encommencée, ils se trouvassent le lendemaien heure de midi, à la porte de ladite église. Ce fait chacun s'en retourna où il voulut, excepté les officiers et serviteurs domestiques. Le corps du roi ayant été descendu et porté dans l'église préparée et décorée à cet effet, on y fit le soir le service des trépassés, auquel assistèrent les serviteurs et domestiques du prince défunt.

Les jours précédens, par le commandement du roi régnant, on avoit aussi apporté à Notre-Dame-des-Champs, les corps de ses deux frères, savoir : celui de François de France dauphin de Viennois, décédé de maladie assez précipitée, le 10 août 1536, au château de Tournon, où son corps avoit été gardé, et celui de Charles de France duc d'Orléans, son puîné, trépassé le 9 septembre 1545, aussi de maladie assez soudaine en l'abbaye de Forest-Monstier, de laquelle son corps avoit été apporté et gardé en l'abbaye de Saint-Lucien de Beauvais.

Les bières ou cercueils où étoient ces deux jeunes princes, furent mis au chœur de l'église de Notre-Dame-des-Champs, à côté de celle du roi leur père, celle du dauphin à droite, et celle du duc d'Orléans à senestre. Le 22 desdits mois et an, après la célébration des messes dites en ladite église, on en ferma les portes pour mettre les effigies du roi et de ses deux enfans sur trois litières : celle du roi étoit habillée comme à Saint-Cloud, excepté qu'elle n'avoit pas les mains jointes, mais tenoit de la main dextre le sceptre royal et en la senestre la main de justice; celle du dauphin étoit revêtue de bottines de satin cramoisi semellées de toiles d'or, ayant les mains jointes, et en la tête par dessus un bonnet cramoisi une couronne d'or, plus éminente que celle d'un duc, comme destiné à la succession du royaume si la mort ne l'eût prévenu ; celle du duc d'Orléans, étoit revêtue de pareils ornemens, sauf que la couronne n'était que ducale. Les effigies des deux frères furent assises sur deux litières portatives, couvertes de draps mortuaires de velours noir, croisé de satin blanc, enrichies chacune de leurs armoiries : toutes les deux ainsi raccoustrées et assises furent mises à l'entrée et saillie de l'église, celle du duc d'Orléans la première, celle du dauphin après, et celle de François Ier la dernière.

Le 22 mai *post prandium*, le parlement s'étant assemblé devant midi au palais, pour aller au convoi du corps et exèques de François Ier et des deux princes ses fils, partit à cheval dans l'ordre suivant.

Preuves de l'Histoire de Paris, T. II, page 734.

Les huissiers vêtus de deuil, les quatre notaires, greffiers criminel et des présentations, deux à deux, vêtus de robes d'écarlate et de chaperons fourrés de même, le greffier en chef seul, vêtu de son épitoge : le premier huissier en robe d'écarlate, ayant un bonnet de drap d'or, fourré et la verge en main ; deux présidens et deux conseillers ensemble, vêtus de leurs manteaux et chaperons de velours, les conseillers deux à deux, les avocats et procureur général ensemble, tous vêtus de robes d'écarlate et chaperons fourrés de même.

Arrivés à l'église de Notre-Dame-des-Champs, tous les officiers du parlement descendirent de cheval, et après avoir donné de l'eau bénite aux corps et effigies, se retirèrent en un logis proche, ordonné pour ladite cour, en attendant le convoi.

Sur les deux heures après midi, le cardinal de Bellay, évêque de Paris, ayant dit *Subvenite* et donné de l'eau bénite, le convoi se mit en marche dans cet ordre :

Deux archers des prévôts de l'hôtel à cheval, vêtus de deuil pardessus leurs hocquetons argentés ;

Les Minimes, les Quatre-Mendians, les curés ou vicaires et chapelains des paroisses de Paris avec leurs croix ;

Cinq cents pauvres en deuil, leurs chaperons en tête, portant chacun une torche de cire jaune, à doubles armoiries de France, et parmi eux, plusieurs officiers en deuil par les côtés de la rue, qui les faisoient marcher en ordre ;

Les archers, arquebusiers et arbalétriers de la ville, avec leurs capitaines à pied, vêtus en deuil pardessus leurs hocquetons d'orfaverie, portant torches aux armoiries de la ville, excepté aucuns d'eux portant bâtons noirs pour ranger le peuple ;

A chacun huis des maisons, depuis la porte Saint-Jacques jusqu'à Notre-Dame, il y avoit une torche ardente, aux armes de la ville, et les maisons étoient tendues devant de noir et bleu ensemble, ainsi que le boulevart de la porte Saint-Jacques ;

Les vingt-quatre crieurs de la ville portant sur leurs robes les armes de la ville, sonnant continuellement leurs clochettes, fors ez carrefours, quand ils faisoient leurs proclamations ;

Le Guet, tant de pied que de cheval, à pied et en deuil, leurs étoiles attachées à leurs sayes, et devant eux le chevalier du Guet aussi à pied, portant un bâton noir ;

Les sergens à verge vêtus de noir, portant aussi bâton noir ;

Les sergens à cheval marchant à pied sans deuil, portoient bâtons noirs ; les procureurs, avocats, notaires, commissaires, greffiers, conseillers, procureur et avocat du roi au Châtelet, et lieutenant du prévôt de Paris, tous à pied, ledit prévôt de Paris tenant un bâton blanc en sa main contre-bas, sur un cheval en housse, allant çà et là avec quatre sergens de la douzaine ;

De l'autre côté de la rue, quant et quant ceux dudit Châtelet, marchoient ceux du corps de ladite ville à pied.

Les colléges des Mathurins, Bernardins, Cluny, Billettes, Blancs-Manteaux, Sainte-Croix, Sainte-Catherine du Val des Écoliers, Saint-Magloire, Saint-Ladre, Saint-Victor et Sainte-Geneviève, les uns tenant l'un des côtés de la rue, les autres l'autre ; Saint-Germain-des-Prés et Saint-Martin-des-Champs entremêlés ;

Les familles des princes, cardinaux et autres, habillés en deuil, sans avoir de chaperons en tête ;

Saint-Honoré, Sainte-Opportune, Saint-Merry et Saint-Germain-l'Auxerrois, le chapitre de Notre-Dame et celui de la Sainte-Chapelle entremêlés, après lesquels étoient les aumôniers et chantres du roi à la main droite, le recteur de l'université le doyen de Notre-Dame et le recteur vis-à-vis l'un de l'autre : ensuite étoient les deux croix, enfans de chœur, leurs maîtres et les deux chantres de Notre-Dame et de la Sainte-Chapelle ;

Les chevauceurs d'écurie et leur contrôleur en deuil, ayant lesdits chevauceurs l'émail sur l'épaule. Les palfreniers et pages de l'écurie du roi ayant les chaperons de deuil avallés, les contrôleur, receveur et autres officiers d'icelle, chaperons en tête. Les deux trompettes des deux prévôts de l'hôtel, les lieutenans et leurs archers à pied, vêtus pardessus leurs hocquetons d'orfaverie en deuil, leur chaperon en tête : lesdits prévôts de l'hôtel avec aucuns de leurs archers à cheval, tenant bâtons et allant çà et là pour faire tenir l'ordre.

Le capitaine de la porte et ses archers à pied vêtus en deuil, chaperon en tête ;

Les Suisses à pied, marchant trois à trois, vêtus de noir, et au milieu d'eux leur enseigne, devant lequel il y avoit tambours et piffres non sonnans : devant lesdits Suisses, de Sédan étoit à cheval, ayant son grand collier de l'ordre et portant deuil traînant jusqu'à terre : les deux cents gentilshommes en deuil, portant leurs becs de corbin à pied ; devant eux de Canaple, capitaine de l'une de leurs bandes, et de Saint-Cir, lieutenant ; de Boissy, capitaine de l'autre bande, lequel servoit son office de grand écuyer ; après eux les deux enseignes, portant tous chaperons en tête ;

Les officiers du commun de la bouche, chambre aux deniers, contrôleurs et clercs d'office, valets de garderobe, chirurgiens, barbiers, valets de chambre et médecins, huissiers de la salle avec leurs verges, la tête nue et le chaperon avallé : gentilshommes servans et maîtres d'hôtel à droite ;

Les élus et les officiers généraux de la monnoie, de la justice, des aides et chambre des comptes, à la senestre : le premier écuyer tranchant, en deuil et à pied, portant le fanon de France. Les hautbois, tambours et piffres non sonnans et l'embouchure de leurs instrumens contre-bas et banderolles déployées ;

Le chariot d'armes auquel étoit le corps du feu roi, avec vingt-quatre écussons aux armes de la France environnées de l'ordre avec la couronne impériale : ledit chariot mené par six chevaux et deux écuyers vêtus de velours noir et chaperon de drap et montés sur le premier et dernier cheval du côté gauche ;

Ledit chariot étoit environné des armoiriers et sommeliers d'armes, et de petit nombre des Quatre Mendians, portant cierges de cire blanche auxquels étoient attachés écussons aux armes de France ; douze pages vêtus de robe de velours noir, la tête nue avec le chaperon de drap avallé, montés sur douze coursiers couverts de velours noir, croisé de satin blanc, chacun mené par la bride par hommes vêtus de deuil à pied, chaperon de drap noir avallé, et tête nue ;

Un écuyer portant les gantelets ; un second écuyer portant le heaulme couronné et couvert d'un mantelet royal de velours violet semé de lys d'or et fourré d'hermine ; un troisième portant les armes de France en forme d'un écu couronné de couronne impériale, ayant l'ordre autour. Un quatrième portant au bout d'un bâton, la cotte d'armes de velours violet à fleurs de lys d'or en broderie perlée : lesdits quatre écuyers, ayant deuil en tête et montés sur des chevaux ; autour d'eux il y avoit plusieurs pages vêtus en deuil ;

Trente évêques et plus, tenant les deux côtés de la rue, presque tous en chappe de velours noir, mitrés de damas blanc ;

Le cardinal du Bellay, comme évêque de Paris, faisant l'office en état épiscopal et son ordinaire (a) ;

Après lui étoit portée l'effigie du duc d'Orléans par les gentilshommes de sa chambre, en deuil et chaperon en tête, près celle du dauphin, aussi portée par les gentilshommes de sa chambre : ayant lesdites deux effigies, autour, devant et derrière, grand nombre de gentilshommes officiers de leurs maisons, en deuil et chaperon en tête, portant à pied les éperons royaux, le cheval de parade mené par deux écuyers, desquels les queues des robes étoient portées chacune par un homme accoustré en deuil. Autour dudit cheval : d'un côté et d'autre, il y avoit un nombre de hérauts d'armes à pied, revêtus de leurs cottes d'armes, ayant chaperon en tête ;

Le grand écuyer sur un coursier : avoit, ledit officier, l'épée royale ceinte en écharpe, garnie de velours bleu semé de fleurs de lys d'or, le grand ordre au col et chaperon en tête : à ses côtés quatre hérauts d'armes accoustrés comme les autres :

Effigie du duc d'Orléans.
Effigie du dauphin.

(a) Il est à observer qu'à la sortie de Notre-Dame-des-Champs, l'évêque de Paris s'étoit mis au-devant et joignant l'effigie du roi, prétendant que c'étoit son rang ; mais le grand écuyer soutint au contraire que c'étoit son lieu d'être le plus prochain de ladite effigie, environnée du parlement ; et il termina la contestation en faisant bondir et ruer son cheval, et par là, contraignit le prélat et son ordinaire à aller se placer après les évêques.

 après étoit portée l'effigie du feu roi *(a)* par huit gentilshommes de sa chambre, et pardessous par les hanouarts de Paris ; autour de l'effigie étoient pêle-mêle et sans ordre comme moucherons espandus, (a dit le greffier en chef Dutillet, que j'ai pris pour guide dans la description que je donne de ce convoi), les officiers du parlement, vêtus d'écarlate, portant les coins du poële et drap mortuaire. Le premier huissier étoit devant les pieds de ladite effigie. Devant ladite cour, d'un côté et d'autre de la rue, jusques aux héraults d'armes, sans entrer dedans les rangs, marchoient les huissiers du parlement, vêtus de deuil, sans chaperon en tête, portant leurs verges, allant l'un après l'autre. Incontinent après l'effigie, venoient à cheval l'amiral, et à pied de Villars portant la bannière de France. Suivoit le ciel-poële pour l'effigie, porté par six écuyers d'écurie depuis Notre-Dame-des-Champs jusqu'à la porte Saint-Jacques, ou ils le livrèrent aux prévôt des marchands et échevins qui le portèrent jusqu'à Notre-Dame : il n'y avoit personne sous le dais ;

Suivoient cinq princes faisant le grand deuil, ayant chaperon en tête, montés sur de petites mules, les queues de leurs manteaux fort longues, portées par des gentilshommes à pied portant le deuil ;

Après eux le cardinal Saint-Georges, légat du pape, sur sa mule, faisant porter la croix devant lui. Neuf autres cardinaux sur leurs mules, tenant l'un et l'autre côté de la rue, les ambassadeurs sans chaperon en tête, conduits par archevêques et évêques, tous à cheval ou sur des mules ;

Les huissiers de la chambre du feu roi ayant chaperons en tête, portant leurs masses d'argent doré. Les chevaliers de l'ordre portant leur grand collier, chaperon en tête, suivis par plusieurs seigneurs et gentilshommes de ladite chambre, tous chaperon en tête. Les deux capitaines des gardes et les lieutenans des autres deux bandes, avec leurs enseignes. Les vingt-quatre archers du corps du feu roi. Les quatre cents archers desdites gardes en deuil et chaperon en tête, portant leurs hallebardes sur l'épaule pendant tout le cortége, qui arriva à Notre-Dame sur les cinq heures du soir ; marchoient ensuite les maîtres des cérémonies pour donner et faire maintenir l'ordre.

Dans cette église magnifiquement parée et décorée pour cette lugubre cérémonie, les effigies, par ceux qui les avoient portées et le corps du roi par les archers, furent mis au chœur de ladite église sous une chapelle ardente, le corps du roi et son effigie, au milieu ; celui du dauphin à dextre, et celui du duc d'Orléans à sénestre. Il y eut un sermon en forme d'oraison funèbre, et l'on y fit un service solennel.

Le lendemain matin 23 mai, la grand'messe fut célébrée par le cardinal du Bellay, après laquelle chacun se retira et retourna à l'église sur les deux heures ; alors le convoi se mit en marche pour se rendre à l'abbaye royale de Saint-Denis.

(a) Voilà le premier exemple de l'effigie d'un de nos rois portée séparément de ses dépouilles mortelles.

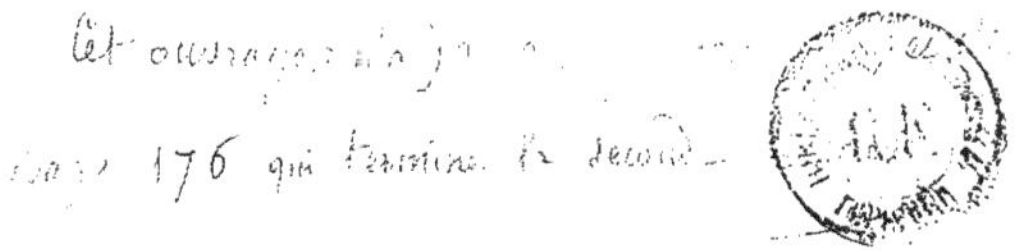